Historia

**Agustín Cosovschi**
**José Luis Aguilar López-Barajas**

# Nueva historia del comunismo en Europa del Este

 siglo veintiuno
editores

**españa**
**siglo xxi editores**
www.sigloxxieditores.com
travesía bellver, 2, 28039, madrid

**argentina**
**siglo xxi editores**
www.sigloxxieditores.com.ar
guatemala 4824, c1425bup, buenos aires

**méxico**
**siglo xxi editores**
www.sigloxxieditores.com.mx
cerro del agua 248, coyoacán, 04310, ciudad de méxico

Este libro pertenece originalmente a la colección Pasados que insisten,
a cargo de Vera Carnovale y el equipo editorial de Siglo XXI Argentina.

© 2024, Siglo XXI de España Editores, S. A.
Travesía Bellver, 2 - 28039 Madrid
Tel (34) 676 22 28 70
editorial@sigloxxieditores.com
www.sigloxxieditores.com

Diseño de cubierta: Estudio Pep Carrió

Primera edición en España: octubre de 2024

ISBN: 978-84-323-2131-3
Depósito legal: M-22834-2024

Impreso en España. *Printed in Spain.*

# Índice

*Στη Μίριαμ*
**Agustín**

*A Manuel, mi hermano*
**José**

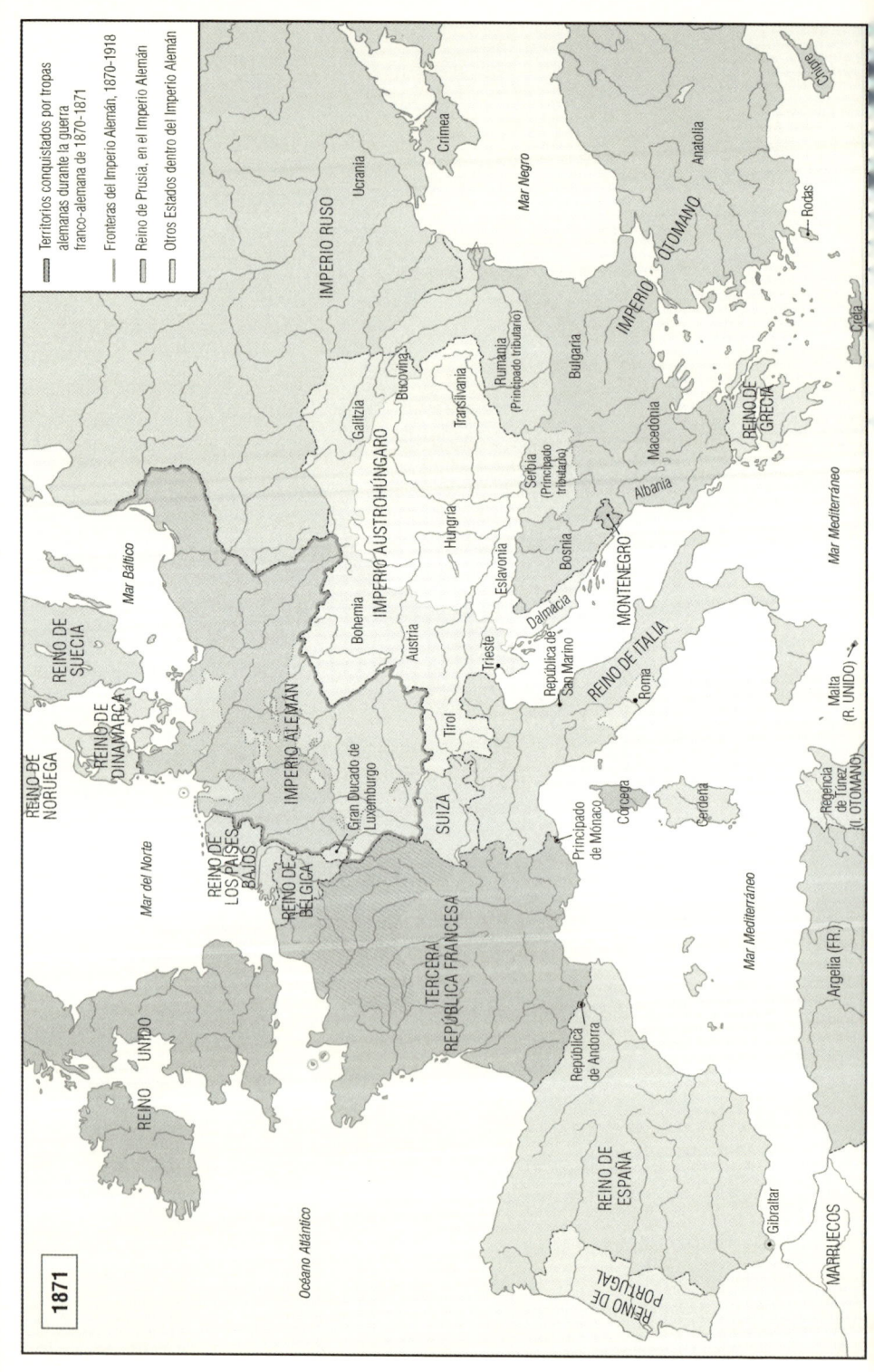

1871

Territorios conquistados por tropas alemanas durante la guerra franco-alemana de 1870-1871

Fronteras del Imperio Alemán, 1870-1918

Reino de Prusia, en el Imperio Alemán

Otros Estados dentro del Imperio Alemán

Océano Atlántico

REINO UNIDO

Mar del Norte

REINO DE NORUEGA

REINO DE SUECIA

Mar Báltico

REINO DE DINAMARCA

REINO DE LOS PAÍSES BAJOS

REINO DE BÉLGICA

IMPERIO ALEMÁN

Gran Ducado de Luxemburgo

TERCERA REPÚBLICA FRANCESA

SUIZA

Tirol

Principado de Mónaco

REINO DE ESPAÑA

República de Andorra

PORTUGAL

REINO DE

Gibraltar

MARRUECOS

Argelia (FR.)

Mar Mediterráneo

Córcega

Cerdeña

Regencia de Túnez (I. OTOMANO)

IMPERIO RUSO

Ucrania

Crimea

Mar Negro

Galitzia

Bucovina

Bohemia

IMPERIO AUSTROHÚNGARO

Hungría

Transilvania

Rumanía (Principado tributario)

Bulgaria

Austria

Eslavonia

Serbia (Principado tributario)

Bosnia

Macedonia

Dalmacia

Trieste

República de San Marino

MONTENEGRO

Albania

IMPERIO OTOMANO

Anatolia

Rodas

REINO DE GRECIA

Creta

Mar Mediterráneo

REINO DE ITALIA

Roma

Malta (R. UNIDO)

# Introducción
## El comunismo como problema histórico

El 19 de noviembre de 2020, unos días después de la confirmación del triunfo de Joe Biden en las elecciones de los Estados Unidos, Sidney Powell, una de las abogadas del equipo del presidente saliente, afirmó que los resultados habían sido manipulados por las fuerzas comunistas del mundo. "Ha habido un enorme influjo de dinero comunista proveniente de Venezuela, Cuba y seguramente China", dijo, agregando que el conteo había sido realizado por máquinas diseñadas bajo la supervisión del difunto Hugo Chávez. El episodio podría resultar apenas anecdótico si no fuera porque es uno de los tantos en la interminable serie de acusaciones y denuncias que realizaron diversos personajes de las nuevas derechas en su intento de evocar el fantasma del comunismo para movilizar a sus partidarios en favor de proyectos políticos, económicos y sociales conservadores, violentos e incluso, en algunos casos, antidemocráticos. El fenómeno tiene su correlato al otro lado del espectro político: ya derrumbados los regímenes socialistas en Europa del Este, la palabra "socialismo" reapareció en la esfera pública tras años de estigmatización; sucedió primero en América Latina bajo el influjo de las fuerzas populistas de izquierda que se establecieron en países como Venezuela, Bolivia, Brasil y Ecuador, más tarde en Europa como consecuencia de la crisis y el ascenso de fuerzas como Podemos en España o Syriza en Grecia, y más recientemente en los Estados Unidos, donde Bernie Sanders, un socialista democrático frecuentemente atacado por su supuesta adscripción al comunismo, consiguió disputar las últimas primarias del Partido Demócrata de 2020 en una campaña en muchos sentidos inédita. También hacia 2020, parecía que la idea de comunismo volvía a cobrar popularidad, y una encuesta de Gallup en los Estados Unidos mostraba que hasta un 50% de los jóvenes adultos –la conocida generación de los millennials– tenía una percepción positiva del socialismo.[1]

Si para sorpresa de muchos el comunismo parecía ponerse nuevamente de moda como un horizonte utópico aunque impreciso entre los progresistas y como un fantasma igualmente nebuloso entre los conservadores, otro espectro parecía regresar de entre los muertos: la Guerra Fría. El 24 de febrero de 2022, a ocho años de la invasión y anexión rusa de la península ucraniana de Crimea y apenas unos días después de reconocer la independencia de las repúblicas separatistas prorrusas de Donetsk y Lugansk en el este de Ucrania, Vladímir Putin lanzó una ofensiva militar total contra Ucrania con el objetivo de derrocar al presidente electo y devolver a Kiev a la órbita de Moscú, de la que había comenzado a alejarse hacía más de una década. La agresión rusa en Ucrania persiste al momento de escribir estas palabras y hasta ahora ha dejado miles de muertos y niveles de destrucción jamás vistos en el país desde la Segunda Guerra Mundial, así como una ruptura de relaciones casi total entre Rusia y las potencias occidentales. Esta cuestión ha llevado a muchos a hablar de "una nueva Guerra Fría", expresión que ya se había empleado innumerables veces para describir las tensiones entre los Estados Unidos y China, pero que en nuestros días cobra una fuerza inusitada ante el riesgo creciente de conflicto nuclear. La ofensiva rusa tuvo un efecto adicional: el de poner a Ucrania –país desconocido para muchos, y especialmente ignoto en el mundo hispano– en el centro de la atención global, con discusiones interminables acerca de la historia de la nación ucraniana, las complejas relaciones entre ucranianos y rusos y los legados del imperialismo ruso en la región. Seguramente, el primero en abrir esta discusión fue el propio Putin, quien apeló al pasado para justificar su agresión sobre el país vecino, argumentando que Ucrania era un invento de los bolcheviques y que Lenin había sido "su creador y arquitecto". El espectro del comunismo, una vez más, acosaba a los vivos.

Ese es, a grandes rasgos, el contexto en el que fue concebido este libro. Como marca de nacimiento lleva la convicción de sus autores –nuestra convicción– de que, en un momento en el que la experiencia comunista vuelve a estimular la imaginación política del mundo, es indispensable revisar la historia de dicha experiencia de manera rigurosa y equilibrada. Con la aspiración de reponer un conocimiento necesario para los debates del público de nuestro idioma, este libro ofrece una historia del comunismo en la amplia zona del continente europeo que alguna vez dio en llamarse Europa del Este. Con una forma un tanto híbrida, a caballo entre la síntesis y el ensayo historiográfico, reconstruimos los avatares del comunismo y de los comunistas en dicha región a lo largo de más de un siglo de historia, desde la aparición del socialismo en sus territorios durante el siglo XIX hasta el derrumbe de los regímenes comunistas en los umbrales del siglo XXI. A la vez, basado sobre la bibliografía especializada en inglés, francés, alemán, castellano, serbocroata, rumano y polaco, el libro se ocupa de reponer algunos de los principales debates historiográficos que existen acerca de esa historia tan fascinante como polémica.

\* \* \*

Si nos proponemos analizar la historia del comunismo en Europa del Este es porque consideramos que dicha experiencia puede ser vista como una entidad relativamente consistente, y distinta de aquella que existió (o todavía existe) en otras latitudes. La amplia región que se extiende desde Alemania hasta Rusia y entre el mar Báltico y los Balcanes fue surcada –al menos, del siglo XIX en adelante– por una serie de problemáticas y procesos comunes que nos permiten tomarla como una unidad de estudio dotada de cierta estabilidad y que imprimieron sobre la experiencia comunista de la región una serie de preocupaciones, modos de actuar y esquemas de pensamiento que tiene sentido examinar en su conjunto.

A la vez, en cuanto especialistas de Europa central y del sudeste de Europa, estamos convencidos de que, si en verdad Europa del Este puede ser vista como una unidad de estudio coherente, también vale decir que resulta imposible entender la historia del comunismo en la región sin atender a sus diferencias internas. Por eso, la pluralidad de actores que convivieron y las múltiples ideas y prácticas políticas que emergieron en distintos puntos de la zona a lo largo de un siglo y medio de historia forman parte de la materia que este libro se propone examinar. Esto significa, ante todo, restituir a Rusia y a la Unión Soviética el sitio que se merecen en dicha historia: el de un actor dominante, un polo cuyo magnetismo le dio siempre un lugar de primacía sobre el desarrollo del comunismo en Europa del Este, pero que no hizo de ella una autoridad incontestable ni otorgó a sus líderes un monopolio sobre la interpretación del comunismo. En este sentido, proponemos una historia del comunismo en Europa del Este que se aleja de nociones difusionistas según las cuales las cosas comenzaban en Moscú y se aplicaban de manera automática en el resto de la región. Por el contrario, aspiramos a demostrar que esta historia estuvo marcada tanto por momentos de sumisión a los soviéticos como por grados variables de independencia, autonomía y creatividad por parte de otros actores de la región, desde Berlín hasta Bucarest y desde Praga hasta Belgrado.

El lente amplio y descentrado que proponemos nos lleva a adoptar una narrativa que tenga en cuenta temporalidades múltiples, paralelas y conectadas, para así considerar los modos diversos en los que el movimiento socialista se desarrolló en distintos puntos de Europa central y oriental del siglo XIX en adelante e integrar al análisis las diferentes maneras en las que la experiencia del comunismo se escandió en Europa del Este tras la Revolución de 1917, y más especialmente luego de la Segunda Guerra Mundial. En esta narrativa multifocal, los lectores y las lectoras encontrarán una historia no solamente de Estados y de partidos, sino también de personas, prácticas e ideas. La historia del comunismo en Europa del Este, como se verá, es asimismo la de los comunistas: hombres y mujeres en más de una ocasión acorralados por sus propias contradicciones y movidos tanto por sus ideas de emancipación como por la ambición que caracteriza a la actividad de la política en todo tiempo y lugar.

El rango temporal de nuestro análisis supone un desafío y exige una serie de notas metodológicas y conceptuales. La primera concierne a la trayectoria del comunismo y de los comunistas: dado que el punto de partida de nuestra historia se ubica a mediados del siglo XIX y las primeras páginas del libro se ocupan de un período formativo del movimiento socialista en que el cisma entre socialismo reformista y socialismo revolucionario todavía no estaba en el horizonte, nuestro análisis comienza atendiendo al desarrollo del movimiento socialista en su conjunto y gradualmente se desplaza hacia el comunismo según se configuró tras la Revolución Rusa y el establecimiento de la Unión Soviética y la Comintern en la tercera década del siglo XX. La segunda aclaración concierne a la identidad misma de la región y los modos de nombrarla. En busca de evitar anacronismos, los capítulos que tratan del período anterior a la Guerra Fría se valen de la denominación más general de "Europa central y oriental", mientras que los capítulos posteriores emplean el topónimo "Europa del Este", asociado especialmente a los años del socialismo real.

Llega una observación final que atañe a la denominación política de los actores de esta historia. Ofrecemos una historia del comunismo en Europa del Este, donde los Estados se definieron primeramente como socialistas. La distinción entre socialismo y comunismo, trazada por Karl Marx como aquella que existía entre dos modos de producción distintos, no es menor. El modo de producción en los términos preconizados por Marx nunca cobró forma –tampoco se plasmaron la extinción del Estado y el pasaje a un orden comunista– y, sin embargo, el comunismo se encarnó como ideología y movimiento mundial desde comienzos del siglo XX: con gran parte de esa tradición se identificaban los líderes de los regímenes socialistas de Europa del Este. Por lo demás, ese es el concepto que más popularidad adquirió (y más fue vilipendiado) y que más claramente alude al fenómeno histórico del que es objeto este libro. Así, al referirnos a los Estados y los sistemas políticos, económicos y sociales, tenderemos a emplear el término "socialismo", y en cambio emplearemos el término "comunismo" para discutir identidades políticas y asuntos ideológicos. Con todo, la regla no está cincelada en mármol, y el pasaje de una noción a la otra puede mostrarse más bien flexible en algunos casos.

\* \* \*

En estas páginas, intentaremos presentar algunas de las principales discusiones y debates que han dividido a historiadores, politólogos o periodistas en las últimas décadas en relación con la interpretación de la experiencia comunista y, específicamente, en Europa del Este. Si bien, como se verá, atenderemos a una amplia pluralidad de autores y corrientes historiográficas, no consideramos que todas esas interpretaciones sean igualmente válidas o posean un rigor intelectual similar.

Buscamos ofrecer, según la formulación del historiador polaco Maciej Górny, una "historia para adultos". Górny, que escribe para el público de una Polonia muy polarizada en su relación con el pasado, invita al lector a romper con las percepciones más afincadas, a dejar de lado ciertos lugares comunes y a esforzarse por pensar la historia de una forma amplia y plural.[2] En nuestro caso, una historia para adultos supone analizar los horrores y los crímenes del comunismo, pero sin limitarnos al cliché de una camarilla de sangrientos burócratas enfundados en abrigos de piel y los célebres ushankas –gorros con orejeras y una infaltable estrella roja– que llegaban desde Moscú a las naciones de Europa del Este para someterlas durante décadas. Supone también repensar la porosidad de las relaciones entre la sociedad y el Estado, reconociendo los vasos comunicantes que existían entre ambos y sin reducir la experiencia comunista a las percepciones del poder. Por último, una historia para adultos implica preguntarse por qué una ideología emancipadora originada en el siglo XIX acabó dando a luz a algunos de los regímenes más represivos de la historia de Europa. Buscamos una respuesta a partir de la premisa de que las ideas solo se realizan en la historia, y nos desmarcamos de cualquier intento de averiguar qué actores fueron más o menos fieles al pensamiento de Marx. Así, damos por sentado que el socialismo de Estado tal como se expresó en Europa del Este fue una de sus principales encarnaciones, producto de circunstancias históricas específicas, y nos desentendemos de cualquier forma de determinismo ideológico. Atentos a las complejas articulaciones entre ideología, prácticas políticas y condicionamientos históricos, esperamos poder contribuir a una reflexión sobre los avatares históricos del socialismo en el continente europeo y en el mundo.

Dos hipótesis guían nuestro análisis. La primera es que la trayectoria del comunismo en Europa del Este está atada a (y en gran medida es resultado de) una aspiración de modernización que echa sus raíces en el modo particular y al menos problemático en que la región ingresó en el capitalismo industrial y la modernidad política durante los siglos XVIII y XIX. Lenin anunció a comienzos de la Revolución Rusa que el comunismo eran "los soviets más la electricidad", una sentencia que aunaba la creación de poder popular y democrático –precisamente, los soviets– con la inclaudicable búsqueda de la modernización como motor de innovación. Mientras la historia posterior del comunismo mostró que la aspiración de crear un poder democrático cayó en el olvido muy pronto, la intención de volver viable el comunismo por medio de la modernización fue una constante hasta sus últimos estertores.

La capacidad de modernización de las sociedades de Europa del Este fue una de las preocupaciones recurrentes de los regímenes socialistas que las gobernaron durante gran parte del siglo XX. Interpretar el fenómeno desde esta clave nos permite comprender la versatilidad, la plasticidad y la capacidad de adaptación de los comunistas, y analizar la experiencia comunista no tanto desde la letra de sus textos teóricos y sus programas, sino más bien a partir de sus evoluciones y transformaciones en circunstancias históricas cambiantes. Esto vale también para la idea misma de modernización, cuyos sentidos fueron mutando a lo largo del siglo XX, empujando a los comunistas a moverse con ella: si en 1917 equivalía a electricidad, una década más tarde estaba cifrada en la industria pesada (y un par de décadas después, en programas de gobierno tecnocráticos y desarrollos informáticos). Los comunistas de la región participaban en modelos de desarrollo que en gran medida eran globales, y cabe explicar sus éxitos y fracasos por su capacidad de adaptación a los sucesivos cambios de estos paradigmas.

La segunda hipótesis de análisis es que la historia del comunismo estuvo íntimamente ligada a los avatares de la cuestión nacional tal como se presentaba en Europa central y oriental desde el siglo XIX. Ernest Gellner dijo alguna vez socarronamente que "los marxistas fundamentalmente se complacen en pensar que el espíritu de la historia o la conciencia humana cometió una tremenda tontería. El mensaje que se proponía despertar las conciencias estaba destinado a las clases, pero debido a un espantoso error postal se entregó a las naciones".[3] Esta formulación encapsula las múltiples tensiones dentro de la era comunista en Europa del Este, inextricablemente marcada por el ansia de igualdad social y por el anhelo de emancipación nacional que caracterizaba a la región incluso décadas antes del nacimiento de esa tradición. La frase conclusiva del *Manifiesto Comunista*, que dictaba "proletarios de todos los países, uníos", apelaba a un impulso internacionalista que pronto se reveló poco efectivo. Los comunistas tuvieron que adaptarse a las circunstancias locales, y en muchos casos esto trajo aparejadas interesantes hibridaciones entre el marxismo y las diversas tradiciones nacionales. Quizás más importante, allí los regímenes socialistas no solo se hicieron eco de dichas tradiciones, sino que, en algunos casos, a su llegada echaron los cimientos de un Estado nacional en territorios y realidades donde era casi inexistente.

En suma, este libro aspira a restituir la condición histórica y humana a la experiencia comunista en Europa del Este. En una de sus páginas más célebres, Marx escribió que "los hombres hacen su propia historia, pero no la hacen a su libre arbitrio, bajo circunstancias elegidas por ellos mismos, sino bajo aquellas circunstancias con que se encuentran directamente, que existen y les han sido legadas por el pasado".[4] Al mostrar que el mundo que crearon los comunistas en Europa del Este era resultado de sus propias acciones, pero en condiciones locales, regionales y mundiales que imponían márgenes de acción específicos, y dentro de tradiciones y estructuras políticas que los precedían, esperamos volver más comprensible esa experiencia con todas sus contradicciones.

\* \* \*

En esta tentativa nos guía una ambición de rigor, con apego a las reglas y procedimientos que caracterizan la investigación científica y la escritura de la historia, aunque no por ello tenemos la pretensión de hablar desde una posición neutral ni de analizar los procesos y acontecimientos con una aspiración de objetividad abstracta y, en última instancia, irrealizable. Sobre la experiencia comunista, todas las voces están condicionadas por factores históricos y biográficos. En nuestro caso, el primer sesgo proviene especialmente de la pertenencia a una generación académica alejada de las visiones maniqueas instaladas por la Guerra Fría, que entiende que el comunismo no debe analizarse solamente a partir de sus singularidades, sino también a través de los rasgos que compartía con otras formas de modernidad y su participación en procesos de naturaleza eminentemente global.

Nuestra posición en el mundo académico es también relevante a la hora de encarar este proyecto. En cuanto miembros de una comunidad de investigadores dedicada al estudio de Europa del Este, pero nacidos respectivamente en la Argentina y en España, compartimos una perspectiva peculiar e infrecuente que nos permite abordar nuestro objeto tanto *desde dentro* como *desde fuera*; esperamos que esa posición inusual nos permita también entender las especificidades de la audiencia a la que el libro está destinado. La génesis precisa de estas páginas se debe a una estancia de investigación en los Open Society Archives de Budapest, donde los dos iniciamos charlas sobre historia y política y coincidimos en la insatisfacción acerca de cómo se pensaba, contaba y transmitía la historia del comunismo tanto desde la región donde este tuvo lugar (y en la que nos encontrábamos) como, sobre todo, en nuestros países de origen.

Con la convicción de que hacía falta colmar ese déficit historiográfico, hemos escrito este volumen casi al margen de los agotadores compromisos profesionales que constituyen nuestro trabajo académico, en un campo cada vez más inestable y precarizado que obliga a sus miembros a cambiar de país como consecuencia de contratos de corta duración, y esto combinado con el esfuerzo de visitar archivos geográficamente dispersos y asistir a conferencias o seminarios en lugares muy distintos. Así, muchas de las ideas que componen la materia de este libro y la escritura misma maduraron en los amplios tiempos muertos entre vuelo y vuelo, o entre tren y tren: los capítulos que siguen nacieron, al igual que las experiencias que describen, en ciudades como Praga, Budapest, Atenas y Belgrado, entre muchos otros lugares.

Una última nota atañe a los hilos biográficos que nos unen con los temas que aquí tratamos. Los acontecimientos que relatamos también forman parte de nuestra propia vida y nuestras memorias familiares: en el caso de uno de los autores, porque sus abuelos escaparon del Imperio Ruso en el contexto convulsionado de colapso que siguió a la Revolución de 1917, y en el caso del otro, porque creció en un país marcado por una guerra civil y una cruenta dictadura que se mantuvo en el poder durante más de cuatro décadas con la pretensión de combatir la amenaza comunista. En este sentido, la escritura supone un esfuerzo por confrontarnos y hacer un balance de una historia que nos atañe y que probablemente también sea la de muchos de nuestros lectores y lectoras.

Solo resta expresar nuestro agradecimiento a las personas e instituciones que hicieron posible este libro. Los Open Society Archives de Budapest, la École française d'Athènes y la Akademie věd České republiky [Academia de Ciencias de la República Checa] nos dieron las condiciones materiales necesarias para realizar este trabajo. El apoyo intelectual de Claudio Ingerflom, Xavier Bougarel, Bogdan Iacob, Gilles de Rapper, Nathalie Clayer, Martín Bergel, Eugenia Palieraki, Paul Stubbs, Jovana Papović, José María Faraldo, Adela Hîncu, Anna Catharina Hofmann, Kateřina Lišková, Natalia Jarska, Jakub Szumski, Máté Rigó y Annina Gagyiova nos ayudó a pensar nuestro objeto de estudio desde perspectivas más amplias y exigentes. El sostén afectivo de nuestras familias, por último, fue el que nos permitió emprender y concluir un proyecto que demostró ser tan ambicioso como satisfactorio.

# 1. Entre la igualdad social y la emancipación nacional

## Los orígenes del socialismo en Europa central y oriental en el siglo XIX

"Camaradas, yo tomé el tranvía rojo del socialismo hacia la estación llamada 'Independencia', y ahí es donde me bajé. Ustedes pueden continuar hasta la última estación si así lo desean". Esta réplica suele atribuirse al mariscal Józef Piłsudski, general y jefe de Estado polaco tras la Primera Guerra Mundial. Aunque su autoría es apócrifa, la declaración, de cierto modo, condensa las múltiples tensiones de la experiencia histórica de Europa central y oriental durante el largo siglo XIX: el complejo entrelazamiento entre socialismo y nacionalismo en toda la región desde mediados del siglo, la divergencia entre quienes consideraban la independencia nacional como punto de llegada y quienes la veían como punto de partida y, por último, el conflicto entre diversas tradiciones políticas que entretanto emergieron en la región bajo el influjo de ideas provenientes del este y del oeste del continente.

El mariscal Piłsudski, militar de bigote frondoso y cejas arqueadas que aunó habilidad política, carisma y destreza estratégica, encarnaba como pocos las contradicciones y virtudes del socialismo en la mitad oriental del continente. La radicalidad política de la *intelligentsia* surgida de las familias nobles de la periferia del Imperio Ruso llevó a Piłsudski a conocer las cárceles zaristas, donde pasó cinco años, y posteriormente el exilio. Como él, muchos socialistas de la región buscaron inspiración en Europa occidental, donde habían recalado huyendo de la persecución de las diversas policías imperiales, ya fueran rusas, otomanas o austríacas. Por eso, el Partido Socialista Polaco, del que Piłsudski fue líder, no se fundó en 1892 en las calles de Varsovia, ni en las de Lodz, sino en la ciudad de París.[5] Esta volatilidad geográfica nos sugiere que si buscamos conocer y comprender los orígenes del socialismo de Europa central y oriental, tenemos que mirar tanto hacia Moscú y Berlín como hacia París y Ginebra.

En la figura de Piłsudski confluyen varias experiencias históricas y tradiciones políticas que entre mediados del siglo XIX e inicios del XX surcaron Europa central y oriental. Esta, como veremos, ingresó en la modernidad capitalista desde una posición peculiar, marcada por la hegemonía de vastos imperios multinacionales en su territorio, un grado relativamente bajo de industrialización, la persistencia del poder aristocrático, formas de dependencia de tipo semifeudal y un vasto campesinado pobre. Todos estos ingredientes configuraron un universo espiritual y político singular, en contacto con las ideas y las prácticas occidentales, pero definidos también por preocupaciones locales.

De esas circunstancias emergieron tradiciones políticas nuevas y en cierta medida distintas de las que afloraban en el Oeste: en especial, se destacaba una amalgama de liberalismo, radicalismo y nacionalismo que bregaba por la autonomía de las naciones a la vez que subrayaba la necesidad de elevar el estatuto de los campesinos. También ganaban relevancia una fuerte tradición populista que propugnaba formas de emancipación social que fueran autóctonas y diferentes de las occidentales y, más tarde, una amplia gama de partidos socialistas de distinto cuño, surgidos entre Berlín y San Petersburgo durante las últimas décadas del siglo XIX y preocupados por compatibilizar las dos grandes problemáticas que estructuraban la vida política de Europa central y oriental: el deseo de igualdad social y el anhelo de emancipación nacional. Como veremos en la última sección de este capítulo, las primeras décadas en la historia del socialismo en la región ofrecen un panorama lleno de actores, organizaciones e ideas diversos y a menudo en conflicto, pero entrelazados en una red de intercambios y discusiones que nos permiten identificar una geografía singular, un territorio de experimentación política que no puede entenderse como una copia atrasada de Occidente ni como una simple prolongación de procesos centrados únicamente en las tierras bajo dominación rusa.

## ENTRE LA MODERNIDAD POLÍTICA
## Y LAS TENSIONES DEL CAPITALISMO

Al promediar el siglo XIX, Europa central y oriental participaba a su manera en los grandes procesos de transformación económica, política y social de la época. La expansión del capitalismo industrial encontraba a esos territorios insertos en un mundo crecientemente integrado en materia de circulación de mercancías, personas e ideas. Aunque el centro de gravedad de dicho proceso estuviera en el norte y el oeste de Europa, focos fabriles y comerciales se extendían también por la semiperiferia centrooriental y conectaban su economía con el resto del globo por las rutas del comercio terrestre y marítimo. A la vez, la región participaba de las transformaciones ideológicas de la época, asistiendo al alza de valores liberales, de un *ethos* individualista y de un pensamiento racional e ilustrado, en especial luego del ciclo revolucionario francés. Es cierto que durante el siglo XVIII los territorios orientales habían conocido un Iluminismo propio por vía de las reflexiones de pensadores como el rumano Dimitrie Cantemir y el serbio Dositej Obradović, y también que sus actores políticos se habían hecho eco de ese espíritu, como en el caso de la Constitución de la Mancomunidad Polaco-Lituana de 1791, que introdujo la fiscalización del gobierno, la libertad de culto y la separación de poderes. Sin embargo, no menos cierto es que el ciclo iniciado en la mitad occidental con la Revolución Francesa de 1789, y extendido con el avance de las tropas napoleónicas a través del continente, fue a la larga el que más profundizó estas tendencias al propagar el ideario revolucionario, democrático y nacionalista e inspirar a numerosos revolucionarios locales.

Así las cosas, Europa central y oriental participaba en dinámicas que en gran medida venían propulsadas desde Occidente, pero que adquirían dimensiones eminentemente globales, en un mundo en transformación y cada vez más conectado.[6] Sin embargo, una serie de particularidades políticas, económicas y sociales, en un contexto específico de problemáticas, interrogantes y dilemas, no podían sino tener un impacto en el modo en que la región ingresaba en la era del capitalismo industrial y la modernidad política.[7]

En primer lugar, a diferencia de lo que ocurría en la mayor parte de Europa occidental, donde para mediados del siglo XIX el Estado nacional se había consolidado como la regla, la mayoría de los territorios del centro y del este del continente todavía estaba bajo hegemonía o franca dominación de alguno de los cuatro vastos imperios multinacionales que se extendían allí: el Imperio Ruso de la casa de los Románov hacia el este, el de los Habsburgo austríacos en Europa central, el del sultán otomano en el sudeste y, años después, el de los Hohenzollern prusianos en el centro-norte. Dichos imperios no habían salido indemnes de la agitada movilización política y militar continental desde finales del siglo anterior: su autoridad se debilitó cuando las campañas napoleónicas aceleraron la transmisión de ideas de emancipación nacional y libertad política y pusieron en aprietos a las tropas austríacas, prusianas, rusas y otomanas en diversos puntos, lo cual sirvió de espaldarazo a movimientos de emancipación nacional. Por caso, Napoleón había prometido acabar con los imperios centroorientales y otorgar autonomía a los eslavos: a los polacos, que hasta finales del siglo XVIII habían sido un Estado independiente, y también a los eslavos del sur, reunidos por primera vez bajo autoridad francesa en las llamadas "Provincias Ilirias", que se extendían desde Carintia a Dalmacia. A pesar de la derrota del corso y la restauración del orden europeo tras el Congreso de Viena de 1815, sus tropas hicieron mella en la hegemonía de los imperios y demostraron que la liberación era un horizonte posible. En los Balcanes, esos años vieron surgir una serie de insurrecciones nacionales que condujeron a establecer las primeras entidades políticas independientes, como el principado independiente de Serbia, en 1815, y el Estado de Grecia, en 1833, sin desmedro de experimentos fallidos como la revolución de Tudor Vladimirescu, que fue aplastada en territorios rumanos en 1821.

En segundo lugar, en paralelo con la peculiaridad de la cuestión nacional, la estructura productiva de la región dictaba una serie de preocupaciones económicas específicas y distintas de las que primaban en la franja occidental del continente. A mediados del siglo XIX, por regla general, el centro y el este contaban con un nivel considerablemente más bajo de industrialización y de desarrollo económico y social: los habitantes de la región seguían viviendo en un régimen económico principalmente agrario, y la economía de sus centros urbanos reposaba en gran medida sobre la actividad comercial. Marcaban la excepción ciertas áreas como Bohemia, foco de industrialización desde finales del siglo XVIII, y ciudades como Lodz, la "Mánchester polaca", en la que proliferaban talleres textiles y máquinas de vapor, o la ciudad de Salónica en los Balcanes. Con todo, el panorama era muy desigual: si los territorios bajo dominación de los austríacos o los prusianos mostraban un desarrollo relativamente alto con focos de industrialización, urbanización y alfabetización, aquellos bajo órbita rusa y otomana delataban niveles mucho más bajos, con países como Serbia, donde la alfabetización no alcanzaba el 5% en la década de 1860, y con el campesinado que representaba todavía un 80% de la población del Imperio Ruso hacia fines del siglo.[8] Como resultado, sobre todo en el este y en el sudeste del continente comenzaría a extenderse una fuerte percepción de desfase y de atraso respecto del avance técnico y económico de los países occidentales. Esta percepción dejaría también huellas en las ideas y acciones de los movimientos reformistas y revolucionarios que surgirían a lo largo del siglo XIX, en algunos casos cobrando la forma de un complejo de inferioridad frente a Occidente y de una verdadera obsesión por la modernización.

Por último, y como consecuencia de lo anterior, en los territorios del centro y del este de Europa predominaba una configuración social distinta de la constatable en los países occidentales. En Europa occidental, la expansión de relaciones capitalistas en las áreas rurales, con la dislocación del campesinado tradicional, y el crecimiento del sector comercial y manufacturero en las grandes ciudades habían impulsado la formación de corrientes migratorias hacia los centros urbanos. Además, el ascenso de una burguesía ligada al auge industrial, así como el surgimiento de un proletariado urbano compuesto por trabajadores empleados en el sector manufacturero, habían transformado por completo la escena política y social. En el centro y el este de Europa, en cambio, el ya mencionado bajo nivel de desarrollo industrial se combinaba con una estructura de la propiedad de la tierra que en muchos casos aún estaba regida por relaciones de servidumbre o cuasiservidumbre. El campo continuaba atravesado por formas de organización decididamente comunitarias, como las del *mir* en los territorios de Rusia o las *zadruga* –organizadas en torno a la unión de clanes familiares–, propias de ciertas áreas de los Balcanes. En gran parte de la región, el poder económico permanecía concentrado en las manos de clases terratenientes de tipo aristocrático, de nobles y boyardos protegidos por sistemas políticos de carácter feudal o semifeudal. El peso de la producción recaía en las espaldas de amplias masas de campesinos, a veces dueños de sus parcelas, pero comúnmente reducidos a diversas formas de dependencia respecto de los grandes propietarios y a la vez sometidos a la explotación fiscal de crecientes burocracias estatales. En este contexto, las condiciones de vida de la amplia mayoría de la población, residente en el campo, eran poco menos que calamitosas. Incluso en países como Serbia, donde el fin del dominio otomano había dado lugar a reformas agrarias que habían configurado una amplia clase de pequeños propietarios y donde casi no existía una clase aristocrática, la falta de desarrollo técnico, la pequeña escala de las propiedades y la alta presión impositiva redundaban en elevados niveles de miseria entre el campesinado.

Todos estos factores marcaron la peculiar inserción de Europa central y oriental en la modernidad política y en la era del capitalismo. Desde estas circunstancias singulares sus habitantes conocieron, entendieron e interpretaron las nuevas corrientes de ideas que hacían aparición durante aquel tiempo de cambios radicales en el continente.

## IDEAS DE EMANCIPACIÓN

Desde la primera mitad del siglo XIX, Europa occidental había atravesado fuertes cambios debidos, en gran medida, al ascenso político, económico y social de la burguesía y la aparición de la clase obrera industrial. Diversas corrientes surgidas entonces expresaban las necesidades de los nuevos actores. Movimientos liberales y reformistas –generalmente nutridos de sectores nobiliarios venidos a menos, burgueses y de pequeñas clases medias– aspiraban a la universalización del voto y al establecimiento de derechos fundamentales en materia de libertad de prensa, expresión y asociación. A la vez, los incipientes movimientos de trabajadores industriales, generalmente reunidos en asociaciones y sociedades obreras, con creciente representación en grupos políticos reformistas, acompañaban estas demandas de democratización en conjunto con exigencias de reforma social para paliar las desigualdades económicas notorias que emergían entre las clases propietarias y las capas populares. Muchas de estas tendencias confluyeron en la marea revolucionaria que aconteció en Europa en 1848: las revueltas que se expandieron desde España hasta Valaquia y que pasaron a la historia con el nombre de "Primavera de los Pueblos" fueron quizás la expresión más acabada de la unión políticamente explosiva, aunque limitada y efímera, entre actores diversos y aliados frente a un orden social que se manifestaba caduco para representar una sociedad en plena transformación.

Fue en esos años que emergieron además las primeras corrientes socialistas. En Francia, la entrada en la escena política de las capas populares en tiempos de la Revolución, el radical espíritu de igualitarismo encarnado por el gobierno del Comité de Salvación Pública de 1793 y el surgimiento de grupos como el de la Conspiración de los Iguales liderada por Gracchus Babeuf, que aspiraban a la abolición de la propiedad privada, fueron apenas el principio. En años posteriores, pensadores como Robert Owen, Charles Fourier y el conde de Saint-Simon se abocaron a pensar las nuevas problemáticas económicas y sociales del continente en clave igualitaria y humanista. Estos autores, parte de una corriente que más tarde se conocería como "socialismo utópico", propusieron diversos programas de transformación social de inspiración reformista, igualitarista, humanista y democrática, basados en una crítica de los efectos deletéreos del capitalismo a la vez que en una sólida confianza en el progreso técnico y moral. Fue en los territorios de habla alemana del centro de Europa, sin embargo, donde surgió una de las corrientes del pensamiento socialista que transformaría radicalmente la historia de Europa y del mundo durante el siglo y medio siguiente: el socialismo marxista.

Nacido en Tréveris (ciudad del reino de Prusia) en 1818, Karl Marx siguió durante su juventud estudios de filosofía, derecho y economía. Bajo la influencia de la filosofía hegeliana, de la economía política inglesa y del pensamiento social francés, más tarde, en estrecha colaboración con Friedrich Engels, Marx formuló una crítica radical del capitalismo de notable complejidad y enorme riqueza teórica que superaría al socialismo utópico. La teoría de Marx surgía en primera instancia de una crítica del idealismo hegeliano y de la revalorización de la práctica material de las personas como el terreno esencial de su ser. Así, su reflexión se daba a partir del análisis de la alienación sufrida por el proletariado en las condiciones de producción capitalista; circunstancias en las que, como consecuencia de la propiedad privada de los medios de producción, el trabajador resultaba extrañado del fruto de su propio trabajo y por lo tanto alienado de su humanidad misma.

A esta crítica siguió el desarrollo de una teoría de la historia y de la sociedad que se conoce con el nombre de "materialismo histórico", cuyo principio fundamental era que el sentido de la historia se encontraba no en la *conciencia* del hombre, sino en su *ser social*, vale decir, en su participación en una estructura densa de prácticas y de relaciones de producción. La teoría de Marx postulaba que la historia humana constituía una sucesión de diversos *modos de producción*, cada uno caracterizado por un conjunto de relaciones de producción (esto es, determinadas formas de organización económica y social) y por determinado estado de desarrollo de las fuerzas productivas. Así, los sucesivos modos de producción alcanzaban un grado en el que las relaciones de producción existentes se convertían en un obstáculo para la expansión de las fuerzas productivas. Cuando un modo de producción llegaba a esa coyuntura, estaba condenado a decaer, lo cual desencadenaba una revolución social que abría la puerta a un modo de producción superador. De la teoría de Marx se derivaba que incluso el capitalismo estaba condenado a desaparecer en el futuro, cuando el orden jurídico y social de la sociedad burguesa se convirtiera en un obstáculo para el desarrollo de las fuerzas productivas.

De esta manera, el materialismo histórico ofrecía no solo una crítica de la sociedad y un análisis de la historia, sino también un programa político radical que aspiraba a derrocar el capitalismo. Marx y Engels identificaron diversos modos de producción, tales como el primitivo, el esclavista, el feudal y finalmente el capitalista. Las contradicciones de un modo de producción se ponían de manifiesto con la lucha de clases, y en el caso del capitalismo, esto se revelaba en la creciente agudización de las tensiones entre la burguesía y la clase obrera: si la burguesía había reemplazado a la nobleza en el poder y había abierto las puertas a la consolidación del capitalismo por vía de las revoluciones liberales, deshaciéndose de las trabas del modo de producción feudal y estableciendo un sistema político y económico acorde con sus intereses y con sus valores, con el tiempo ella misma sería reemplazada en la dirección de los asuntos humanos por la clase obrera. La llegada al poder de la clase de los explotados y la abolición de las desigualdades de propiedad desembocarían en la formación de una sociedad comunista, orgánicamente equilibrada y gestionada por los propios productores, en la que incluso el Estado tendería a su extinción, ya que no habría más necesidad de garantizar un orden jurídico injusto mediante el uso de la fuerza. El socialismo marxista tuvo un impacto sin parangón en el naciente movimiento socialista europeo. A lo largo de la segunda mitad del siglo XIX, tanto Marx como Engels participaron activamente en el movimiento obrero, entre otras cosas con la fundación de la Primera Asociación Internacional de los Trabajadores en Londres en 1864 junto con otras figuras como el anarquista ruso Mijaíl Bakunin. Gracias a sus escritos y su práctica militante, las ideas de Marx se expandieron a lo largo y ancho del continente, contribuyendo a enriquecer el clima de crítica política y social que prevalecía en esos años y sentando las bases de lo que en pocas décadas se convertiría en la principal corriente revolucionaria del continente europeo y, más tarde, del mundo entero. En ese proceso de difusión y recepción, el socialismo entraría además en contacto con otras corrientes de ideas en alza en esos años que propugnaban formas distintas –y, a veces, incluso opuestas– de organización política y social.

## EL CICLO DEL LIBERALISMO Y EL NACIONALISMO

Durante la primera mitad del siglo XIX, Europa fue testigo de diversas hibridaciones de liberalismo y de nacionalismo, dos formas de ver el mundo frecuentemente unidas e incluso amalgamadas por el cuestionamiento de la sociedad aristocrática, así como por su ambición democrática y anhelo revolucionario. Aunque algunos de los principales focos de estas ideas estuvieran en Occidente, las olas del nacionalismo y del liberalismo no pudieron sino tocar también los territorios de Europa central y oriental, y no en menor medida porque muchos de los cuadros intelectuales y líderes de los primeros movimientos nacionales y radicales habían recibido una parte de su formación en ciudades como París, Viena, Londres y Zúrich, como en el caso del rumano Mihail Kogălniceanu, el polaco Adam Mickiewicz, el ruso Aleksandr Herzen o el serbio Vladimir Jovanović. Con todo, su recepción de las ideas liberales y democráticas occidentales no sería automática, sino que resultarían más bien *adaptadas* y *traducidas* a las condiciones de la región, alimentando tradiciones y prácticas políticas propias.[9] El laboratorio más estimulante de estos nuevos movimientos fue quizás la "Primavera de los Pueblos" de 1848, que resonó no solo en París o Frankfurt, sino también en Bucarest, Poznan o Budapest.[10] Allí, a diferencia de lo que ocurría en Occidente, los radicales aunaron sus demandas de reforma política y social a un programa de emancipación nacional y de mayor autonomía (o incluso independencia) respecto de los imperios multinacionales que prevalecían en la región. Además, en la mayoría de los casos, sus programas de reforma no se orientaron exclusivamente a la instalación de sistemas parlamentarios, ni tampoco se enfocaron en la suerte del proletariado industrial, sujeto sociológicamente secundario en sus países y regiones, sino que centraron su atención en el campesinado, visto entonces como principal representante del pueblo y como el símbolo y alma de la nación. Los exponentes radicales aspiraban a liquidar la servidumbre en el plano legal y político y elevar al campesinado en el plano económico, como ocurrió con las primeras reformas agrarias que tuvieron lugar en Serbia a partir de la década de 1830 y con la abolición de la esclavitud en los territorios rumanos de Moldavia y Valaquia durante la década de 1850. Una alianza se estaba formando entonces en Europa central y oriental entre las élites revolucionarias y nacionalistas y el campesinado. Además, la cuestión agraria se colocaría en un primer plano, auspiciada por un pensamiento crecientemente socialista, como fue el caso del polaco Edward Dembowski, que en la década de 1840 había promovido una radical reforma social para el campesinado.

Los movimientos liberales y radicales de la época ejercieron una fuerte presión sobre los imperios multinacionales de la región, estructuras políticas vetustas y en gran medida incapaces de canalizar estas nuevas demandas. A menudo, las autoridades respondieron con violenta represión, aplastando las insurrecciones, como en el caso del gran levantamiento polaco en Poznan. Con todo, la tensión política y la movilización, sumadas al evidente rezago económico y técnico que dichos imperios comenzaban a mostrar en relación con las economías occidentales, obligó a emprender reformas con el objetivo de modernizar la gestión de la vida política, económica y social en sintonía con las necesidades de la época. Las reformas del Tanzimat iniciadas en el Imperio Otomano luego de 1839 con el objetivo de modernizar la burocracia y actualizar la legislación en un sentido de mayor secularización, así como la centralización y modernización administrativa del Imperio Ruso, especialmente importante luego de la derrota en Crimea en 1856, en conjunto con la abolición de la servidumbre en 1861, son ejemplos de esas tentativas de adaptación. Uno de los hitos más decisivos de este espíritu reformista de los imperios fue la decisión de la corona austríaca de federalizar sus estructuras otorgando un estatuto de igualdad a la corona húngara en el seno del imperio. Este acontecimiento (que se conoce como *Ausgleich*, "compromiso") fue acordado en 1867 y daría a los húngaros amplias competencias y margen de maniobra, y cambiaría el nombre del imperio: de austríaco pasaba a ser austrohúngaro.

Si bien en muchos casos esos paliativos consiguieron aplacar las presiones revolucionarias más urgentes, en los hechos no fueron capaces de poner fin a las crecientes aspiraciones de autonomía o independencia nacional. Por el contrario, durante la segunda mitad del siglo XIX, la cuestión nacional se instaló como una de las principales preocupaciones tanto de las autoridades imperiales como de los nacientes movimientos políticos de oposición. En el sudeste del continente, la conjunción de los principados de Moldavia y Valaquia para formar el primer Principado de Rumania unificado bajo Alexandru Ioan Cuza en 1859, sumado al Principado de Serbia y al Estado griego, empezaba a poner en duda la supervivencia del Imperio Otomano en Europa. En el centro-norte y en el noreste del continente, en los territorios de Rusia, Austria-Hungría y Prusia, se expandían las actividades de movimientos nacionales sin un Estado nominalmente propio y sedientos de independencia política, como en los casos polaco y checo, y también aparecían nuevos, a la sazón de la corriente nacionalista judía y el relativamente tardío movimiento nacional ucraniano. Se formaban además grupos políticos basados en solidaridades nacionales más amplias, como en el caso del Sokol (Halcón), agrupación patriótica surgida en torno a un programa de entrenamiento físico en las tierras checas para difundir la solidaridad entre los pueblos eslavos y combatir las políticas germanizantes de Viena,[11] o como en el caso del Movimiento Ilirio, conformado en el sudeste europeo para promover la unión de todos los eslavos del sur (los "yugoslavos", siguiendo la denominación original de *Jugosloven* o *Jugoslaven* en serbocroata) contra las políticas de "magiarización", esto es, la asimilación forzosa de otras naciones a la lengua y la cultura húngaras, impuestas por Budapest en sus dominios.[12]

El nacionalismo se convertía en la bandera más poderosa de la época. Con todo, no era la única fuerza capaz de movilizar a la población y poner en jaque a los imperios. En algunos casos, *la cuestión social* podía sobrepasar la importancia de la identidad nacional: en los territorios austríacos de Galitzia, por ejemplo, los campesinos polacos movilizados durante las revueltas de 1848 exhortaron a la corona austríaca a acabar con los privilegios de la nobleza rural que los oprimía aunque, paradójicamente, esta nobleza no fuese germánica sino eslava como ellos.[13] En otras palabras, el poder cohesivo de la solidaridad nacional era monumental, pero no era ilimitado, y en muchos casos podía verse desestabilizado por el peso de la clase. En una amplia región en la que se superponían identidades dispares, formas de gobierno diferentes y niveles de desarrollo socioecónomico asimétricos se dibujaba un mosaico de desigualdades que algunos podían atribuir a la opresión imperial y otros podían en cambio interpretar como resultado de la explotación social.

## LOS VIENTOS QUE SOPLABAN DESDE RUSIA: EL NACIMIENTO DEL POPULISMO

A mediados del siglo XIX, mientras cobraba creciente importancia el principio democrático de representación de las mayorías –pensadas ante todo en términos nacionales, identificadas en muchos casos con las masas de campesinos pobres y explotados–, la cuestión nacional y la cuestión social se anudaron en lo que puede considerarse uno de los momentos clave del pensamiento político y social radical en Europa central y oriental: el populismo.

El punto de partida ineludible era la experiencia rusa, que se convertiría en el punto de referencia para diversos intelectuales y movimientos políticos en años posteriores. En un imperio fundamentalmente agrario, con un régimen político dinástico de neto carácter patrimonialista y difícilmente permeable a las crecientes demandas de reforma, pensadores como Aleksandr Herzen y Nikolái Chernishevski desarrollaron entonces una reflexión política radical basada en una crítica de la modernidad capitalista occidental y de sus efectos en las tierras del este de Europa. Buscando una alternativa a la autocracia, pero desilusionados también por el fracaso del ciclo revolucionario de 1848 en Europa occidental, el populismo (*naródnichestvo* en ruso) rechazaba las expresiones más perversas y degradantes de la modernidad industrial y postulaba la idea de que Rusia podía pasar de su estado cuasifeudal al socialismo salteando la etapa histórica del capitalismo. En el núcleo de esta corriente residía un cuestionamiento a la hegemonía del pensamiento occidental: según dichos pensadores, Rusia podía y debía construir su propio camino, atendiendo a sus condiciones históricas y a sus propios actores sociales, entre quienes el primero y principal era el campesinado ruso, visto como un sujeto social y moralmente propenso al socialismo. Los populistas articulaban una reivindicación y una idealización de la comuna agraria tradicional como célula de igualdad y como piedra de toque de una futura sociedad socialista. En otras palabras, aspiraban a valerse del patrimonio político, social y cultural propio de Rusia para dar un salto hacia el futuro que evitara las perversiones provenientes de la modernización tal como se expresaba en la Europa capitalista.

Las ideas del populismo tuvieron un rotundo impacto sobre los rusos, inspirados entonces por un clima general de romanticismo en la literatura y las artes que favorecía el tratamiento de temáticas vinculadas a las tradiciones populares y que contribuía a la percepción positiva de las capas campesinas. Su recepción fue especialmente propicia entre la *intelligentsia*, una capa social conformada principalmente por individuos provenientes de la pequeña nobleza en decadencia o de pequeñas clases medias en ascenso; un grupo que, sin constituir una clase social en el sentido marxista de la palabra, adquiriría sin embargo una conciencia histórica singular, caracterizada por la convicción de tener un papel central en la transformación futura de su sociedad. Siguiendo un imperativo de transformación social formulado de manera célebre en los escritos del populista Piotr Lavrov, los miembros de la *intelligentsia* se veían a sí mismos como sujetos privilegiados gracias a su educación y en virtud de su comprensión del mundo, pero creían que dicho privilegio se debía al trabajo de las masas trabajadoras y que por lo tanto su obligación era retribuir el esfuerzo dedicándose a propiciar la emancipación del pueblo. La visión de compromiso y transformación social inculcada en esta generación de intelectuales se convertiría en uno de los núcleos de la ética revolucionaria de años posteriores, no solo en Rusia sino mucho más allá.

En la década de 1870, el populismo ruso dio uno de sus frutos más célebres: el movimiento "Yendo hacia el pueblo", iniciativa por la cual miles de estudiantes e intelectuales migraron a zonas rurales en busca de entrar en contacto con los campesinos, vistos entonces como guardianes del alma del pueblo y como el sujeto potencial de un cambio político revolucionario. La década siguiente fue testigo de la irrupción de numerosas organizaciones de carácter populista en Rusia, la más célebre de las cuales fue quizás Naródnaia Volia (Voluntad del Pueblo), nucleamiento adepto a los métodos terroristas que en 1881 dio un golpe político inédito al asesinar al zar Aleksandr II. Apenas unos años más tarde, un grupo de jóvenes revolucionarios fracasaría en su plan de dar muerte al nuevo zar, y varios de ellos serían juzgados y ejecutados. Entre los conspiradores estaba un hombre llamado Aleksandr Ilich Uliánov, exestudiante de la Universidad de San Petersburgo radicalizado durante sus estudios. Aunque Uliánov estaba inspirado por la tradición populista y terrorista de Naródnaia Volia, en sus escritos se percibía ya una influencia del pensamiento de Marx y Engels y una ponderación del rol de la clase obrera en la construcción del socialismo.[14] La ejecución de Aleksandr por parte del aparato zarista dejaría una fuerte impronta en su hermano menor, el joven Vladímir Ilich Uliánov. El Uliánov menor incorporaría una acérrima impronta marxista a su ideario, que volcaría en escritos y en prácticas revolucionarias que pocos años más tarde contribuirían a extender como una mancha de aceite la idea de la revolución en Rusia. Para entonces, el joven Vladímir habría adquirido ya el pseudónimo con el que pasaría a la historia: Lenin.

El pensamiento populista tuvo un impacto extraordinario también fuera de las fronteras de Rusia, marcando las conciencias de los revolucionarios a lo largo y lo ancho de la región. La influencia en ascenso del paneslavismo, corriente de ideas que promovía la unión de los pueblos eslavos, permitió que los radicales serbios, búlgaros, polacos y checos establecieran una conexión de familiaridad con la experiencia rusa. Además, las ideas populistas se transmitían por redes de estudiantes en el extranjero, en particular en ciudades como Ginebra y Zúrich, donde realizaban sus estudios universitarios miembros de las incipientes clases educadas de diversos países del Este, muchas veces becados por sus

Estados con el objetivo de formar cuadros técnicos destinados a ser la clase dirigente del futuro.

En los Balcanes, la importancia de la cuestión nacional y el peso del campesinado en la composición social fomentaron la aparición de fuertes movimientos agrarios de orientación radical, algunos de los cuales se transformarían en actores centrales de la vida política. Las ideas del populismo dejaron una impronta perdurable en la reflexión de diversos académicos, escritores y artistas que veían los proyectos de modernización de tipo occidental como un gesto intelectual vacío, apenas mimético; una empresa que en el mejor de los casos ignoraba las virtudes de la cultura local y, en el peor, constituía una amenaza directa para el patrimonio cultural nacional. En un artículo de 1868, por ejemplo, el rumano Titu Maiorescu señalaba que Rumania contaba en la superficie con todas las características de Occidente, desde la ciencia hasta la Constitución, desde los museos hasta las academias, pero que en realidad existía una brecha insalvable entre esta apariencia de modernidad y la vida real del campesino rumano, "la única clase real". Maiorescu las denominó "formas sin fondo" (*forme fără fond*), como símbolo de las contradicciones del modelo de modernización que las élites rumanas intentaban imponer al país sin tomar en cuenta su esencia y sus particularidades.[15]

En las décadas subsiguientes, el populismo y la cuestión agraria se relacionarían de modos peculiares. Cierto "populismo agrario", de ideario un tanto cercano al socialismo, buscaría integrar al campesinado en la política y avanzaría con una agenda popular y democrática, como en el caso del *poporanismo*, del rumano Constantin Stere y de quien se convertiría en uno de los principales actores políticos de Bulgaria durante los primeros años del siglo XX, Aleksandar Stamboliski, líder de la Unión Nacional Agraria de dicho país. En su versión más conservadora, en cambio, el agrarismo derivaría en formaciones nacionalistas de tipo étnico, como en el caso del Partido Puro de los Derechos en los territorios croatas del Imperio Austrohúngaro, una fuerza política opuesta a la colaboración con los serbios y, más tarde, incluso propensa a aceptar vías autoritarias.

Quizás una de las experiencias políticas más interesantes de la época puede encontrarse en Serbia, donde el populismo cobraría una fuerza inusitada en una particular combinación con el nacionalismo y el ideario socialista. El pequeño país balcánico había alcanzado su independencia luego de sucesivos levantamientos y guerras contra las tropas del Imperio Otomano, estableciéndose primero como un principado independiente y luego como una monarquía parlamentaria tras el Tratado de Berlín de 1878. Durante las primeras décadas de la segunda mitad del siglo XIX, Serbia había estado gobernada principalmente por el Partido Liberal y por el conservador Partido Progresista, dos fuerzas que habían conseguido garantizar la independencia del país, modernizar el aparato del Estado y llevar adelante persistentes campañas militares para alcanzar la unidad de todos los serbios bajo un mismo Estado. Sin embargo, ambas agrupaciones habían demostrado poca voluntad de integrar a la política a las masas de campesinos que, como vimos, formaban el grueso de la población y vivían en condiciones miserables bajo la explotación de la burocracia estatal.

En este contexto, bajo el liderazgo de Svetozar Marković y otros, un grupo compuesto de jóvenes formados en Suiza y Rusia puso en marcha una plataforma política socialista influida por el populismo ruso, con un programa de cambio social basado en la crítica de la modernidad capitalista y la reivindicación de la comuna campesina como célula de la sociedad socialista futura. El grupo proponía además una reforma constitucional para reducir el poder del Ejecutivo y sostenía una crítica del nacionalismo militarista del Estado serbio, proponiendo en cambio crear una federación entre todos los pueblos de los Balcanes. Sobre la base de este ideario de corte socialista, populista e internacionalista se fundó en la década de 1870 el Partido Radical. Los radicales iban a volverse la primera fuerza política en instituir un aparato político moderno en Serbia, basado en la agitación en el campo y en la movilización masiva de los electores. Sin embargo, las cosas cambiaron en la década de 1880, cuando los radicales llegaron al poder bajo el liderazgo de Nikola Pašić y emprendieron un pragmático giro conservador. A partir de entonces, el Partido Radical limitó sus ambiciones de cambio social para concentrarse en el proteccionismo y en el nacionalismo económico, sirviéndose del Estado con fines clientelares y erigiéndose en defensor de los intereses nacionales de Serbia ante las presiones extranjeras. De esta manera, en un curioso viraje del internacionalismo al nacionalismo, el radicalismo pasaba de ser una fuerza política de oposición y de crítica social a ser un factor de orden y uno de los principales promotores de la consolidación del Estado nacional serbio, un caso que quizás sea revelador de las contradicciones de los primeros socialistas en ese contexto regional.[16] Como podemos ver, en estos movimientos confluían distintas formas de pensamiento que se habían amalgamado desde mediados del siglo XIX, con influencias del liberalismo, del socialismo, del nacionalismo y del marxismo, siempre pasadas por el tamiz de las particularidades de Europa central y oriental. Asimismo, en algunos casos comenzaban a delinearse también ciertas discrepancias entre el pensamiento político y social crítico proveniente de la región misma y aquel proveniente del oeste del continente, con fuertes choques entre pensadores y militantes de contextos distintos y a veces difícilmente compatibles. Mientras gran parte de la izquierda francesa o alemana, ya agrupada en torno a partidos de orientación netamente socialista, buscaba proletarizar al campesinado en aras de una modernización política y económica que conduciría al socialismo, las diversas expresiones del populismo y del agrarismo que echaban raíces en Europa central y oriental buscaban marchar hacia la conquista del socialismo saltando la etapa encarnada en las fábricas humeantes de Valonia, Mánchester o la cuenca minera del Ruhr.[17] Con los años, esto conduciría a fuertes tensiones y dilemas políticos en el centro y en el este de Europa, cuyos movimientos políticos radicales bascularon entre las dos tendencias, en especial a partir de la popularización de las ideas de Marx y Engels y de la multiplicación de los partidos socialdemócratas de orientación marxista en la región en las últimas décadas del siglo XIX.

## LOS MÚLTIPLES CAMINOS DEL SOCIALISMO

En las dos últimas décadas del siglo XIX, Europa pasó por un proceso de cambio económico y social con fuertes repercusiones sobre la política radical del continente. La aceleración del proceso de industrialización, unida a una expansión territorial sin precedentes que llevó a los imperios europeos a intensificar su ingreso en el continente africano, abrió un proceso de crecimiento económico con efectos sociales a veces explosivos. En Europa central, se ampliaban los núcleos urbanos y se extendía el movimiento obrero, cada vez más numeroso y mejor organizado. El Partido

Socialdemócrata Alemán (SPD), fundado en la década de 1860 por la unión de varias corrientes socialistas y rápidamente influido por las ideas de Marx y Engels, multiplicó de manera exponencial su presencia en la sociedad y la política del Segundo Imperio alemán, para entonces devenido una potencia militar e industrial bajo el liderazgo del canciller Otto von Bismarck. En un país que atravesaba una rápida modernización económica y social, el SPD engrosaría sus filas vertiginosamente, y en vísperas de la Primera Guerra Mundial llegaría a obtener casi un tercio de los sufragios en el Reichstag (Parlamento).

Más allá de su inspiración marxista originaria, los socialistas alemanes operaban en un clima político dinámico que les permitía expandir su influencia por medios legales e institucionales, lo que los conduciría a formular un paradigma de acción política acorde con las circunstancias de su propio desarrollo interno. En 1891, el SPD pasó de la estrategia de confrontación revolucionaria a la apuesta por las reformas graduales en el llamado "Programa de Érfurt". Según este nuevo enfoque, las contradicciones del capitalismo se aceleraban con su expansión imperial y el sistema iba consumiéndose de manera que su desaparición era solo cuestión de tiempo, mientras el movimiento obrero avanzaba. Uno de los autores del Programa de Érfurt, Eduard Bernstein, era por entonces un fuerte crítico, desde el socialismo, de las ideas de Marx. Tanto a él como a sus seguidores se los comenzó a conocer como revisionistas en virtud de sus embates contra el carácter revolucionario que había sido esencial en la práctica y la teoría del socialismo al menos desde las jornadas revolucionarias de 1848. Para Bernstein, la dialéctica de la historia de Marx era demasiado simple y determinista; la lucha de clases no se daba entre proletarios y patrones concebidos de manera abstracta, y las fuerzas económicas no eran lo único que contaba en el proceso histórico. Por el contrario, Bernstein abogaba por un reformismo pacífico, vehiculado por la vía sindical y legislativa, que protagonizara una transición al socialismo suave y gradual. Esta vertiente reformista, adoptada por el SPD, hegemonizó la estrategia política del socialismo europeo en la Segunda Internacional de Trabajadores, la asociación que sucedió a la Primera Internacional y nucleó a los partidos socialistas del mundo a partir de 1889.[18]

Sin embargo, las críticas a la posición de Bernstein no tardaron en llegar. El socialista húngaro Zsigmond Kunfi, por ejemplo, pensaba que la estrategia del SPD era válida para el contexto de los núcleos urbanos del Reich alemán, pero tenía poco que ver con la vida de las periferias imperiales. Tributario de una perspectiva marxista, Kunfi postuló una "teoría del atraso" que exponía las diferencias palmarias y elaboraba sobre la "asincronía", es decir, los distintos ritmos temporales, de ambas mitades del continente. En el Oeste, sostenía, la burguesía había jugado un papel progresista impulsando las revoluciones liberales de las primeras décadas del siglo, para luego ser desbordada por el movimiento obrero. En cambio, en el Este, donde dichas revoluciones no habían tenido lugar, la burguesía, consciente de las consecuencias para su clase del avance obrero, había operado como un freno al socialismo.[19]

En los primeros años del siglo XX, las ideas de Bernstein encontraron suelo fértil en Alemania y tuvieron una buena recepción entre muchos socialistas de la región y del mundo, quienes fundaron partidos de corte legalista que se concentraron en la lucha parlamentaria como modo de mejorar gradualmente las condiciones de vida de los trabajadores. Entretanto, en el otro extremo de la región, en las entrañas del Imperio Ruso, irrumpió un paradigma de acción política socialista enteramente diferente: una tecnología revolucionaria basada en la organización, la disciplina y la conspiración por distintos medios, que se adaptaba mejor a las condiciones especiales de una sociedad autocrática.

Tras la crisis del populismo en Rusia, la década de 1880 había visto emerger a los marxistas como un grupo político específico, caracterizado por el rechazo del voluntarismo y de los métodos terroristas, y también por una mirada política y social de tipo científica, incluso a veces escolástica. Reunidos alrededor de figuras como Gueorgui Plejánov, los marxistas rusos se distinguían de los populistas por su visión de la historia: aceptando las ideas de Marx y Engels, admitían la inevitabilidad del capitalismo en Rusia como una etapa necesaria del desarrollo productivo en el camino hacia la construcción del socialismo. Además, al contrario de sus predecesores, los marxistas priorizaban el trabajo político y educativo en el seno de la clase obrera, una capa social que se expandía a buen ritmo gracias al proceso de modernización económica explosivo que Rusia atravesaba en esos años, particularmente en grandes ciudades como Moscú y San Petersburgo y en la cuenca del Don (en los territorios ucranianos). En 1898, se fundó el Partido Socialdemócrata

Obrero de Rusia, en el que enseguida se destacaría la figura rupturista de Lenin, el hermano menor del ejecutado Aleksandr Uliánov.

Las ideas y la práctica política de Lenin estaban fuertemente influidas por la tradición populista. El revolucionario ruso se nutrió de las ideas de Chernishevski, cuya novela titulada *¿Qué hacer?*, de 1863, había conmovido a varias generaciones de revolucionarios rusos. En sus páginas, Lenin no solo encontró una inspiración en el personaje heroico y romántico de Rajmétov, sino que también descubrió una visión de la historia que, contrariamente al determinismo marxista, le atribuía un papel central a la voluntad de los hombres en la forja del futuro.[20] En 1902, Lenin escribiría su propio *¿Qué hacer?*, un tratado en el que señalaba que la herramienta necesaria para lanzar la revolución en Rusia era un partido centralizado, disciplinado y estrictamente organizado. Así las cosas, si Bernstein en Alemania preconizaba la necesidad de la lucha parlamentaria y gradual como camino hacia la construcción del socialismo en un contexto moderno y más democrático, Lenin ofrecía un modelo radical y adaptado a las condiciones de la autocracia, que postulaba como vía al socialismo la revolución política y social organizada de manera estratégica y racional por un grupo de conspiradores.

Durante los últimos años del siglo XIX y los primeros del siglo XX, con el afianzamiento de una amplia red de partidos socialistas en Europa central y oriental, las discusiones de orden teórico y estratégico se multiplicaron en distintos rincones del continente. En Bulgaria, Estado joven establecido en 1878 en los antiguos dominios otomanos, con una sociedad mayoritariamente agraria y bajo un régimen caracterizado por el autoritarismo del rey y por la fragmentación de la oposición parlamentaria, el Partido Socialdemócrata de los Trabajadores (Brsdp) fundado en 1894 haría frente a dilemas particularmente interesantes, que echaban luz sobre algunas de las dificultades de pensar la vía al socialismo en el contexto balcánico, marcado por la ausencia de una burguesía activa y de una clase industrial fuerte.

La historia del socialismo en los Balcanes estaba claramente determinada por las múltiples conexiones de la región con el mundo germano-austríaco —como en Serbia, donde el partido surgió en gran medida de una ruptura por izquierda de la tradición radical— y con el mundo ruso, como sucedió en Rumania y en Bulgaria. El impacto de la política rusa se hacía sentir a través de redes de exiliados, ya fuese en los Balcanes o en países como Suiza, donde, huyendo de la censura del Estado zarista, se habían establecido revolucionarios como Pável Akselrod, Vera Zasúlich y Gueorgui Plejánov, que entraban en contacto con estudiantes serbios, rumanos o búlgaros. Además, muchas de las primeras figuras de la izquierda balcánica provenían de los territorios limítrofes de sus países y estuvieron en frecuente contacto con el imperio de los zares, como en el caso del rumano Constantin Dobrogeanu-Gherea, nacido en el seno de una familia judía con el nombre de Solomon Katz en la provincia rusificada, y étnicamente mixta, de Besarabia. Esa condición *fronteriza* de algunos de estos pensadores periféricos, así como su trayectoria biográfica entre territorios e idiomas diversos, no podía sino resultar en un pensamiento original, enriquecido por ideas, lecturas y tendencias provenientes tanto del Este como del Oeste.[21]

El Partido Socialdemócrata de Bulgaria fue una de las primeras fuerzas en llevar adelante una política socialista sistemática e inspirada por las ideas de Marx en los Balcanes. Sin embargo, de modo similar a lo que aconteció en Alemania, esta fidelidad teórica fue rápidamente objeto de un crudo debate que en 1903 dividió al partido en una facción *amplia*, partidaria de una estrategia flexible y reformista que incluyera a las clases medias y a los campesinos en la lucha política, y una facción *estrecha*, convencida de la necesidad de no renunciar a los principios del marxismo y enfocar toda la estrategia en la clase obrera. Si bien este debate parecía asemejarse a lo que ocurría en Alemania, las coordenadas intelectuales y sociales de la discusión eran eminentemente distintas. A diferencia de los "bernsteinianos" en el SPD, los *amplios* no proponían una estrategia más incluyente y reformista porque creyeran en la inevitabilidad del socialismo en un contexto de rápida expansión capitalista, sino que lo hacían precisamente por lo contrario: ya que Bulgaria no tenía una clase obrera fuerte ni una burguesía capaz de establecer un orden liberal y moderno, consideraban que su propia tarea era completar la transición hacia el capitalismo y la democracia en la marcha hacia el socialismo. En cierto sentido, los *amplios* se hacían eco del legado del populismo para pensar la necesidad de establecer una vasta coalición política, adaptada a las singularidades del contexto local.[22]

En la franja centro-norte del continente, el SPD tenía su caladero de apoyos en territorios como Prusia occidental o Baviera. Allí, la homogeneidad étnica era mucho mayor, mientras que en el centro-este el conflicto nacional se intensificaba con el pasar de las décadas y el nacionalismo comenzaba a asentarse como una fuerza mayor. El movimiento socialista de Europa central saldría fragmentado como resultado de estas profusas divisiones nacionales: en 1892 se fundaba en París el Partido Socialista Polaco y en 1898 se establecía en Bohemia el Partido Nacional Socialista Checo, ambos con programas que incluían fuertes consideraciones nacionales, combinadas en diverso grado con la aspiración de avanzar hacia el socialismo. Para el filósofo socialista polaco Kazimierz Kelles-Krauz, por ejemplo, nación y clase no se contradecían: si eventualmente se consiguiese un Estado nacional, este garantizaría la consecución del socialismo. De modo afín al del ya mencionado Zsigmond Kunfi, el punto de partida de Kelles-Krauz era una teoría marxista del imperialismo según la cual los imperios depredaban los recursos de las periferias y las mantenían en el atraso y el pauperismo. Esto tenía particular importancia en Polonia, cuyos territorios históricos ocupaban tres periferias imperiales: la de Austria-Hungría, la de Alemania y la de Rusia, que a finales del siglo XVIII se habían repartido la antigua Mancomunidad de Polonia-Lituania. Para Kelles-Krauz, y para muchos otros socialistas de la región, la nación era un elemento consustancial del que era inútil desprenderse en aras de un internacionalismo poco efectivo.[23]

A lo largo de los últimos años del siglo XIX y los primeros del siglo XX, el socialismo en Europa central y oriental oscilaría a menudo entre esta posición y otra, más apegada a un enfoque internacionalista. Desde el SPD, Rosa Luxemburgo, de origen polaco, contradecía a Kelles-Krauz basándose en un análisis económico. Según ella, las tres partes de Polonia habían quedado integradas cada una en las estructuras económicas de sus respectivos imperios y la comunicación entre ellas era mínima, incluso en la dimensión intelectual, de manera que apelar a la importancia de la identidad nacional en este contexto era una ilusión que enmarañaba el camino al internacionalismo socialista.

Gran parte de los territorios polacos que ocupaban la reflexión de Rosa Luxemburgo se vio sacudida en esos años por los acontecimientos de 1905 que conmovieron el imperio del zar y dejaron una marca histórica que en años posteriores adquiriría proporciones casi mitológicas. Así como la derrota en la Guerra de Crimea había precipitado las reformas de la década de 1860 en el Imperio Ruso, en este caso la guerra contra Japón, propiciada por la expansión del imperio de los zares hacia el Este, desencadenó una crisis de proporciones mucho mayores. La humillación de las fuerzas rusas frente al contrincante dio pie a la crítica de sectores liberales de la élite rusa que comenzaron a propugnar la reforma constitucional, al tiempo que un movimiento social de protesta integrado por estudiantes y trabajadores ganaba presencia en las calles. La violenta represión de una manifestación pacífica en San Petersburgo fue la gota que rebasó el vaso, iniciando un proceso auténticamente revolucionario que obligó al zar Nikolái II a aceptar la creación de la Duma, un parlamento de poderes limitados. Al calor de ese proceso, cobró forma por primera vez una expresión política que con el tiempo adquiriría el valor de una tradición en Rusia: los consejos obreros (soviets), asambleas de trabajadores integradas por representantes elegidos en las fábricas, una auténtica experiencia de democracia obrera que además dio una tribuna a los marxistas rusos para la propaganda y la agitación.

Si la Revolución de 1905 en Rusia tuvo su epicentro en las grandes ciudades, con amplia presencia de la clase obrera, el acontecimiento fue además un parteaguas para los trabajadores de las periferias del imperio, donde la experiencia revolucionaria reforzó el ideario socialista y también el patriotismo. En los territorios polacos, por ejemplo, muchos de los trabajadores urbanos eran emigrantes nacidos en áreas rurales que participaban ocasionalmente en los movimientos de protesta pero que carecían de una auténtica conciencia de pertenencia de clase o nacional. En el clima de revuelta de 1905, la *intelligentsia* polaca desarrolló una campaña de propaganda y agitación para extender ideas de emancipación nacional y politizar a los obreros. A pesar de la derrota del movimiento revolucionario, la experiencia de 1905 intensificó la conciencia nacional entre los trabajadores industriales. A partir de entonces, los obreros de ciudades como Varsovia, Lodz y Lublin empezaron a percibirse ya no solo como proletarios, sino como proletarios polacos.[24]

\* \* \*

A lo largo del tardío siglo XIX y el temprano siglo XX, la cuestión social y la conciencia nacional se relacionaron de todas las maneras posibles en el seno del movimiento socialista y dentro de los círculos de revolucionarios del centro y del este de Europa, con intensos debates que solían declinarse en dilemas difícilmente resolubles entre identidades políticas y culturales en conflicto. En esa región en plena transformación, las aspiraciones de igualdad social y los sueños de emancipación nacional se entrelazaron de modos diversos, a veces solapándose, otras en mutua contradicción, aunque por lo general sus combinaciones no resultaban del todo coherentes. Cuando en el verano de 1914 sonaron las trompetas de la guerra a raíz de un enfrentamiento desencadenado entre Serbia y Austria en los Balcanes, la nación finalmente adquirió una preponderancia tanto más significativa de lo que gran parte de los actores (socialistas o no) habían imaginado. La larga guerra que comenzó en 1914 y terminó en 1918 dejando casi diez millones de muertos y dando por tierra con los imperios multinacionales del centro y del este de Europa tendría consecuencias de largo plazo para la región. Entre otras cosas, porque sería de la experiencia de dicha guerra que nacería el primer Estado socialista, surgido de las entrañas mismas del imperio de los zares.

La península
de los Balcanes en 1900

## 2. Una década de combates
### De las guerras balcánicas a la creación de la Unión Soviética (1912-1922)

En abril de 1917, de regreso en Petrogrado tras un año de exilio en Zúrich, Lenin redactaba el prefacio de una obra breve, que se publicó en forma de panfleto, pero que enseguida adquirió el estatuto de una contribución central para la teoría política y económica marxista: *El imperialismo, fase superior del capitalismo*. En ese texto, el revolucionario ruso se basaba en los trabajos previos de diversos analistas acerca de la expansión colonial europea, en particular, los del inglés John A. Hobson, y postulaba la noción de que el imperialismo era expresión de una etapa del sistema capitalista caracterizada por la fusión entre capital industrial y capital financiero, por el surgimiento de una oligarquía financiera internacional y por la exportación a nuevos territorios ya no solo de mercancías, sino también de capital. Lenin subrayaba que existía un nudo estructural entre el carácter del sistema capitalista y el reparto del mundo entre las grandes potencias. A la luz de este diagnóstico interpretaba los grandes conflictos armados por los que había pasado Europa y el mundo durante la década de 1910, guerras que en más de una ocasión encontraron a los socialistas de Europa central y oriental divididos, desorientados e incluso desesperados.[25]

La serie de conflictos que se extendió desde el inicio de las guerras balcánicas en 1912 hasta el final del enfrentamiento entre Grecia y Turquía en 1922 hizo temblar el continente europeo y terminó de destruir el orden europeo del largo siglo XIX. A su vez, este panorama puso a los socialistas de Europa en una situación inédita, en el centro de la escena, planteando muchas veces dilemas imposibles, conduciendo a muchos de ellos al tipo de patriotismo que Lenin descalificaba como "social-chauvinismo" y llevando a otros a posiciones críticas (pero rayanas con la marginalidad política). Esas guerras permitieron que el socialismo se presentara como una alternativa a las políticas agresivas de los Estados europeos, prometiendo un mundo distinto a los millones de obreros y campesinos que habían sido llamados al frente para combatir en condiciones deplorables en beneficio de intereses que a menudo no podían identificar como propios. Del mismo modo, si la revolución fue hija de la guerra, lo fue en un doble sentido: no solo porque el ciclo de violencia de esos años creó las condiciones para el desplome de regímenes como la autocracia rusa y abrió el camino para movimientos populares como los que nacieron en Petrogrado en 1917, sino también porque esas circunstancias en que la revolución nació y dio sus primeros pasos dejaron una huella profunda en la forma que adquirió el socialismo en años posteriores, contribuyendo al menos en parte a reforzar el autoritarismo, legitimar el terror como herramienta política y engendrar una cultura militarista.

Este capítulo examina las transformaciones de Europa central y oriental durante el largo período de violencia que se extendió en el continente europeo entre 1912 y 1922, subrayando el rol de las fuerzas socialistas en los acontecimientos. Aunque nuestro análisis se pose sucesivamente sobre las guerras balcánicas, la Primera Guerra Mundial y luego la Revolución Rusa y sus prolongaciones en la Guerra Civil, nuestro argumento principal es que todos estos procesos deben verse como partes de un mismo ciclo de violencia que tuvo profundas consecuencias para la historia del socialismo, y luego del comunismo, en el continente europeo. La década de 1910 puso a los socialistas en un contexto en el que las tensiones entre clase y nación eran más que un objeto de reflexión teórica y estrategia política: se traducían en problemas urgentes que exigían posicionamientos firmes y soluciones concretas. En un mundo nuevo y en plena aceleración, sembrado de movilizaciones masivas, batallas largas y sangrientas, fronteras cambiantes e imperios en descomposición, el socialismo dejaba de ser un horizonte lejano para pasar a un primer plano y volverse un proyecto político, económico y social real.

## LAS GUERRAS BALCÁNICAS Y LOS DILEMAS DEL INTERNACIONALISMO

Como examinamos en el capítulo anterior, a lo largo del siglo XIX, el Imperio Otomano había sido escenario de sucesivas revueltas que habían conducido a la paulatina emancipación de una parte de sus territorios europeos en la forma de entidades políticas nacionales en los Balcanes.

El debilitamiento y la desagregación del imperio habían generado un vacío de poder que incitaba a una creciente intervención de las potencias extranjeras en el sudeste europeo. Por su parte, Rusia había identificado al menos desde el siglo XVIII a los otomanos como uno de sus principales obstáculos en la carrera por dominar los estrechos que conectaban el mar Negro con el Mediterráneo, desarrollando alianzas con las poblaciones cristianas de los Balcanes para desestabilizar el poder de Estambul. La comúnmente denominada "Cuestión de Oriente" abriría la puerta a una injerencia cada vez mayor de Londres, París, Viena y San Petersburgo en los Balcanes, haciendo del sudeste europeo el epicentro de las tensiones imperiales del continente.

En 1875, una serie de revueltas tuvo lugar en Bosnia y en los territorios búlgaros, y trajo aparejados conflictos armados entre las fuerzas del sultán y los jóvenes Estados balcánicos, deseosos de extender su territorio sobre los dominios otomanos. Estos conflictos, conocidos como "Crisis de Oriente", desembocaron en una nueva guerra ruso-turca que finalizó con la derrota de los otomanos en 1878 y con la firma de un tratado de paz en San Stefano (la actual Yeşilköy, en Turquía) que consagraba oficialmente la independencia de Serbia, de Montenegro y de Rumania, estableciendo además un extenso Estado búlgaro en la región. Meses más tarde, el tratado sería revisado por las grandes potencias europeas en Berlín bajo el auspicio de Otto von Bismarck. El nuevo Tratado de Berlín redujo considerablemente las ganancias territoriales de serbios y montenegrinos y dio una estocada especialmente fuerte a los búlgaros, que perdieron una parte nada despreciable del territorio concedido por el convenio anterior y quedaron reducidos entonces a un principado autónomo dentro del Imperio Otomano. Esa frustración de las aspiraciones del nacionalismo búlgaro anunciaba conflictos futuros en la región. El principal resultado de la "Crisis de Oriente", sin embargo, fue que el Imperio Otomano se viera casi definitivamente expulsado del continente europeo. Ese mismo año, el Imperio Austrohúngaro asumía la administración de la provincia de Bosnia y Herzegovina, mientras que el Imperio Británico ocupaba la isla de Chipre y se hacía de una posición estratégica en el Mediterráneo oriental. Durante las décadas subsiguientes, Viena y

Londres desarrollarían fuertes políticas con el objeto de modernizar e integrar esos nuevos territorios a sus respectivas economías, pero no sin desencadenar agudas tensiones con las poblaciones locales, que muchas veces percibían a las autoridades imperiales como ocupantes extranjeros. Según esa configuración política, el área multiétnica de Macedonia –delimitada por los montes Sar, las montañas Ródope, el mar Egeo y el lago de Ocrida– quedaba en el centro de las tensiones: aún bajo control otomano, era objeto de codicia de todos los nuevos Estados balcánicos, no solo por su posición estratégica, sino también porque su incorporación podía inclinar la balanza demográfica y económica. A lo largo de las últimas décadas del siglo XIX, serbios, búlgaros y griegos realizaron esfuerzos ingentes para tratar de aumentar su influencia en Macedonia. Los científicos y académicos ofrecían argumentos etnológicos, lingüísticos e históricos para justificar sus pretensiones; las comunidades fundaban asociaciones culturales destinadas a reforzar el peso de la identidad serbia, búlgara o helena; los gobiernos de los Estados balcánicos financiaban agrupaciones políticas aliadas (incluso de tenor terrorista) para ejercer presión sobre las autoridades otomanas.

Más allá de esto, los acontecimientos de los primeros años del siglo XX condujeron a reafirmar la solidaridad entre los Estados balcánicos, que encontraron un terreno de colaboración para asegurar su protección mutua frente a la presión de las potencias imperiales de la región. En el Imperio Otomano, en 1908, una rebelión nacionalista liderada por los Jóvenes Turcos resultó en la caída del sultán Abdul Hamid II y en el trastocamiento del orden, lo que fue percibido por los dirigentes balcánicos como una oportunidad para tomar la iniciativa. Ese mismo año, el Imperio Austrohúngaro resolvió oficializar su ocupación de la provincia otomana de Bosnia, anexándola para, entre otras cosas, evitar que el territorio cayera bajo el dominio de Serbia, entonces en expansión. En 1911, el primer ministro serbio, el radical Milovan Milovanović, y el primer ministro búlgaro, Iván Geshov, entablaron discusiones para elaborar un acuerdo de cooperación militar, incluido un principio de entendimiento sobre la repartición de Macedonia. Durante el año siguiente, sucesivos pactos entre Serbia, Bulgaria, Grecia y Montenegro echaron las bases para una alianza regional con el objeto de liberar los Balcanes de la dominación otomana. Alimentado por las tensiones imperiales y por las ambiciones de las élites nacionalistas balcánicas, el fantasma de la guerra recorría el sudeste de Europa.

El peligro de una nueva guerra era en cierta medida consecuencia del arreglo insatisfactorio de Berlín, y también la expresión de un fenómeno que trascendía por mucho los límites de los Balcanes; en verdad, marcaba una tendencia a escala continental: el ascenso imparable del nacionalismo. Las élites políticas de los Estados balcánicos habían pasado a entender la modernización y la grandeza nacional como correlativas a la expansión del Estado, la conquista militar y la unificación de territorios étnicamente propios. La prevalencia de este nacionalismo entre serbios, búlgaros, griegos y rumanos se explicaba en gran parte por sus particularidades económicas; en su contexto, el Estado constituía el actor central e indisputado de cualquier proyecto de desarrollo. También era el resultado de la primacía incontestable del Estado-nación como paradigma de la modernidad europea (a la sazón, la experiencia francesa; más tarde, las exitosas unificaciones de Alemania e Italia).

Hacia principios del siglo XX, la índole misma del nacionalismo había mutado en fenómeno de masas a la par de la democratización de la política y de la expansión del Estado. Si en tiempos del Tratado de Berlín la cuestión nacional estaba todavía confinada a la agenda diplomática y las multitudes campesinas se veían mayormente excluidas del proceso político, un observador que paseara por Belgrado en 1908 podía constatar en cambio que acontecimientos como la anexión austríaca de Bosnia provocaban encendidos discursos de intelectuales y políticos en las plazas de la ciudad, así como movilizaciones masivas en el resto del país.[26]

Este ascenso del nacionalismo militarista planteaba problemas de envergadura para los socialistas, en pleno auge desde la Revolución de 1905. En el caso rumano, el impulso socialista nació de la convergencia de una creciente movilización sindical en el país con la acción de círculos como România Muncitoare (Rumania Trabajadora). En 1910, esto derivó en la creación del Partido Socialdemócrata de Rumania, en Bucarest, con un programa que preconizaba la oposición a la guerra, sumado a una agenda de reformas democráticas, tales como el sufragio universal y la naturalización de los judíos, minoría hasta entonces privada de derechos políticos en el reino. En 1908, la creación de la Federación Socialista de Trabajadores de Salónica, en uno de los centros neurálgicos de la vida comercial y cultural de los Balcanes, marcaba también un punto alto de la organización del movimiento obrero en la región. En enero de 1910, bajo el auspicio del joven Partido Socialdemócrata de Serbia y con la participación de delegaciones búlgaras, turcas y griegas, se celebró la Primera Conferencia Balcánica en Belgrado, que reafirmó el proyecto de crear una confederación democrática con una Macedonia independiente, idea promovida desde el siglo XIX por pensadores como el serbio Svetozar Marković y el búlgaro Dimitar Blagoev. Así, se aspiraba a asegurar la independencia de todas las naciones del sudeste europeo, evitar las guerras fratricidas en la región, resistir a las presiones imperiales y promover la cooperación económica mutua con el objetivo de reducir la dependencia respecto de las grandes potencias.[27]

Las fuerzas minoritarias de los socialistas no podían frenar lo que para entonces era una carrera casi imparable hacia la guerra. En octubre de 1912, la Liga Balcánica compuesta por Serbia, Bulgaria, Grecia y Montenegro se lanzó al ataque contra las tropas del sultán. En pocos meses, el ataque balcánico redujo a un puñado de ciudades los dominios otomanos en Europa. La guerra finalizó con la intervención de las potencias occidentales, que trazaron una línea de demarcación que otorgaba a la Liga Balcánica casi la totalidad de los territorios europeos en disputa. El tratado de paz establecía además una Albania independiente en los territorios que se extendían entre Grecia y Serbia. El incipiente movimiento nacional albanés, que había declarado la independencia del país en noviembre de 1912, recibió entonces el respaldo de Italia y de Austria-Hungría, no en menor medida para poner un freno a Serbia y privarla del acceso al mar Adriático.

Este nuevo estado de cosas, sin embargo, generó nuevos conflictos. Belgrado exigió compensaciones en Macedonia y se rehusó a ceder las tierras que había ocupado durante la campaña. Al mismo tiempo, el avance de Bulgaria hacia el Sur, cerca de la ciudad de Salónica, era percibido como una amenaza por el gobierno griego. Ante el estancamiento de las negociaciones, los búlgaros decidieron recurrir a la fuerza, atacando simultáneamente a Serbia y Grecia e iniciando una segunda guerra balcánica. Con todo, la alianza helenoserbia, a la que se sumarían las fuerzas montenegrinas, rumanas e incluso otomanas, asestó una rápida derrota para Bulgaria, que perdió territorios ante todos sus contricantes en el Tratado de Bucarest de 1913. Serbia salía del conflicto balcánico con una superficie casi dos veces mayor, que la situaba junto a Grecia como una potencia militar de nivel regional.

Con un saldo de decenas de miles de muertos y cientos de miles de heridos, las guerras balcánicas constituyeron una experiencia social brutal para una generación de serbios, búlgaros, griegos, turcos, rumanos y montenegrinos. Además, la carrera casi imparable hacia las hostilidades mostraba el reducido impacto político y las limitaciones del movimiento socialista todavía embrionario de los Balcanes. En Serbia, los radicales, a quienes en tiempos de Svetozar Marković guiaba un espíritu de internacionalismo socialista, habían renunciado a la solidaridad de clase para adoptar una agenda de expansionismo nacionalista bajo el mando de Nikola Pašić. Esto era revelador de los desafíos que el nacionalismo planteaba a los socialistas, ya que el movimiento obrero todavía era débil y los intereses del Estado se confundían fácilmente con los de la sociedad en un sentido étnico.

Las guerras balcánicas tuvieron un impacto en el resto del continente, movilizando a los socialistas europeos contra la violencia fratricida. Desde finales del siglo XIX, los teóricos socialistas y marxistas habían advertido la carrera hacia la guerra que se daba entre los imperios. En 1907, el Congreso de Stuttgart de la Segunda Internacional concluyó emitiendo una "resolución contra la guerra y el militarismo", como denuncia y llamada a realizar un esfuerzo coordinado para oponer una resistencia popular y socialista ante el eventual estallido bélico a escala europea. Tras el inicio de las hostilidades en los Balcanes en 1912, los socialistas inundaron las calles de las principales capitales europeas: ya fuese en París o en Praga, las manifestaciones contra la guerra imperialista tensionaron a los gobiernos europeos; en Berlín, el SPD dio una exhibición de poderío congregando a más de trescientas mil personas, que en el parque de Treptow gritaron la consigna oficial de "dar guerra a la guerra". El socialismo europeo mostraba su pujanza y vigor, y la Segunda Internacional convocó un congreso extraordinario en Basilea para noviembre de 1912.[28]

Allí acudieron representantes de todos los partidos socialistas europeos con el objetivo de buscar un programa de acción común. Su antibelicismo no consistía en un pacifismo ingenuo, sino que surgía de la constatación de que una guerra imperialista iría directamente en contra de los intereses de la clase obrera. En la resolución de 1907, sin embargo, la Segunda Internacional había rechazado la guerra y el militarismo con una excepción notoria: la llamada "guerra de agresión", situación que legitimaba la acción defensiva. La pregunta, en todo caso, era qué significaba la agresión y qué significaban los intereses de la clase obrera en un contexto en que dicha clase no era un sujeto abstracto, sino que resultaba definido nacionalmente en cada país. Así las cosas, ese mismo componente nacional se tornaba ineludible. Como adujo el socialista alemán Wilhelm Schröder: "La Guerra de los Balcanes es una guerra del pueblo. Tenemos que aceptar esto a toda costa... tenemos que aceptar la fuerza de la idea nacional incluso para los búlgaros, los serbios y los montenegrinos".[29] Así, los socialistas europeos dieron su apoyo a los pueblos balcánicos en su combate contra los otomanos, pero a la vez buscaron una estrategia coordinada para que la guerra no rebasara los confines del sudeste europeo. El Partido Socialista Francés propuso una "huelga general antibélica" que desencadenara una reacción revolucionaria. Otros partidos socialistas en el centro y este de Europa rechazaron la propuesta francesa y generaron enconadas discusiones. La unidad de acción se rompió y, tras el estallido de la segunda guerra balcánica en 1913, las reacciones de los socialistas europeos fueron muy tímidas, cuando no inexistentes.

Con el conflicto balcánico, los socialistas entendieron que el internacionalismo y el pacifismo eran fáciles de aplicar en tiempos de paz, pero que, una vez iniciadas las operaciones bélicas, la realidad parecía demandar una estrategia más realista y pragmática. En especial, la inclusión de la legítima defensa reconocía el componente nacional de un socialismo que se había presumido hasta entonces internacionalista y que en los hechos podía perder ese carácter. Todos estos dilemas se reactualizaron tan solo un año después, cuando en 1914 las potencias europeas desencadenaron una guerra continental en la que buena parte de los socialistas de Europa occidental salieron en defensa de sus países argumentando que era una legítima defensa ante una agresión. Integrados en esas estructuras imperiales multinacionales, los distintos partidos socialistas de Europa central y oriental se vieron también obligados a tomar posición cuando millones de polacos, checos, húngaros y rumanos fueron llamados al campo de batalla.

## LA GRAN GUERRA Y LOS SOCIALISTAS
## DE EUROPA CENTRAL Y ORIENTAL

El 28 de junio de 1914, el archiduque y pretendiente al tono austrohúngaro, Franz Ferdinand von Österreich-Este (o Francisco Fernando de
Habsburgo), fue asesinado en las calles de Sarajevo por Gavrilo Princip,
un joven nacionalista serbio de Bosnia. El asesinato fue una consecuencia directa de las transformaciones que habían tenido lugar desde fines
del siglo XIX en el sudeste de Europa: Princip era miembro de la Joven
Bosnia, grupo de nacionalistas revolucionarios inspirados por ideas de
solidaridad entre los eslavos del sur y convencidos de la necesidad de
liberar a Bosnia del yugo imperial austríaco. Sin embargo, si la muerte
del archiduque se explicaba por el nudo de tensiones que existían
desde hacía tiempo entre las fuerzas imperiales, los pequeños Estados
balcánicos y las poblaciones locales, sus efectos cobrarían proporciones
monumentales al reverberar en un continente presa de fuertes tensiones
políticas, económicas y militares. La noticia se extendió rápidamente por
las principales cancillerías europeas, los cables diplomáticos se sucedieron y en las semanas siguientes los dirigentes europeos, actuando como
"sonámbulos", terminaron por desencadenar un conflicto a escala continental. El II Reich alemán presionó a Austria-Hungría para declarar la
guerra a Serbia, que por su parte recibió el apoyo de Rusia. De la batalla
diplomática surgieron dos bloques diferenciados: de un lado, los imperios
centrales que agrupaban a Alemania, Austria-Hungría y los dominios
otomanos; del otro, la Entente, con Rusia, Gran Bretaña, Francia y Serbia.
A comienzos de agosto, las tropas marcharon al frente en lo que, según
el káiser alemán Wilhelm II, sería una guerra gloriosa que concluiría
"antes de que cayeran las primeras hojas del otoño".[30]
    El mes que transcurrió entre el asesinato en Sarajevo y la apertura
de los frentes de guerra dividió a los socialistas europeos en varios
sentidos. Por un lado, una vez rota la estrategia común de la Segunda
Internacional, los diferentes partidos socialistas nacionales miraban con
suspicacia a sus vecinos. Por otro lado, en el nivel interno, los partidos
se bifurcaron entre las facciones dispuestas a apoyar el esfuerzo bélico
nacional y las que se oponían a ello. En Alemania, en julio de 1914, el
SPD convocó a más de medio millón de manifestantes en contra de la

guerra. Unas semanas después, sin embargo, la dirección del partido aprobaba los créditos de guerra en el Reichstag alemán. Así, quedaba sepultado el internacionalismo socialista.

A pesar de que la historiografía ha tendido a señalar la centralidad del conflicto en Europa occidental, con cruentas batallas en trincheras embarradas como en Verdún o el Somme, la guerra en Europa del Este no fue menos brutal. El espacio de la antigua Confederación Polaco-Lituana, que se extendía desde Prusia oriental hasta el territorio ruso, fue escenario de numerosos choques entre alemanes, austrohúngaros y rusos, con poblaciones locales que sufrieron el saqueo, la carestía y la violencia contra los civiles. A diferencia de la parte occidental, donde tras el verano de 1914 los frentes permanecieron estables hasta el final de la guerra, en la mitad oriental la situación resultó más variable, con frentes porosos y territorios que cambiaron de manos en varias ocasiones. La llamada forzosa de los europeos centroorientales a combatir bajo las banderas imperiales fue otra de las características del conflicto: Austria-Hungría, con su composición imperial multiétnica, formó un ejército a partir de reclutamientos de las poblaciones locales con prescindencia de su nacionalidad, algo que a veces llevaba a problemas de comunicación que redundaban en poca operatividad militar. Durante una misión a pequeña escala en el verano de 1914, un oficial austríaco recordaba a sus tres compañeros: "Uno es bosnio, el otro checo y el tercero húngaro. Ninguno entiende el alemán, tampoco se entienden entre ellos. Solo puedo darles órdenes con gestos. Me dan ganas de colgarlos a los tres de un poste telegráfico".[31]

En esta configuración –imperios compuestos por varias nacionalidades y nacionalidades dispersas en distintos imperios–, la movilización y la violencia de la guerra tuvieron un efecto muy distinto al conocido en Europa occidental. Generaron lealtades cruzadas, despertaron nuevas formas de solidaridad política que terminaron primando sobre las vetustas estructuras de los imperios y dieron por tierra con su dominio, que había perdurado durante siglos. En muchos casos, la movilización reafirmó la unidad entre hombres y mujeres provenientes de territorios hasta entonces separados por fronteras imperiales y con tradiciones históricas distintas, pero cuyas aspiraciones nacionales comenzaban a alinearse bajo la fuerza de las circunstancias. Ese fue el caso en los

Balcanes, donde la confrontación continental dio fuerte respaldo al proyecto yugoslavo. La idea de que los eslavos del sur de Europa pertenecían a una misma nación "yugoslava" había cobrado popularidad ya desde el siglo XIX, pero en la práctica la guerra abrió un escenario en el que la reunión de los territorios de eslovenos, croatas y serbios podía volverse una realidad efectiva.

Hasta 1914, la dirigencia de Serbia había apuntado a unificar en un mismo Estado a todos los serbios de la región. Entretanto, otro movimiento convergente se desarrollaba en los dominios del Imperio Austrohúngaro: la idea de nuclear en una entidad única, con centro en Zagreb, todos los territorios croatas que estaban bajo los Habsburgo. Este movimiento nacional aspiraba a crear una Croacia autónoma y unificada dentro del imperio; pero en realidad el proyecto era imaginado como una solución para todos los eslavos del sur que estaban entonces bajo la Doble Corona de los Habsburgo, incluidas las poblaciones eslovenas y serbias que vivian en el imperio. El sostén de este proyecto era la llamada "Coalición Croato-Serbia", una alianza política estratégica formada dentro del Imperio Austrohúngaro, en cuyos territorios del sur había accedido a los gobiernos locales, tales como los reinos de Croacia-Eslavonia y de Dalmacia. Cada uno a su manera, los dos proyectos contribuían a reforzar un imaginario de unidad eslava en la región. A partir de 1914, la guerra y la esperanza de una derrota de Viena condujeron a las autoridades en Belgrado a establecer una alianza con el llamado "Comité Yugoslavo", grupo de figuras de la Coalición Croato-Serbia instalado en el extranjero y dedicado al *lobby* en las capitales europeas en pro de la unificación de los territorios yugoslavos. El Tratado de Londres de 1915, por el cual la Entente prometió a Italia la concesión de territorios en Istria y en Dalmacia a cambio de que entrara a la guerra en contra de la Triple Alianza, reforzó el compromiso de los eslavos del sur frente a la amenaza italiana. A partir de entonces, eslovenos, croatas y serbios a uno y otro lado de la frontera imperial comenzaron a colaborar intensamente por la creación de un Estado yugoslavo; un proyecto de país de forma todavía incierta, pero visto por muchos como la solución más adecuada para sus intereses comunes.

La mayoría de los socialistas de la región apoyaban el proyecto yugoslavo. Por entonces, estos se encontraban divididos en agrupaciones diversas a lo largo y ancho de los territorios de Serbia, Croacia-Eslavonia, Dalmacia, Eslovenia y Bosnia y Herzegovina. Las distintas agrupaciones tenían historias diferentes, preocupaciones ligadas a las particularidades de sus territorios e incluso tradiciones políticas que en muchos casos podían resultar considerablemente distantes las unas de las otras. No obstante, gran parte de ellas abrazaban la idea de que eslovenos, croatas y serbios eran un mismo pueblo, hablaban un mismo idioma y constituían un todo económico-social y así rechazaban el nacionalismo y el particularismo como un residuo del pasado; lo atestiguan figuras como el croata Vitomir Korać, uno de los miembros destacados de la Coalición Croato-Serbia desde 1905, partidario de la unificación yugoslava como vía a la construcción de un socialismo reformista. Si bien los años venideros verían aparecer numerosos debates en torno a esa unificación, con desacuerdos respecto de la configuración y extensión del nuevo Estado, los socialistas eran parte activa del yugoslavismo que cobraba impulso en esos años.[32]

Si la guerra galvanizó la solidaridad de grupos nacionales con intereses estratégicos comunes, también tuvo el efecto de despertar una conciencia al respecto en hombres y mujeres cuyas nociones de comunidad hasta entonces estaban más bien limitadas a regiones y territorios provinciales en el seno de los grandes imperios. En Europa occidental, desde hacía tres siglos existían entidades estatales más o menos homogéneas cuyas políticas de nacionalización, en especial a lo largo del siglo XIX, habían contribuido a despertar un sentimiento de comunidad nacional. En el vasto terreno multinacional entre Austria y Moscú, en cambio, los polacos, checos, judíos y ucranianos tenían menos control y medios a su alcance para fomentar la conciencia nacional entre las masas. La historiografía reciente señala que había una amplia "indiferencia" al respecto entre las capas populares, con numerosos individuos que no tenían una identidad concreta, sino que se identificaban como locales, algo especialmente pronunciado en los enclaves rurales del centro y este europeo.[33] Si se les preguntaba por su identidad nacional, muchos respondían con términos como el polaco *tutejszy*, que significa literalmente "de aquí", ya que muchos campesinos no se concebían a sí mismos en términos nacionales, sino que estaban más apegados a una identidad local o confesional.

La Gran Guerra modificó en buena medida este panorama y, en cierto sentido, funcionó como una máquina de producir naciones. La experiencia de la guerra total, de la movilización de masas, del cruce de fronteras y en muchos casos de la captura en territorio enemigo fue un antes y un después para millones de europeos cuyas vidas habían estado hasta entonces confinadas al día a día de un pueblo o de una pequeña provincia y que se vieron ahora arrojados violentamente a un mundo desconocido en el que podían formarse nuevas identidades. Ese fue en cierto sentido el caso de los ucranianos, entre quienes existía una comunidad de lengua pero una conciencia nacional relativamente menor hasta el siglo XX, y para quienes la Gran Guerra constituyó sin duda un parteaguas. Las poblaciones de habla ucraniana se encontraban repartidas territorialmente entre el Imperio de los Habsburgo y el de los Románov, sometidas a fuertes presiones asimilatorias provenientes de la autocracia rusa y generalmente carentes de acceso a la palabra escrita. Estas condiciones no favorecían la adquisición de una mayor conciencia nacional entre sus miembros, pero para muchos el colapso de las fronteras imperiales en el frente oriental durante la guerra fue una experiencia reveladora. Tras el ataque de las fuerzas austríacas sobre los territorios rusos en septiembre de 1914, las fuerzas de Moscú contraatacaron y avanzaron rápidamente hasta 300 km dentro de Austria-Hungría, solo para ser expulsadas una vez más en 1915 luego de una contraofensiva de la Doble Corona. La experiencia de este frente inestable, móvil y sangriento en el que millones de soldados de ambos ejércitos perdieron la vida, decenas de millones se encontraron sumidos en la miseria y cientos de miles se encontraron capturados como prisioneros de guerra del otro lado de la frontera debilitó las lealtades de muchos ucranianos hacia las autoridades en Viena y en Petrogrado, conduciendo a muchos de ellos a abrazar la causa del nacionalismo y a otros a adoptar el ideario socialista. Además, a muchos la guerra les permitió cobrar conciencia por primera vez de la existencia de poblaciones que compartían su misma lengua más allá de los confines del mundo conocido. Esta constatación de una familiaridad hasta entonces ignorada despertó nuevas solidaridades y alentó la formación de una fuerte conciencia nacional ucraniana que tendría enorme impacto sobre la historia de la región en años posteriores.[34]

La posición de los socialistas en este contexto distaba de ser sencilla. Sus aspiraciones de justicia social y de emancipación nacional podían fácilmente entrar en colisión, conducirlos a la marginalidad política o ubicarlos en el furgón de cola del nacionalismo. Por caso, el líder del partido socialista polaco, Józef Piłsudski, y sus más estrechos colaboradores optaron por apoyar a Austria-Hungría: Piłsudski, mariscal de campo, formaba parte de unidades del ejército de los Habsburgo y comandó legiones que se abrieron paso ante los rusos en el frente oriental. El líder del Partido Socialdemócrata Polaco de Galitzia, Ignacy Daszyński, secundó esa posición de Piłsudski y emitió una declaración de apoyo a la guerra. Ambos políticos socialistas soñaban con agrupar a todos los polacos bajo un mismo Estado, aunque a comienzos de la guerra aún estaba por verse si este sería independiente o estaría integrado en una ampliación federal del Imperio Austrohúngaro. A comienzos de la guerra, sin embargo, la posibilidad de alcanzar un Estado independiente era lejana y poco realista. Además, Daszyński y Piłsudski no contaban con que los ciudadanos polacos bajo la Rusia zarista no estaban necesariamente ansiosos por sumarse a una federación con los austríacos y los húngaros. En el verano de 1914, el gran duque Nikolái Nikoláievich, comandante de las fuerzas rusas, prometió autonomía al Reino de Polonia, aunque integrada bajo la égida de Rusia. Los polacos de Varsovia apoyaron al zar y al gran duque y recibieron con vítores a los cosacos del ejército ruso en ciudades como Nowy Świat. El socialista Tadeusz Hołówko recordaría esta acogida a los cosacos como "un puñal en el pecho".[35]

La dificultad en la marcha de la guerra condujo a muchos a alejarse crecientemente del socialismo y adoptar la emancipación nacional como prioridad. En 1916, Piłsudski hacía llegar a Viena su demanda de independencia como condición para que las legiones polacas bajo su comando se mantuvieran en la guerra. Poco después, ante el desastroso desempeño de Austria-Hungría y el estallido de la Revolución Rusa, Piłsudski daría un paso definitivo y retiraría su apoyo a los imperios centrales. Aunque sería encarcelado, la derrota de Austria-Hungría un año después lo pondría en una situación capital que con el paso del tiempo desembocaría en la fundación de un Estado polaco independiente. Paulatinamente, la guerra llevó a Piłsudski a posturas cada vez más nacionalistas, disminuyendo, hasta casi borrarlo, el ideario socialista que había abrazado décadas antes.[36] El caso de Piłsudski no es único, sino que hubo alineamientos políticos similares en la Europa central y oriental de la Gran Guerra. En Bohemia y Moravia, los socialistas acabaron por sumarse al proyecto de independencia nacional que encabezaban Tomáš Masaryk y Edvard Beneš. Aunque en retrospectiva la posición mayoritaria del socialismo ha sido a veces interpretada como una "traición" y una concesión al nacionalismo, lo cierto es que los socialistas de Europa centrooriental buscaban en muchas ocasiones aprovechar la plataforma de un Estado independiente, aunque este fuera burgués, a partir del cual construir un modelo socialista. Esta posición, sin embargo, también terminaría haciendo agua al menos por dos razones: en primer lugar, por el poco éxito inmediato que los socialistas alcanzaron más tarde, como en la Checoslovaquia de Masaryk; en segundo lugar, y más importante, porque el modelo alternativo que estaba por emerger en Rusia demostraría ser más rápido y eficaz de cara a la construcción del socialismo.[37]

Desde su exilio en Suiza, Vladímir Ilich Uliánov, Lenin, observaba el transcurso de los acontecimientos en Rusia y comenzaba a vislumbrar cómo la guerra podía dar lugar a una revolución socialista sin la necesidad de entablar colaboración con las fuerzas nacionales burguesas. Consciente de las posibilidades que abría este escenario de inestabilidad, Lenin buscaba un modelo alternativo para canalizar las energías revolucionarias que parecían surgir en Europa. El revolucionario ruso era entonces la punta de lanza de un movimiento mayor, encabezando la facción de la Segunda Internacional que se había opuesto a la guerra desde el comienzo: para dicha ala del movimiento obrero internacional, ni las aspiraciones nacionales ni la alianza táctica con los imperios podían ayudar a la causa del socialismo. Los revolucionarios debían rechazar la guerra imperialista e impulsar en cambio la revolución social.

En 1915, en la ciudad suiza de Zimmerwald, Lenin reunió a los socialistas que se oponían a la guerra para trazar un plan de acción. En ese momento se consumó el fracaso de la Segunda Internacional al evidenciarse la ruptura entre los socialistas revolucionarios, por entonces denominados "la izquierda de Zimmerwald", y aquellos que apoyaban a sus respectivos gobiernos en la contienda bélica. El manifiesto final, redactado por León Trotsky, llamaba a los "trabajadores de Europa" a acabar con la guerra mediante la radicalización de una "irreconciliable lucha de clases". A Zimmerwald, y a las sucesivas reuniones en los años posteriores, acudieron revolucionarios de toda Europa que se sumaron a la línea marcada por Lenin, excepto la otra gran figura que representaba la tendencia antibelicista, Rosa Luxemburgo, que permanecía prisionera en una cárcel en la Breslavia prusiana. Esos dos referentes influyeron en la posición de los socialistas de Europa central y oriental: personajes como Bohumír Šmeral en Checoslovaquia o Adolf Warski en Polonia se convencieron de la inutilidad de los proyectos nacionales que defendían sus antiguos camaradas socialistas. El verdadero salto de Lenin a la cima del movimiento social internacional, sin embargo, estaba por llegar.

## DE LA REVOLUCIÓN RUSA A LA GUERRA CIVIL

En el imperio de los zares, la guerra había abierto un proceso de franca degradación. La contraofensiva austríaca de 1915 que expulsó a las tropas del zar de Galitzia y de Polonia dejó al imperio en una situación más que delicada, con más de cuatro millones y medio entre muertos, heridos y prisioneros. La preocupación por los retrocesos militares y por la crisis que ocasionó el esfuerzo militar provocó una fuerte reacción por parte de distintos sectores de la sociedad educada y de la oposición política rusas, que entonces comenzaron a articular críticas cada vez mayores a la conducción oficial de la guerra y a la gestión de la economía.

También a partir de 1915, conservadores y liberales empezaron a pujar en la Duma por la formación de un nuevo gobierno y por la adopción de medidas para ampliar los derechos de las poblaciones no rusas y de los trabajadores. Al mismo tiempo, las críticas de la sociedad educada rusa hallaron cauce en numerosas organizaciones no gubernamentales, compuestas mayormente por hombres de negocios, académicos y propietarios de tierras que a partir de entonces asumieron un rol activo en la vida pública. Entre ellas se destacaban el Comité de Industrias Bélicas, formado con el objetivo de coordinar el abastecimiento militar, así como el Zemgor, dedicado a asistir al gobierno con el esfuerzo de guerra en materias como la asistencia a los heridos, los enfermos y los desplazados. Algunas de estas organizaciones fueron cruciales en la gestión de los problemas generados por el conflicto bélico, como en el caso del Consejo Especial de Abastecimiento de Alimentos, encabezado por el ministro de Agricultura, Alexander Krivoshein, e integrado por personajes de la sociedad educada, como el intelectual liberal Piotr Struve. El Consejo tenía como objetivo resolver los graves problemas de abastecimiento que surgían como consecuencia de la guerra e introdujo medidas para regular el vínculo entre productores y consumidores, combatir la especulación y luchar contra los abusos de los intermediarios. Muchos de sus miembros, provenientes de la embrionaria sociedad civil rusa y movidos por un fuerte deseo de reformar la sociedad, adoptaron un espíritu tecnocrático y comenzaron a ver al Estado como una herramienta de transformación y de modernización social, percibiendo a la autocracia como un obstáculo para esos objetivos.[38]

La guerra no tardó en provocar también una fuerte reacción en el seno de las clases populares. Hacia 1916, la situación social se volvió crítica: la inflación y la escasez se instalaron en las grandes ciudades y en numerosos enclaves rurales, porque los productos de primera necesidad, las redes de transporte y los hombres en edad activa se habían asignado al esfuerzo militar. A principios de 1917, la crisis derivó en la formación de un amplio movimiento de protesta que se tradujo en huelgas masivas de los trabajadores industriales de Petrogrado. El movimiento cobró un impulso mayor el 23 de febrero de 1917 del calendario juliano, el Día Internacional de las Mujeres, cuando contingentes de trabajadoras comenzaron a protestar en el distrito de Víborg y obtuvieron multitudinario respaldo de obreros industriales; hacia el final del día, los reclamos habían escalado, con la movilización de hasta 100 000 trabajadores, a la ciudad entera. A lo largo de los días siguientes, hubo una multiplicación y una expansión del conflicto, con la proliferación de reuniones en las fábricas, la incorporación de estudiantes y de sectores de las clases medias y la aparición de milicias obreras para repeler la represión. El 27 de febrero, las tropas del zar en Petrogrado, mayormente compuestas de nuevos reclutas de las clases bajas, muchos de ellos ansiosos por terminar con una guerra agotadora e impopular, se rehusaron a reprimir a los manifestantes. Apenas unos días más tarde, la efervescencia popular adquirió una expresión institucional cuando el soviet de esa ciudad, recientemente revivido y formado por trabajadores, soldados y socialistas moderados, inició conversaciones con sectores liberales y conservadores de la Duma para dar una salida política al movimiento que ganaba las calles. El resultado fue el establecimiento el 2 de marzo de un gobierno provisional que incluía a parlamentarios liberales y moderados, así como un socialista moderado, Aleksandr Kérensky. El gobierno provisional consiguió rápidamente legitimar la revolución social ante los militares rusos y negociar la abdicación del zar, lo que condujo a la extinción de la monarquía e impuso la necesidad de establecer una Asamblea Constituyente para determinar el futuro de Rusia. La revolución había triunfado. Este arreglo, sin embargo, se manifestaría rápidamente como transitorio. El movimiento de febrero había resultado en el surgimiento de un "doble poder" formado por el gobierno provisional, encarnación de la legitimidad de las clases educadas, y el Soviet de Petrogrado, depositario de la legitimidad que emanaba del movimiento popular. El equilibrio era extremadamente delicado y se degradaría a paso acelerado a lo largo de los meses siguientes. A medida que se extendían los soviets en el país, se multiplicaban los comités obreros en las fábricas, se agravaban las tensiones entre soldados y oficiales en el seno del ejército y se generalizaban las tomas de tierras en el campo, el gobierno provisional de tinte moderado parecía cada vez menos apto para responder a las demandas populares.

Una fuerza política había empezado a ganar el favor del movimiento popular. En 1917, luego de años de exilio en el norte de Rusia o en el extranjero por haberse opuesto a la guerra, numerosos líderes bolcheviques habían vuelto a Petrogrado con el levantamiento de febrero y habían comenzado a reorganizar su estructura. Pasó poco más de un mes hasta que Lenin regresó de su exilio en Suiza promoviendo lo que dieron en llamarse las "Tesis de Abril": a contramano de la mayoría de los socialistas, que consideraban que la revolución en curso correspondía a la fase burguesa del desarrollo capitalista y que era necesario respetar los tiempos de la historia concediendo un apoyo crítico a las autoridades, Lenin estimaba que la revolución burguesa estaba agotada y que las condiciones eran propicias para precisamente el derrocamiento de la burguesía. Bajo este principio, los bolcheviques abrazaron la radicalización del movimiento popular y ganaron un fuerte apoyo en los comités de las fábricas y entre los soldados, engrosando las filas del partido que pasó rápidamente de 24 000 miembros en febrero a 100 000 a finales de abril.[39]

Las tensiones crecientes entre el gobierno provisional y el movimiento popular acompañado por los bolcheviques se hicieron manifiestas en el verano, cuando una ofensiva rusa en Galitzia culminó en un fracaso monumental, con 200 000 bajas y una derrota política para Kérensky, entonces ministro de Guerra. A principios de julio, las masas de trabajadores y soldados coparon las calles de Petrogrado en una impresionante movilización que tomó al gobierno por sorpresa y desencadenó una reacción represiva contra las principales figuras de la dirigencia bolchevique, forzando a Lenin a un nuevo exilio, esa vez en Finlandia. La debilidad del gobierno provisional, ya encabezado por Kérensky, resultó incluso más evidente en agosto cuando trascendió una tentativa de golpe militar dirigida por el coronel Lavr Kornílov, que se proponía abortar el peligro insurreccional de la izquierda y finalmente fue impedida por la resistencia de sus propias tropas y de los trabajadores de Petrogrado.

Para el mes de octubre (noviembre en el calendario gregoriano) el gobierno provisional se encontraba deslegitimado por izquierda y derecha, alienado del movimiento popular y acosado por el avance alemán en el frente. Cuando Lenin volvió a pisar Petrogrado a finales de ese mes, el gobierno de Kérensky estaba al borde del vacío. El 24 de octubre, milicias de soldados y trabajadores comenzaron a ocupar la ciudad, bloqueando sus puentes y accesos y ocupando las principales instituciones de gobierno, mientras los bolcheviques declaraban públicamente el derrocamiento del gobierno provisional y la toma del poder por parte del Soviet de Petrogrado. Al día siguiente, mientras Kérensky escapaba para buscar refuerzos, las milicias tomaron el Palacio de Invierno. En paralelo, los bolcheviques consolidaban su hegemonía sobre los órganos del poder revolucionario. Cuando ese mismo día abrió sesiones el Congreso Nacional de los Soviets, la organización que nucleaba a los consejos obreros del país, numerosos delegados criticaron las acciones del partido de Lenin y abandonaron el recinto. En posición de mayoría, los bolcheviques impulsaron una serie de resoluciones por las que definían las líneas rectoras tras la toma del poder. Entre ellas estaban el Decreto sobre la Paz, que enunciaba la necesidad de negociar la salida de la guerra, el Decreto sobre la Tierra, que abolía la propiedad privada de la tierra, y la creación de un nuevo gobierno, el Consejo de Comisarios del Pueblo (Sovnarkom, contracción de su denominación en ruso), compuesto enteramente por bolcheviques y encabezado por Lenin. La revolución de los bolcheviques estaba comenzando.

El sentido de las dos revoluciones que se sucedieron en 1917 en Rusia ha sido objeto de debates historiográficos inabarcables. Si bien existe un consenso sobre el carácter popular de la Revolución de Febrero, el salto de octubre resulta más problemático. Los enfoques más proclives a los bolcheviques han hablado de una "doble revolución", estableciendo una secuencia casi orgánica en la que octubre era la culminación lógica de febrero. Una interpretación contrapuesta ha calificado a octubre como un "golpe de Estado" considerando que, lejos de ser ineludible consecución de febrero, esta constituyó más bien una ruptura violenta a partir de la cual los bolcheviques edificaron un sistema totalitario. Otros autores se sitúan en un término medio: en octubre el poder cambió de manos de forma incruenta y los bolcheviques tomaron de manera rápida y casi natural el poder de un gobierno provisional débil y dubitativo. Esta interpretación arguye que, en el juego de la revolución, los bolcheviques finalmente demostraron ser más hábiles y así se hicieron con el poder.[40]

La Revolución de Octubre era resultado de la desarticulación de la alianza estratégica que se había formado en febrero, y en este sentido es difícil entender la toma del poder por parte de los bolcheviques como una extensión del movimiento que terminó con la autocracia. En términos sociales, la hegemonía bolchevique expresaba no solo un cambio de rumbo, en sintonía con la radicalización del movimiento popular, sino también una definición más clara de los sujetos sociales que se erigían como fuente de la legitimidad del gobierno revolucionario: incluso sin necesidad de ver octubre de 1917 como un "golpe de Estado", la llegada de los bolcheviques mediante las acciones del Soviet de Petrogrado y de las milicias revolucionarias representaba un giro radical que consagraba a la clase obrera urbana como el principal sujeto de la revolución en construcción. Esto se haría notar con fuerza en las elecciones a la Asamblea Constituyente en noviembre, cuando los bolcheviques obtuvieron el apoyo de las grandes ciudades, los distritos industriales y los soldados del Norte, pero cosecharon resultados menores en el Sur y en los pueblos frente a los socialistas revolucionarios, más populares entre los campesinos. La decisión de Lenin de disolver la Asamblea Constituyente radicalizaba la revolución y consolidaba la hegemonía de la clase obrera, pero en los hechos supuso acabar con los resabios democráticos del gobierno provisional instaurado en febrero. Una auténtica dictadura del proletariado, tal como había preconizado la teoría marxista, en un sentido no figurado.

Esta coyuntura marcaba también el inicio de un conflicto político y social a lo largo y ancho de la geografía rusa. En el verano de 1918, después de la firma de un tratado de paz con Alemania en Brest-Litovsk, por el cual Rusia aceptaba la pérdida de amplios territorios en Ucrania y en los países bálticos y se retiraba por fin del conflicto continental, una cruenta Guerra Civil comenzaba en el país de los soviets. A lo largo de los dos años subsiguientes, los bolcheviques establecidos en Moscú, a donde habían mudado la capital, harían frente a un amplio abanico de ejércitos contrarrevolucionarios emergentes en distintos puntos del país y sostenidos en mayor o menor medida por las potencias occidentales. Bajo el liderazgo de León Trotsky, devenido comisario de Asuntos Militares (el equivalente a ministro de Guerra), los bolcheviques formarían un Ejército Rojo amplio y altamente disciplinado para enfrentar a las dispersas tropas contrarrevolucionarias, denominadas en su mayoría "blancas", que brotaban en el Sur, en los territorios cosacos del Don y en Siberia. Los bolcheviques llevarían adelante intensas campañas militares con el objeto de recuperar los territorios imperiales perdidos en Ucrania, en la región báltica y en Asia Central. En este sentido, la Guerra Civil no sería un enfrentamiento unificado, sino más bien una sumatoria de múltiples guerras paralelas y conflictos convergentes en todos los territorios, que se extendió durante unos tres años hasta la victoria bolchevique.

El inicio de la Guerra Civil en los territorios del Imperio Ruso derrocado no podía sino tener un impacto en el resto de Europa central y oriental. Allí, la caída de la autocracia y la reverberación de los clamores revolucionarios despertaron fuertes movimientos políticos, que, no sin tensiones y contradicciones, navegaban entre sus aspiraciones de independencia nacional y sus deseos de emancipación social. Una vez concluida la Gran Guerra en 1918, mientras la franja occidental de Europa ingresaba de lleno en la posguerra y negociaba las condiciones de la paz que se firmaría en Francia en 1919, el centro y el este del continente atravesaban un proceso muy distinto, que muchos contemporáneos percibieron como una prolongación directa del conflicto continental de los años anteriores. Por supuesto, el impacto de la Revolución y de la Guerra Civil fue notoriamente fuerte en los territorios periféricos del imperio de los zares, donde la violencia reciente permitió a grupos nacionales hasta entonces bajo dominio de Rusia imaginar un camino hacia la independencia nacional. Sin embargo, la relación de estos grupos con los bolcheviques era todo menos sencilla, en especial porque el partido revolucionario tenía una visión en muchos sentidos contradictoria acerca de la cuestión nacional.

A este respecto, Lenin había abrazado el derecho a la autodeterminación de las naciones como un principio progresista y caro al internacionalismo y, reconociéndolo a los pueblos del imperio, el gobierno revolucionario emitió tempranamente una "Declaración de los Derechos de las Naciones de Rusia". Sin embargo, Lenin y otros líderes bolcheviques veían las reivindicaciones nacionales como una forma de conciencia política burguesa que conducía a la división del proletariado. El curso de la guerra revolucionaria puso a prueba la pureza y la coherencia de los principios partidarios, entre otras cosas porque nación y clase se superponían de manera muchas veces problemática en las identidades de los territorios periféricos: mientras el proletariado industrial, las clases educadas y las clases medias urbanas estaban compuestas en su mayoría por rusos y por minorías nacionales como los judíos, que solían identificarse con la lengua y la cultura rusas, los grupos nacionales no rusos estaban en cambio confinados al mundo rural. Este solapamiento condujo a que, en más de una ocasión, la defensa de la causa socialista, principalmente apoyada en las ciudades, se tradujera en una defensa de los rusos y de la cultura rusa. Esto fue interpretado por muchos como una forma de imperialismo proletario que era la prolongación del imperialismo de los zares por otros medios.

Quizás en ningún lugar estas tensiones y contradicciones hayan sido tan evidentes como en las provincias ucranianas de Kiev, Podolia, Volinia, Járkov, Poltava, Chernígov, Ekaterinoslav, Jersón y Táurida. Allí, la caída de la autocracia en febrero de 1917 dio paso a la formación de una agrupación de nacionalistas moderados, la Rada Central Ucraniana, que aspiraba a representar a los connacionales que habitaban ese extenso territorio. En pocos meses, la Rada integró a numerosos miembros de izquierda con un programa agrario basado en la pequeña propiedad, y se amplió sumando a sus filas a miembros de otras nacionalidades. A lo largo de 1917, la Rada hizo peticiones de autonomía política y cultural para Ucrania y para los ucranianos al gobierno provisional, pero su éxito fue escaso con las autoridades de Petrogrado, que veían a la organización como un factor separatista que ponía en riesgo la revolución. El rumbo de las cosas cambió radicalmente a partir de octubre. Tan solo dos semanas tras la toma de poder por parte de los bolcheviques, la Rada declaró una República Nacional Ucraniana como miembro de una Rusia federal y democrática. La nueva Ucrania estableció lazos diplomáticos con las naciones de Occidente y fue inicialmente reconocida por la Rusia soviética. Sin embargo, el gobierno en Petrogrado cambió su posición pocas semanas más tarde: por intermedio de Iósif Stalin, por entonces comisario de Nacionalidades del Sovnarkom, los bolcheviques declararon la guerra a la Rada, reconociendo en cambio al gobierno formado en la ciudad de Járkov por los comunistas ucranianos.

Ante esa ofensiva, la Rada buscó más apoyo occidental y firmó la paz con las potencias centrales para asegurar el reconocimiento de sus fronteras. No obstante, el precio de la protección de Alemania y Austria fue altísimo: ambos imperios estaban necesitados de alimentos, de manera que el ingreso de sus tropas en territorio ucraniano tenía como fin no solo expulsar a los bolcheviques, sino también explotar los granos del país. Apenas un mes más tarde, Berlín y Viena promovían la marginalización de la Rada y respaldaban un nuevo gobierno ucraniano de corte conservador que daba marcha atrás con las medidas distributivas de 1917, lo que desencadenó una crisis de legitimidad entre los campesinos. A fines de 1918, cuando la guerra con la Entente terminó y las potencias centrales se retiraron del territorio ucraniano, dejaron un país sumido en el caos en el que los señores de la guerra locales sembraban el terror a su voluntad. Ya en 1919, había en Ucrania nueve gobiernos paralelos, con sus respectivas fuerzas armadas en combate: entre estos se contaban los bolcheviques, el "Directorio" liderado por Simón Petliura, que era un nuevo intento de gobierno provisional unificado, las fuerzas antibolcheviques y reaccionarias rusas de Antón Denikin y las bandas anarquistas de Néstor Majnó. El Directorio, sin embargo, nunca fue lo suficientemente poderoso como para aplacar la anarquía y el caos que, producto del hambre y la violencia, se extendían en sus territorios. Las fuerzas bolcheviques terminaron de ocupar las provincias ucranianas a fines de 1919, retrocedieron momentáneamente en abril de 1920, pero recuperaron todo el territorio en junio para luego continuar su avance hasta Varsovia, donde serían frenadas por los ejércitos polacos.[41]

La derrota del Directorio, aun así, no significó la extinción total del proyecto nacional ucraniano. En cierto sentido, no desprovisto de paradojas, terminarían siendo los propios bolcheviques quienes materializaran el proyecto de la Rada, aunque de un modo enteramente distinto y bajo la hegemonía incontestable de Moscú. El ocaso del Imperio Austrohúngaro, así como el surgimiento de fuertes movimientos nacionalistas en los territorios del Imperio Ruso y la experiencia de la Guerra Civil, en especial en los territorios ucranianos, fueron interpretados por Lenin como una señal del poder y la omnipresencia del nacionalismo. Si el marxismo consideraba el nacionalismo como una fuerza histórica inevitable y como la manifestación de un determinado momento en el desarrollo del capitalismo, la experiencia reciente mostraba que las aspiraciones nacionales persistirían aún durante el proceso de construcción del socialismo. Tradicionalmente defensor del nacionalismo de los pueblos oprimidos y crítico de aquel que sostenían las potencias, Lenin además veía con preocupación la persistencia de tendencias chauvinistas entre los comunistas rusos y era especialmente crítico de las actitudes antiucranianas de Gueorgui Piatakov, el líder de los bolcheviques en Kiev.

A partir de 1919, tanto Lenin como Stalin empezaron a promover la adopción de una política de apoyo a las reivindicaciones nacionales de los pueblos del antiguo imperio, precisamente con el objeto de evitar que el proletariado de esa extracción rechazara el proyecto soviético por considerarlo una continuación del chauvinismo ruso. Los nacionalismos, consideraban, no debían ser reprimidos, sino más bien domesticados dentro del marco de un sistema soviético que permitiera su desarrollo armonioso en el camino al socialismo. Había que conceder las *formas* de la nacionalidad, incluida la autonomía territorial, cultural y lingüística, pero sin perder un *contenido* socialista. Los comunistas establecieron una República Socialista Soviética de Ucrania, independiente de Rusia, con las fronteras decretadas por la Rada en 1917 y bajo la dirección de un flamante Partido Comunista Bolchevique local. Los límites de esa independencia eran claros: aunque se reconocían instituciones formalmente autónomas, en los hechos el partido ucraniano era extremadamente obediente y dependiente de su homólogo en Moscú; además, estaba compuesto en su mayoría por miembros que provenían de nacionalidades no ucranianas. Con todas estas contradicciones, Ucrania se convertía en un terreno de experimentación, el primer paso en la formación de un sistema federal que aspiraba a resolver la cuestión nacional dentro del marco del socialismo.

No todos los focos de resistencia nacional en las antiguas provincias del Imperio Ruso pudieron ser integrados al nuevo Estado de los bolcheviques. En algunos casos, la revolución condujo a la formación de movimientos populares que escaparon a su control. Fue el caso en la provincia meridional de Besarabia, donde al igual que en Ucrania, existía una brecha entre la población urbana, de origen ruso, judío y alemán, y la población rural, mayormente de lengua rumana. La Revolución de 1917 condujo a la formación de soviets y consejos populares en la provincia, así como a la constitución de un Consejo Nacional (Sfatul Țării) que se hizo cargo de las tareas de gobierno de manera provisoria. El Consejo Nacional inicialmente aspiraba a obtener la autonomía dentro de una Rusia federal y democrática, no a unirse a Rumania; sin embargo, las autoridades se vieron empujadas a los brazos rumanos al menos por tres factores. Primero, la radicalidad de la revolución de los bolcheviques, que era vista con preocupación por las facciones más conservadoras del Consejo Nacional; segundo, la impopularidad de las tropas rusas entre los campesinos rumanos, que dificultó una aceptación popular que justificase la integración en un espacio ruso federal; tercero, la presión de la Ucrania independiente, que también reivindicaba territorios en Besarabia. La conjunción de estos factores llevó a votar finalmente en favor de la unión con Rumania.[42]

En otros casos, las antiguas provincias imperiales podían suministrar apoyos estratégicos, como ocurrió en Letonia. La región del Báltico, sometida al Imperio Ruso desde el siglo XVIII, había proporcionado a los ejércitos del zar un numeroso contingente de soldados que con el derrumbe de la autocracia y el estallido de la revolución se enfrentaron a una situación inédita. Los fusileros letones, tropas de élite bien armadas, se convirtieron en aliados de Lenin en mayo de 1917, en buena medida por el ideario revolucionario que compartían, pero primero y principalmente porque quien buscaba poner fin a la guerra imperialista era el propio Lenin. Tras la Revolución de Octubre y sobre todo en 1918, dichos fusileros, ya entonces conocidos como "fusileros rojos", se convirtieron en un elemento clave para sofocar las intentonas antibolcheviques,

aplacar a los enemigos de la revolución y consolidar el poder de Lenin.
Más tarde, durante la Guerra Civil, lucharon junto con los bolcheviques
y parte de ellos protagonizaron una tentativa de establecer la República
Soviética de Letonia en 1919, ejemplo de cómo la idea de la revolución se
diseminaba mucho más allá de Petrogrado y de Moscú. Este caso muestra
también la dificultad, si no la imposibilidad, de marcar una distinción
cronológica y conceptual entre la revolución y la guerra: cuando en ese
mismo año una parte no desdeñable de los fusileros decidió rechazar los
planes de Lenin de convertir Letonia en una república soviética para, en
cambio, optar por una vía hacia la independencia nacional, hubo una
auténtica guerra civil entre sus miembros, que pasaban a situarse en
lados opuestos de las barricadas.[43]

La intensidad de la Guerra Civil en Rusia y en los territorios del imperio caído imprimió una marca profunda en la historia de la revolución
y, desde luego, constituyó un legado para la posterior formación del
régimen soviético. Diversos autores han señalado la importancia de la
guerra como incubadora del autoritarismo: contra la idea clásica de que
el totalitarismo de Stalin era consecuencia natural de las ideas leninis-
tas de disciplina y autoridad partidaria, la historiografía ha aceptado la
noción de que la Guerra Civil jugó un rol central al alentar la formación
de los rasgos militaristas y engendrar muchas de las principales instituciones de control del mundo soviético. Formados en la teoría marxista
y convencidos de que existía una solidaridad internacional entre los
capitalistas, los bolcheviques vivieron la Guerra Civil y la intervención de
las potencias en su territorio como una crisis existencial y como la encarnación del conflicto insalvable al cual estaban destinadas las fuerzas del
proletariado y las fuerzas de la burguesía. Se les hacía una continuidad
evidente entre sus enemigos externos y sus enemigos internos, lo que
se tradujo en el desarrollo, en paralelo al Ejército Rojo, de un extenso
aparato de seguridad interna e inteligencia cuyo símbolo más conocido
fue la Comisión Extraordinaria Panrusa, la "Cheká" (por sus iniciales
en ruso), al mando del polaco Félix Dzerzhinsky.

Historiadores como Sheila Fitzpatrick han señalado que semejante
conflicto interno no solo reforzó la centralización administrativa, la legitimidad del terror y la intolerancia frente al disenso, sino que contribuyó a
afianzar el nacionalismo ruso frente al internacionalismo original de los

bolcheviques, profundizó la hostilidad frente a los intelectuales y derivó en la propagación de una cultura política que celebraba el atuendo, el comportamiento y el lenguaje militares.[44] Por su parte, autores como Jochen Böhler y Peter Holquist insisten en la necesidad de pensar los dos procesos en un ciclo más amplio de violencia: el primero sostiene que aquella que caracterizó a la Guerra Civil hundía sus raíces en los últimos años del zarismo, en las políticas represivas de la autocracia y en las prácticas brutales que se ejercían en las colonias del imperio, mientras que el segundo subraya que muchos de los protagonistas veían a la Revolución Rusa como parte de un largo continuo bélico iniciado tras la Revolución de 1905 y concluido solo en 1921. Estas variables cambian nuestra percepción del régimen soviético tal como se configuró en años posteriores. Según Holquist, la particularidad del sistema desarrollado por los bolcheviques no residía en sus tecnologías autoritarias de gobierno, ya que muchas de ellas eran regularmente empleadas por las potencias europeas en contexto de expansión colonial y de guerra, sino más bien en su perpetuación en el tiempo. Nacido y formado en el contexto de la guerra total, el régimen de los bolcheviques asimiló instituciones y prácticas propias de la movilización militar, tales como las deportaciones y el control centralizado del abastecimiento de alimentos, y las integró como elementos esenciales de un nuevo orden político y social.[45]

## EL SUEÑO DE LA REVOLUCIÓN CONTINENTAL

La idea de que la Guerra Civil Rusa fue apéndice de la secuencia de guerra iniciada en 1914, o incluso en 1905, se entiende mejor si ampliamos el marco hacia el resto de la región, donde también la continuidad bélica iba a primar sobre la paz tras el armisticio de noviembre de 1918. En ese momento se conjugaron dos factores que explican la alta intensidad de los años subsiguientes. En primer lugar, el espíritu de la revolución –algo que también se produjo en Europa occidental– mantuvo las tensiones políticas a flor de piel. En segundo lugar, un factor más decisivo y rasgo singular de Europa central y oriental: tras el armisticio, se produjeron fuertes disputas por definir las fronteras de los Estados que estaban emergiendo, disputas amparadas por la presencia permanente de ejércitos regulares, que mantuvieron el esfuerzo bélico hasta al menos 1921. Una vez concluida la contienda en el Oeste, parte de los partidos socialistas y movimientos marxistas de Europa optaron por la conquista del poder: aprovecharon el momento de incertidumbre para lanzarse a la revolución, bajo la inspiración de los movimientos de febrero y octubre de 1917. En Berlín, en enero de 1919, la Liga Espartaquista liderada por Rosa Luxemburgo y Karl Liebknecht inició un levantamiento para proclamar una república socialista en toda Alemania. El gobierno del socialdemócrata Friedrich Ebert reprimió a sangre y fuego el levantamiento, apoyándose en el ejército y en las fuerzas paramilitares derechistas de los Freikorps. Se abría así una brecha entre los socialdemócratas y el recién fundado Partido Comunista Alemán (KPD), que tardaría décadas en cerrarse. Cada uno sacaba su propia lección de la experiencia rusa: mientras los comunistas buscaban emular la hazaña de Lenin y superar la república burguesa, el canciller Friedrich Ebert quería evitar, ante todo, ser un nuevo Kérensky, aunque para eso entrara en una siniestra sintonía con las fuerzas de la extrema derecha. La posición de Ebert fue compartida entonces por muchos socialdemócratas europeos, que pronto tomaron todas las distancias posibles respecto de la Rusia bolchevique. De forma paralela, surgían nuevos focos revolucionarios: en abril de 1919 se proclamaba en Múnich la República Soviética de Baviera, que fue aniquilada un mes después, de nuevo por el ejército y los Freikorps, que comenzaban a adquirir una impunidad y una penetración social que enseguida pondría en problemas a la joven democracia de la República de Weimar, fundada ese mismo año.[46]

La derrota de la Liga Espartaquista y el asesinato de Luxemburgo y Liebknecht convencieron a Lenin de la necesidad de una mayor organización revolucionaria. En 1919, lanzó desde Rusia la Internacional Comunista o Comintern, que buscaba agrupar y dar una serie de líneas rectoras a los partidos comunistas que acababan de formarse, o estaban a punto de hacerlo, a imagen del partido bolchevique. Fue en 1919 cuando Lenin comenzó a infundir verdadero miedo en los países occidentales y en los políticos conservadores. Hasta entonces, el experimento revolucionario era considerado poco menos que anecdótico, como si en el fondo no fuese más que una operación del Imperio Alemán para desestabilizar al zarismo. En 1917, la propia Rosa Luxemburgo, al enterarse de que el Imperio Alemán había ofrecido a Lenin un tren blindado para llevarlo directamente a Rusia, pensó con profunda decepción que el revolucionario ruso había capitulado de sus ideales. Algo similar había ocurrido cuando en el tratado de Brest-Litovsk Lenin firmó la capitulación y la paz con los imperios centrales a cambio de grandes cesiones de territorio ruso. Este movimiento convenció a franceses, ingleses y estadounidenses de que la Rusia de los bolcheviques estaba en camino a convertirse en poco más que una colonia alemana, lo que permitiría a Berlín controlar todo el centro y este de Europa y extenderse hasta Asia Oriental. Sin embargo, la sorpresiva capitulación de noviembre de 1918 no solamente sacó a Rusia de la contienda imperialista, sino que dio oxígeno a la revolución para centrar sus esfuerzos en la batalla interna y permitió a Lenin transformarse en un enemigo temible que buscaba expandir la revolución hacia Occidente. La creación de la Comintern en marzo de 1919 mostraba un impulso decidido que, sobreponiéndose al fiasco de los espartaquistas, alcanzaría su primer éxito cuando tan solo unos días después de su primer Congreso en Moscú los comunistas se hicieron con el poder en Budapest.

Si bien algunos interpretaban de manera mecánica la exportación de la revolución según el modelo de Lenin, la lucha adoptó en realidad diversas formas según las circunstancias específicas de cada territorio. En Hungría, factores como la cuestión social, el influjo bolchevique y las demandas nacionales se conjugaron de modo muy singular. Como perdedora de la guerra, la gran Hungría corría el riesgo de desmoronarse y de perder los vastos territorios que tenía a su mando en el sudeste europeo en tiempos de los Habsburgo. En 1918, los ejércitos rumanos habían ocupado toda Transilvania, donde vivían millares de húngaros, mientras que los checoslovacos habían avanzado estableciendo su jurisdicción más allá de la frontera húngaro-eslovaca. El gobierno húngaro del conde Károlyi se vio sin capacidad de respuesta y a comienzos de 1919 se produjo un vacío de poder, que dio paso a un gobierno formado por una coalición de izquierdas liderada por el comunista de origen judío Béla Kun. Prisionero en una cárcel zarista en Rusia, Kun había sido liberado en 1917 por los revolucionarios rusos y se había bolchevizado siguiendo la estela de Lenin. Con todo, su llegada al poder en Hungría en 1919, más el apoyo popular del que gozó, no se debieron tanto a un programa comunista, que intentó implementar con celeridad, como al hecho de que prometió combatir a checoslovacos y rumanos para recuperar el territorio húngaro perdido; en otras palabras, la cuestión nacional pesó más que su plataforma política y social.

La República Soviética de Hungría echaba a andar en marzo de 1919 con varios frentes abiertos, primeramente, el económico y social. Kun enseguida confiscó propiedades a las clases burguesas para paliar la carestía de vivienda, estableció la educación pública, universal y laica, y anunció una serie de ambiciosas reformas sociales, que abarcaron desde el ámbito sanitario hasta el alimentario. Sin embargo, el apoyo que los campesinos le dieron en marzo de 1919 se tornó en enemistad cuando Kun se precipitó y lanzó un agresivo programa de colectivización de la tierra. Así, a diferencia de Lenin, que para obtener el beneplácito de los campesinos rusos había pasado por alto la ocupación del suelo, Kun obtuvo solo descontento. A esto se sumó la represión contra la burguesía y las clases altas, que pronto se extendió a todos aquellos que cuestionaran el programa comunista de la joven República Soviética de Hungría.[47]

Con todo, la principal causa de la posterior caída de Kun no sería social, sino militar y nacional. Tras unas tímidas victorias iniciales de Hungría en Eslovaquia, los checoslovacos volvieron a ganar terreno en mayo de 1919. Dos meses después, el Ejército Rojo húngaro lanzó una ofensiva sobre Transilvania que fue repelida por los rumanos, quienes en un agresivo contraataque pronto avanzaron hasta llegar a Budapest. En agosto, debido a la derrota militar, Béla Kun y su gobierno tuvieron que exiliarse en Viena, mientras que en Hungría el almirante Miklós Horthy se hacía con el poder y comenzaba una campaña de terror blanco y contrarrevolución. Los conservadores habían visto en Béla Kun la encarnación del popular mito panfletario de una conspiración judeobolchevique, imagen amenazante que preocupaba a las concien-cias conservadoras tanto en el plano nacional, por, precisamente, su judaísmo, como en el plano social, por su condición socialista. Mientras los rumanos se jactaban de haber expulsado a las fuerzas judeobolchevi-ques de su territorio, la Hungría de Horthy se lanzó por su parte a una represión sistemática de los restos de ese aducido judeobolchevismo, amalgamando esas dos adscripciones en una campaña de persecución que en pocos meses se cobró la vida de unas cinco mil personas, de las cuales casi la mitad eran judíos. Al dar visos de realidad al mito, la realidad dejó ríos de sangre.[48]

La Hungría de Kun había sufrido la derrota, pero seguían en pie numerosos frentes abiertos en la lucha por propagar la revolución. A partir de entonces, los bolcheviques aceleraron la encarnizada guerra con el recién fundado Estado polaco. Lenin buscaba hacerse con los territorios que estaban por fuera del antiguo dominio del imperio zarista. En ese momento se produjo el doble juego que permitió que poco después un movimiento aparentemente endeble como el de los bolcheviques se convirtiera en una máquina de guerra capaz de combatir no solo en el plano militar, sino también en el plano político y más allá de sus fronteras. Por un lado, el Ejército Rojo de Trotsky encomendó a uno de sus mariscales más capaces, el antiguo oficial zarista Mijaíl Tujachevski, el comando del ataque contra las tropas polacas de Piłsudski, que fueron expulsadas de Kiev y debieron retroceder hasta quedar casi acorraladas en las inmediaciones de Varsovia. Por otro lado, desde la Comintern moscovita se diseñaba un plan para infiltrar a cuadros bolcheviques en una nueva República Soviética de Polonia, cuya fundación parecía al alcance de la mano. A instancias de Lenin y de la Comintern se fundó en Moscú un "Comité Revolucionario Provisional Polaco", encabezado por Julian Marchlewski; sin embargo, una eventual Polonia Soviética estaría conducida por Félix Dzerzhinsky, quien en 1920 aún se encontraba en territorio ruso acaudillando y perfeccionando el funcionamiento de la Cheká. El Comité Revolucionario aterrizó en Polonia oriental en julio de 1920, partiendo de Vilnius y Minsk y estableciéndose en Bialystok, desde donde iba a lanzarse a Varsovia una vez que el Ejército Rojo la hubiera conquistado. Sin embargo, en el seno del recién fundado Partido de los Trabajadores Polacos había diferentes posiciones respecto de cómo proceder después de alcanzado el poder. Al mismo tiempo, debido a la juventud de la Comintern y la inmadurez del movimiento comunista internacional, eran deficientes el control y la coordinación sobre la toma de decisiones. Lenin, y sobre todo Stalin, iban a tomar nota de estos problemas. En años posteriores, la Comintern se convertiría en una organización jerárquica y férrea en la cual sería duramente castigada la discrepancia.

Aunque el Comité Revolucionario Provisional Polaco carecía de apoyo entre la población, su fracaso fue principalmente militar. En agosto de 1920, a orillas del Vístula, casi en el corazón de Varsovia, las tropas polacas consiguieron frenar al Ejército Rojo, que sufrió una severa derrota y se vio obligado a retroceder en desbandada. El frágil Comité Revolucionario tuvo que huir de Bialystok y el Estado polaco de Piłsudski aseguró las defensas en Polonia oriental, blindándose de posibles acometidas bolcheviques. Lenin aceptó la derrota, y meses después se ponía fin a la guerra polaco-bolchevique. Por lo general, se consideró que esa guerra culminó en la victoria de una Polonia unida, que preservó su independencia y, además, liberó al resto de Europa de la amenaza comunista. Sin embargo, lo cierto es que esa unión nacional no existió: a la hora de procurarse reclutas, el gobierno de Piłsudski encontró verdaderos problemas, ya que sus compatriotas utilizaron todo tipo de tácticas para no quedar bajo bandera, desde falsificar partidas de nacimiento o certificados de discapacidad hasta inyectarse parafina bajo la piel y provocarse una fiebre que los incapacitara. En los hechos, el entusiasmo nacionalista polaco frente a los fieros bolcheviques fue un fenómeno menor o casi inexistente.[49]

* * *

El caso polaco muestra las dinámicas que entre 1918 y 1920 se derivaron de la indefinición de las fronteras y de la aparición de múltiples conflictos simultáneos en Europa central y oriental. En esta prolongada "guerra civil" en la región, la guerra contra los bolcheviques fue un engranaje más en un complejo proceso de redefinición de los Estados y de las fronteras tras la caída de los imperios. La batalla del Vístula constituyó un hito decisivo en este proceso, quizás como culminación de la larga secuencia bélica que había comenzado en los Balcanes en 1912 y que se había extendido a todo el continente.[50] La derrota de los bolcheviques frente a las tropas de Piłsudski marcaba el fin de la expansión occidental del comunismo y un punto crítico en la estrategia de Lenin, quien había esperado que una Polonia sovietica pudiera socavar "*todo* el régimen construido sobre la paz de Versalles".[51] Aun así, no estaba del todo claro hasta dónde pensaba marchar el Ejercito Rojo, y es probable que Polonia ni siquiera pudiese en los hechos integrarse entonces en una unión con Rusia. Ya que el primer paso en el camino hacia la desestabilización del sistema capitalista internacional había resultado en un fracaso, la estrategia de la revolución debía ser repensada.

Tras la derrota, y como consecuencia de los tratados y acuerdos de paz que los bolcheviques firmaron con diversos gobiernos de Europa en los años siguientes, la situación comenzó a estabilizarse. Bajo este manto de calma, sin embargo, perduraban reivindicaciones y aspiraciones territoriales insatisfechas que volverían a hacer aparición durante las décadas siguientes. Cuando se apagó el fulgor revolucionario de 1918-1919 y el orden fue restaurado a principios de la década de 1920, los maltrechos partidos comunistas del centro y del este de Europa, surgidos al calor de la revolución en Rusia, se encontraban en su mayoría ilegalizados, diezmados por la represión y frecuentemente atravesados por desacuerdos internos en materia de estrategia política. En ese contexto, solo les quedaba buscar apoyo en el flamante Estado federal que la Rusia comunista estableció en 1922 con los viejos territorios imperiales devenidos en repúblicas autónomas, la Unión de Repúblicas Socialistas Soviéticas. El instrumento de ese apoyo tan tenaz como despiadado sería la Comintern.

Desarticulación del Imperio Austrohúngaro
después de la Primera Guerra Mundial

1925

Islandia
(DINAM.)

NORUEGA

FINLANDIA

SUECIA

ESTONIA

Rusia

URSS

IRLANDA

REINO
UNIDO

DINAMARCA

LETONIA

LITUANIA

Danzig

PAÍSES
BAJOS

Bielorrusia

Océano Atlántico

ALEMANIA

Prusia oriental (AL.)

BÉLGICA

POLONIA

Ucrania

LUXEMBURGO

CHECOSLOVAQUIA

FRANCIA

SUIZA

AUSTRIA

HUNGRÍA

RUMANIA

PORTUGAL

ESPAÑA

ITALIA

YUGOSLAVIA

BULGARIA

Mar Negro

ALBANIA

TURQUÍA

GRECIA

Marruecos (FR.)

Argelia (FR.)

Túnez
(FR.)

Malta
(R. UNIDO)

Dodecaneso
(IT.)

Chipre
(R. UNIDO)

Siria-El Líbano
(FRANCIA)

Mar Mediterráneo

Palestina-Transjordania
(R. UNIDO)

Libia (IT.)

EGIPTO

Europa después de Versalles

# 3. Tan lejos del socialismo y tan cerca de Moscú
## Los comunistas de Europa central y oriental entre la represión y la guerra (1922-1945)

En febrero de 1937, el comunista búlgaro Gueorgui Dimitrov, secretario general del Comité Ejecutivo de la Comintern, anotaba en su diario las impresiones que le había dejado el más reciente discurso de Stalin:

> No puedo añadir nada a lo que ha dicho sobre la lucha sin cuartel contra nuestros enemigos. Esto se enseñará en el partido, y haré todo lo que esté en mis manos para que se enseñe también en las filas de la Comintern. […] Fue una suerte para la revolución socialista y el proletariado internacional que el camarada Stalin, tras la muerte de Lenin, continuara su legado con tenacidad y genio, y que el camarada Stalin, a pesar de todos los virajes, haya asegurado la victoria de nuestra causa.[52]

Dimitrov escribía estas palabras durante el lapso candente del Gran Terror, la purga más salvaje que el comunismo haya conocido, en la cual decenas de miles de cuadros comunistas de toda Europa fueron arrestados, torturados y ejecutados por ser supuestos enemigos del comunismo. Las palabras de Dimitrov muestran su lealtad a Stalin –a cuyos designios estaba subordinada la Comintern– y, por extensión, la dependencia que ataba los destinos del comunismo europeo a la voluntad de Moscú.

Años más tarde, en 1943, Dimitrov enviaba un telegrama al líder de los partisanos yugoslavos, Josip Broz Tito: "Están efectuando una gran tarea", decía, "que nuestra tierra soviética y todos los pueblos amantes de la libertad nunca olvidarán. Saludos fraternales a usted y a todos los camaradas, y los mejores deseos en su heroica lucha contra el enemigo maldito".[53] En ese momento, la Segunda Guerra Mundial desangraba a Europa, y los movimientos comunistas europeos se batían en una intensa lucha contra la ocupación nazi. La suerte de los ejércitos de liberación comenzaba a cambiar y, gracias a la acción conjunta del Ejército Rojo y de los resistentes europeos, las tropas de Hitler por fin retrocedían. Tanto en el campo de batalla como en las filas de la política, los partisanos del centro y del este de Europa se habían debatido entre la urgencia de liberar sus propios países y la obediencia a la patria del socialismo: aunque muchos habían mostrado autonomía, coraje e iniciativa, su suerte estaba atada a la de Moscú por lazos de lealtad, dependencia material y supremacía ideológica. Dimitrov, como muchos otros, pensaba que los esfuerzos de los comunistas debían pendular entre el apoyo a la patria soviética y la defensa de los diversos territorios nacionales, pero esta fidelidad bifronte no se desarrollaría sin tensiones y conflictos.

Este capítulo se ocupa del mundo del comunismo, y de los comunistas, en Europa central y oriental durante el período de entreguerras y la Segunda Guerra Mundial. La represión, persecución y violencia ejercidas por el enemigo fascista, pero también por el Politburó de Moscú, fueron las principales marcas de este período. El dilema entre la defensa de la tierra soviética y la de otros "pueblos amantes de la libertad", así como su lucha heroica y finalmente victoriosa contra un enemigo mayor y hasta entonces inimaginable, constituyen el núcleo de esta historia. Durante la primera posguerra, entre los nuevos Estados multinacionales que se abrían paso en el Este, la Unión Soviética hacía aparición como un gigante que inspiraba temor en algunos y esperanza en otros. Asumía la responsabilidad de tutelar al comunismo del continente en un proceso de control que osciló entre la búsqueda de expandir la revolución hacia el Oeste y la defensa de sus propios intereses territoriales. Para entender las complejidades y contradicciones de este proceso, tenemos que volver a la conferencia de paz iniciada en París en 1919 y la reconfiguración casi total del mapa europeo de la época.

## EL COMUNISMO EN UNA EUROPA DE NACIONES

La conferencia de paz comenzó sus reuniones en enero de 1919 en las amplias y majestuosas salas del Palacio de Versalles, donde se reunieron representantes de numerosos territorios, tanto del bando vencedor como del perdedor de la Gran Guerra. Del lado de la coalición victoriosa, los "tres grandes": junto con los primeros ministros de Francia –Georges Clemenceau– y Gran Bretaña –David Lloyd George–, se encontraba el presidente estadounidense Woodrow Wilson. Este último había acudido para dilucidar las fronteras europeas y amparar la creación de nuevos Estados según los principios de autodeterminación nacional que había consagrado en sus famosos "14 Puntos", declarados al Congreso de los Estados Unidos en enero del año anterior como bases para la paz y el orden de posguerra. Durante los primeros meses de 1919, los representantes de las potencias victoriosas recibieron a diferentes grupos de presión de las naciones del este de Europa, que pugnaban entre sí por establecer sus nuevos Estados según las condiciones más favorables posibles y ampliando al máximo sus fronteras estatales, aunque esto supusiera tener jurisdicción y gobierno sobre territorios en los que convivían grupos de identidades nacionales distintas. La creación de Estados-nación con una mayor o menor homogeneidad étnica estaba en sintonía con las ideas de Wilson. El presidente estadounidense siempre había mostrado simpatías por las leyes de segregación racial de su país que amparaban la separación entre blancos y negros. Ya en París, y guiado por un principio similar, Wilson recibió de buen grado las propuestas que buscaban agrupar a todos los polacos o rumanos en un Estado propio, evitando mezclas étnicas que pudieran resultar problemáticas.[54]

Sin embargo, para desgracia de Wilson, la mixta geografía humana de Europa central y oriental no habilitaba la formación de Estados homogéneos. Para peor, las negociaciones resultaron empantanadas por la falta de conocimiento territorial por parte de los funcionarios y representantes políticos, así como por el uso de datos demográficos poco fiables y de mapas étnicos imprecisos. Al final, el trazado de un nuevo mapa de la región se vería determinado sobre todo por el talento diplomático de los delegados de cada nación, así como su capacidad de movilizar contactos y redes de *lobby* en Francia, Gran Bretaña y los Estados Unidos. Los imperios multinacionales eran reemplazados por Estados nuevos: entidades nominalmente nacionales, pero que en los hechos constituían una combinación de una nacionalidad mayoritaria salpicada con la presencia robusta de muchos otros grupos nacionales diseminados a lo largo de su geografía. Al liberar a las minorías nacionales de los viejos imperios europeos, los tratados firmados en Francia en las localidades de Saint-Germain-en-Laye, Trianón, Neuilly y Sèvres crearon minorías nuevas, cuya seguridad no siempre sería respetada (tampoco sus derechos) en años posteriores y cuya sola presencia en la Europa de entreguerras sería fuente de conflicto.[55] En líneas generales, Austria, Hungría y Alemania fueron los grandes perdedores de las negociaciones: perdieron sus antiguos dominios imperiales, debieron ceder amplias franjas de sus territorios y de su población y resultaron castigados con el pago de reparaciones de guerra; además, los dos primeros perdieron el acceso al mar. Por el contrario, los nuevos Estados de Polonia, Checoslovaquia y Yugoslavia, así como el nuevo y extendido Reino de Rumania, fueron los grandes ganadores, en términos tanto territoriales como demográficos. En cuanto a Bulgaria, aunque formara parte del bando vencido, resultó relativamente redimida al perder considerablemente menos territorios, situados en la región de Tracia. La joven Albania, creada apenas unos años atrás en Londres, mantuvo sus fronteras bajo la protección de Italia.

El conflicto en torno a la nueva división política, en cambio, sería mucho más largo y penoso en el sur de los Balcanes y en el Mediterráneo oriental. Allí, la Grecia del liberal Eleftherios Venizelos recibió apoyo de las potencias occidentales para lanzar una campaña de conquista sobre los antiguos dominios del sultán con el objetivo de erigir una "Gran Grecia" y destruir de una vez por todas lo que quedaba del Imperio Otomano. La campaña griega en Asia Menor, sin embargo, se extendería más de lo previsto, poniendo en crisis a las tropas griegas y siendo finalmente rechazada por los ejércitos del nacionalista turco Mustafa Kemal, pronto conocido como Atatürk, quienes recuperaron toda la península y coronaron la contraofensiva con la expulsión de más de un millón de griegos en 1922, en lo que constituyó una de las mayores catástrofes humanitarias del siglo XX.

Vencedores de la contienda mundial y beneficiados con nuevos territorios y poblaciones más amplias, los nuevos Estados en el este de Europa eran parte de un esquema geopolítico diseñado tanto para poner un freno a las ambiciones de Alemania como para tapar la posible expansión de la Rusia revolucionaria; un "cordón sanitario", como se lo llamó, destinado a dar estabilidad a la Europa de posguerra. Sin embargo, la composición demográfica mixta de los nuevos Estados europeos y la integración de territorios con historias imperiales distintas y con niveles de desarrollo socioeconómico dispares planteaban desafíos de envergadura para las élites políticas de la región. El Reino de Rumania ofrecía un caso paradigmático. Ampliado de manera más que notable gracias a los territorios obtenidos en Versalles, el viejo reino rumano compuesto por los territorios moldavos y valacos pasaba a incluir tres regiones imperiales nuevas con historias, niveles de desarrollo económico y composiciones lingüísticas y religiosas muy dispares: Transilvania y Bucovina, viejos dominios austrohúngaros con amplias poblaciones de alemanes, húngaros y judíos, y Besarabia, antigua posesión de los zares con una abundante presencia de judíos, ucranianos y rusos. A lo largo de la década de 1920, la integración de estos territorios en un reino con ambiciones unitarias y con la aspiración de consolidar una identidad rumana homogénea plantearía enormes dificultades, ya que, por lo general, en las nuevas regiones los rumanos constituían el grupo nacional más pobre, el más rural y el menos educado. La ventaja económica y cultural de las minorías sobre los rumanos en estos territorios no solo provocaría tensiones étnicas a escala local y regional, sino que alimentaría el discurso nacionalista rumano, específicamente contribuyendo al ascenso del antisemitismo entre los sectores populares, los estudiantes universitarios y los intelectuales.[56]

Algo similar ocurrió con Polonia, otro de los grandes beneficiados de los tratados de Versalles. Tras más de un siglo en el cual Polonia no había existido como tal, a partir de 1919 el Estado reapareció con amplias atribuciones territoriales en las que los polacos convivían con judíos, bielorrusos, alemanes o ucranianos. El nuevo líder del Estado polaco, Józef Piłsudski, soñaba con una federación estatal en Europa del Este, el *Intermarium*, que conectara el mar Báltico y el mar Negro. Aunque la federación iba a estar liderada por Polonia, Piłsudski no concebía a los polacos como una nación superior a expensas de las demás minorías étnicas; por eso, en sus primeros años buscó llevar a cabo una política integradora que, sin embargo, se vio minada por los sectores más conservadores de la política polaca, que pronto mostraron actitudes xenófobas y buscaron un Estado donde los polacos fueran la nacionalidad principal e indiscutida. Estas tensiones culminaron con el asesinato, en 1922, del presidente Gabriel Narutowicz, amigo personal de Piłsudski, a quien se señalaba como "amigo de los judíos". En los años siguientes, las disputas entre los distintos grupos nacionales crecerían, y el discurso antisemita se abriría paso a marchas forzadas.[57] En Checoslovaquia, aunque con una menor presencia de judíos, en un territorio más pequeño, checos y eslovacos también coexistieron a partir de 1918 con otras nacionalidades. En especial, la presencia de 3 000 000 de alemanes en la región de los Sudetes, que de manera sorpresiva los Aliados aceptaron integrar en el nuevo Estado checoslovaco, se volvería pronto una fuente de conflicto, en especial luego de la llegada de Hitler al poder en 1933.

Un caso diferente, y excepcional hasta cierto punto, se dio en el flamante Reino de los Serbios, Croatas y Eslovenos, nacido tras el final de la guerra bajo el impulso de la idea de unir a los eslavos del sur, yugoslavos, en un mismo territorio y unificado bajo la dinastía serbia de los Karađorđević. El nuevo Estado era fruto de un acuerdo entre diversos representantes de los eslavos del Imperio de los Habsburgo y el Reino de Serbia, una alianza motivada por la creencia de que serbios, croatas y eslovenos eran tres tribus (*plemena*) de un mismo pueblo "trinominal" (*troimeni narod*), y galvanizada por consideraciones estratégicas como las pretensiones italianas sobre Dalmacia y la amenaza del expansionismo austríaco, alemán y húngaro sobre el Sudeste europeo. Tanto en Zagreb como en Belgrado, la unificación de los territorios yugoslavos se había declarado el 1° de diciembre de 1918, fecha en que se habían instaurado un gobierno y un Parlamento provisionales y se había convocado a elecciones para formar una Asamblea Constituyente que definiera el régimen político y el sistema administrativo. Si bien la mayor parte de la población era favorable a la unificación, no existía un consenso total al respecto: mientras algunos partidos propiciaban una solución centralizada, otros pujaban por opciones que respetaran la autonomía de las diversas regiones del país, cuya historia reciente, tradiciones e identidades políticas y culturales poco tenían que ver con las de Serbia a pesar de la comunidad lingüística.

En 1920, las elecciones de constituyentes fueron un momento bisagra de este conflicto. Pese a la oposición de la mayoría del arco político, los dos principales vencedores, el Partido Demócrata y el Partido Radical Serbio, consiguieron aprobar una Constitución centralista y monárquica con base en Belgrado. Entre los detractores de esa nueva ley fundamental se encontraban el tercer y el cuarto partidos en cantidad de votos: el flamante Partido Comunista de Yugoslavia (KPJ) de línea revolucionaria, leal a Moscú y renuente a la idea de unificar a los yugoslavos bajo la conducción burguesa y reaccionaria del rey Aleksandar Karađorđević, y el Partido Campesino Croata, liderado por Stjepan Radić, de orientación agraria y populista y erigido en defensor de la autonomía de los territorios croatas. El establecimiento de este orden unitario no dejaría de ser un objeto de polémica en años posteriores, debilitando el tejido multinacional sobre el que se basaba la unión yugoslava y conduciendo en cambio al alza del nacionalismo.[58]

Si los gobiernos de los nuevos Estados del centro y del este de Europa tenían dificultades para gestionar las complejidades de la cuestión nacional, los comunistas debían también ofrecer una respuesta. Desde Rusia, Lenin se erigía en la contracara revolucionaria de Woodrow Wilson, proponiendo un modelo que aspiraba a combinar la emancipación nacional con la emancipación económica y social de las clases trabajadoras bajo el mando del partido. Los años veinte fueron un período de experimentación y reforma en la Unión Soviética. A principios de la década, la situación económica y humana era dramática: el ciclo de violencia de la Gran Guerra y la Guerra Civil, así como las hambrunas de 1921, habían dejado centenares de miles de muertos, conduciendo a millones al exilio, diezmando a la clase obrera industrial y enajenando a la dirigencia del partido de los sectores populares. Los bolcheviques no habían implementado un programa de reforma económica radical inmediatamente luego de la toma del poder en 1917; pero los años de Guerra Civil habían sido testigos de la puesta en marcha de requisiciones sistemáticas, nacionalizaciones masivas en la industria y en el campo y la gratuidad de los servicios públicos. Este sistema económico fuertemente administrativo, más tarde recordado como "comunismo de guerra", había derivado en la extinción de la moneda y la desaparición casi total del mercado. Como resultado de la guerra y de la dramática situación económica y humana, el partido había comenzado a sentir la hostilidad creciente del campesinado y la pérdida de apoyo de la clase obrera, con la aparición de signos alarmantes, como la revuelta de la ciudad báltica de Kronstadt en 1921. En el puerto de la ciudad, donde se desplegaba una importante base naval, los marinos desafiaron las crecientes tendencias autoritarias del poder soviético. La respuesta de Lenin fue implacable y unas semanas más tarde el Ejército Rojo aplastó la revuelta, cuyos líderes y principales apoyos militares y civiles fueron ejecutados poco después.

Como consecuencia del episodio de Kronstadt, y en busca de restablecer el control de la situación, a partir de 1921 los bolcheviques decidieron implementar una serie de medidas. En el ámbito político, declararon ilegales los partidos de oposición y prohibieron la existencia de facciones dentro de su propio partido, sentando así las bases de un Estado unipartidario. En el ámbito económico, y pese a la reticencia de numerosos cuadros revolucionarios, se puso en marcha lo que daría en llamarse la Nueva Política Económica (NEP, por sus iniciales en inglés): principalmente, se trataba de eliminar la requisición de granos y establecer un impuesto fijo, primero en especie y más tarde en dinero, sobre los campesinos, lo que habilitaba a los productores a vender el resto en el mercado. Paulatinamente, se legalizó el comercio privado, se frenó el ritmo de las nacionalizaciones y se procedió a una apertura de la economía a inversiones extranjeras, así como a la reducción del gasto estatal y a la estabilización de la moneda. Los soviéticos estaban habilitando la acción de los agentes privados y permitiendo que surgiera una forma de socialismo de mercado. En los hechos, la NEP implicaba principalmente una concesión al campesinado: tras el fracaso de la revolución internacional, Lenin consideraba que era necesario preservar la alianza entre obreros y campesinos sobre la que se sostenía el poder soviético (la *smychka*, en la jerga del partido) y la NEP podía operar como una modalidad de transición mientras se establecían las bases para la construcción de un orden socialista. Los efectos fueron rápidos y notablemente positivos, aunque no dejaría de haber decepciones entre quienes veían este repliegue del Estado como un fracaso de la revolución.

Esta reconfiguración de la vida soviética se desarrollaba en paralelo con una feroz lucha interna del partido por la sucesión de Lenin, enfermo desde 1921 y cada vez más debilitado por una serie de accidentes vasculares incapacitantes. Si el puesto de Lenin en el Sovnarkom había sido recuperado por Alekséi Rýkov, el combate se daba en el verdadero *locus* del poder: el Politburó, la "oficina política" del Partido Comunista. En ese cuerpo de siete miembros, una virulenta competencia disponía a un grupo encabezado por Stalin, secretario general del partido, junto con Lev Kámenev y Grigori Zinóviev en contra de León Trotsky. En el invierno entre 1923 y 1924, durante la campaña con vistas a la decimotercera conferencia del partido, Stalin consiguió debilitar a los partidarios de Trotsky sirviéndose de su posición de secretario general y manipulando las estructuras del partido. La bibliografía ha llamado a este procedimiento "flujo circular del poder": el secretariado general elegía a los líderes locales que sucesivamente encabezaban las listas de delegados que poblaban los congresos del partido; congresos que luego elegían a los miembros del Comité Central y del Politburó, así como al secretario general. Entonces, para debilitar a Trotsky, Stalin se serviría de un partido que con los años se había tornado una máquina burocrática. Más tarde haría lo propio contra Kámenev y Zinóviev, y finalmente expulsaría a los disidentes bajo acusación de faccionalismo en 1927.[59] Toda esta batalla acabó configurando un escenario en el que Stalin se convirtió en el líder indiscutido.

Si la revolución y la guerra habían conducido a la formación de un amplio entramado burocrático estatal y político unipartidario, también en el abordaje de la cuestión nacional se veía que el poder soviético combinaba su ambición revolucionaria con una persistente obsesión administrativa. Como examinamos en el capítulo anterior, la experiencia de la guerra civil en Ucrania había dado a los bolcheviques la pauta de que hacía falta desarrollar una estrategia para responder a las demandas de reconocimiento de las naciones de la nueva Unión Soviética; no solo para controlar las tendencias rusas chauvinistas de una parte de los revolucionarios, sino también para impedir que el poder soviético mismo fuera percibido como una continuación del imperialismo ruso. En 1923, el partido adoptó una línea clara en favor del reconocimiento de todas aquellas formas de nacionalidad que no entraran en conflicto con la existencia de un Estado centralizado: territorios, lenguas, élites y culturas locales eran ahora vistas como identidades nacionales que el partido debía no solo permitir, sino incluso alentar.

Esto se tradujo en una serie de políticas. Tras la constitución de la URSS en 1922 con las repúblicas de Rusia, Ucrania, Bielorrusia y la República Transcaucásica –integrada por Georgia, Armenia y Azerbaiyán–, se sumaron otras nuevas, y también territorios para dar respuesta a las demandas de grupos nacionales como los tártaros, los chechenos y los chuvasios. El resultado fue la creación de treinta y ocho nuevas "mayorías nacionales" en los territorios soviéticos. Sin embargo, aparecía un problema: tal como ocurría en otros países del centro y del este de Europa, ninguno de los cuales era enteramente homogéneo, estas nuevas fronteras siempre traían aparejado el surgimiento de nuevas minorías, que corrían también el riesgo de ser aplastadas o asimiladas por sus mayorías respectivas. La respuesta de Moscú a este problema consistió en lo que el historiador Terry Martin llamó una "estrategia de proliferación etnonacional": en otras palabras, la extensión del sistema de unidades étnicas hacia abajo, de forma piramidal, desde las repúblicas mismas hasta el nivel de los pueblos. En esa complejísima arquitectura, cada unidad territorial, según su constitución étnica y lingüística, se adhería a determinada nacionalidad, con su correspondiente resguardo de cultura, lengua e incluso posesión del suelo. La solución tenía el objetivo –en muchos sentidos, noble– de asegurar la autonomía y los derechos de cada grupo hasta el nivel más básico posible. Muchas veces, sin embargo, sus efectos fueron negativos: al alentar a cada ciudadano a adherir a una identidad nacional y al movilizar a los ciudadanos según líneas étnicas, la política central en muchos casos terminó propagando el temor a quedar en minoría en el territorio propio, condujo a la segregación y, a menudo, estimuló el conflicto en vez de aplacarlo. [60]

Una segunda política, complementaria de la primera, fue lo que se conoció con el nombre de *korenización* (*korenizatsia*). El término puede traducirse como "indigenización" y consistía esencialmente en implementar políticas para formar élites nacionales en los nuevos territorios, así como para promover la lengua y la cultura de los grupos dominantes de dichos territorios. Ucrania fue aquí una tierra de experimentación y un modelo, y la política de *korenización* quedó asociada allí en gran parte al nombre de Mykola Skrypnyk, alto cuadro comunista de Ucrania que defendió a capa y espada las políticas de indigenización de los años veinte. La revolución había puesto en pie de igualdad el ruso y el ucraniano, pero fue solo en 1923 cuando se declaró el ucraniano como lengua principal de la república y se puso en marcha un amplio programa destinado a extender su uso en las escuelas, las universidades y la administración pública. Durante los primeros dos años, los resultados de esta campaña fueron magros, entre otras cosas por la resistencia pasiva de amplios sectores del Partido Comunista Ucraniano y de otros sectores ilustrados tradicionalmente rusófonos. Sin embargo, las cosas cambiaron cuando Stalin envió a Lázar Kaganóvich a tomar el control del partido en Ucrania e implementar una política de *ucranización* mucho más radical: entonces se pusieron en marcha cambios en toda la señalización pública, una intensa campaña de expansión de la historia y la cultura del país, la *ucranización* de la prensa y del mercado editorial, una amplia masa de cursos de lengua ucraniana en diferentes niveles de la sociedad, así como políticas para favorecer a los ucranianos en la administración pública y en el partido y una fuerte transformación del sistema educativo. Para fines de la década, el ucraniano se había convertido por lejos en la lengua dominante en la educación primaria y secundaria, e incluso se había difundido notablemente en la universidad, donde había contribuido a la aparición de una intelectualidad de nuevo cuño. La política de *ucranización* elevó notablemente el estatuto de ese idioma en la sociedad, incrementó la presencia de los ucranianos en la maquinaria del partido y del Estado y condujo a la formación de una esfera pública bilingüe ruso-ucraniana en la república, así como a la adopción por parte de muchos hombres y mujeres de cierta identidad híbrida que perduraría durante décadas.

Con todo, esta política estuvo lejos de alcanzar los objetivos totales que se había impuesto en un principio. El relativo fracaso de la *ucranización* –es decir, la incapacidad del ucraniano de reemplazar el ruso por completo– se explicaba en gran medida por la resistencia de las clases medias urbanas, de los trabajadores industriales y de amplios sectores del partido mismo, grupos tradicionalmente rusófonos sobre los que la dirigencia bolchevique temía aplicar mayor presión por miedo a las repercusiones políticas. En los hechos, el manejo de la cuestión nacional entraba en lo que en general podría identificarse como las políticas de "línea blanda" del régimen soviético: esto es, políticas de orden estratégico, pero no indispensables y por lo tanto no siempre respaldadas por el uso de la fuerza. Dicho de otra manera, la política de nacionalidades, aunque sincera y sistemáticamente aplicada por numerosos actores e instituciones del régimen soviético, nunca adquirió el carácter prioritario de otras políticas en materia económica o militar, lo que explicaba en parte que no alcanzase un éxito completo.

Fuera de la Unión Soviética, la cuestión nacional seguía ocupando un papel preponderante y los comunistas intentaban proponer soluciones más eficaces que las que ofrecían los gobiernos de la región. Su opción no era sencilla de sostener, en la medida en que la mayoría de ellos partían de una posición de debilidad y se veían en una situación política cada vez más difícil, en especial a medida que las democracias de la región viraban a posiciones autoritarias, cuando no se convertían en francas dictaduras anticomunistas. En este contexto de represión, la estrategia y la acción voluntarista permitieron a los comunistas mantenerse en pie, aunque en muchas ocasiones también condujeran a la represión, al aislamiento y a la pérdida de influencia, como ocurrió con el partido yugoslavo, ilegalizado para mediados de 1921, o el de Bulgaria, líder de un fallido levantamiento en 1923 y más tarde diezmado por la represión del gobierno autoritario de Aleksandar Tsankov.

La cuestión nacional fue un elemento que dio a los comunistas un arma de resistencia y una vía de acceso a la voluntad popular. En algunos casos, mediante su uso franco para movilizar a las masas y para rechazar acusaciones de falta de lealtad a la patria. Por ejemplo, ya en 1923, con sus últimos destellos de lucidez, Lenin instaba a los comunistas polacos, que habían mostrado un fuerte desdén por el Estado-nación y habían apoyado a la URSS durante la guerra polaco-soviética, a cambiar de estrategia: debían adoptar un discurso netamente nacional. El consejo fue oído, y para 1924 el líder Adolf Warski reconocía su error y se embarcaba en una estrategia en la que la nación polaca ocuparía un primer plano.[61]

En otros casos, la cuestión nacional ofreció a los comunistas una vía de acción en la defensa de las minorías que emergían en esta nueva Europa de naciones. La región central y oriental seguía siendo de composición multiétnica. Esta realidad entraba a menudo en contradicción con lo que ocurría en las altas esferas de la política, donde los gobiernos de la región tendían a ser étnicamente más homogéneos. En Checoslovaquia, predominaban los checos, en Hungría, los magiares, en Rumania, los rumanos, y en Polonia, los polacos, y dichos gobiernos tendían a imponer políticas que beneficiaban a su grupo étnico sobre los demás, movidos por un ideario nacionalista en muchos casos excluyente. Los partidos comunistas, en cambio, contaban en sus filas con una población diversa y multiétnica, individuos reunidos más en función de sus ideas y de sus intereses y no de su lengua, religión o tradiciones. La identidad religiosa o étnica no entraba necesariamente en conflicto con la lealtad a los nuevos Estados, como en el caso de los numerosos judíos comunistas que supieron identificarse con sus Estados en Polonia o en Checoslovaquia. Pero la apertura de los partidos comunistas a individuos provenientes de distintas nacionalidades y la defensa de los intereses de las pequeñas minorías, en sintonía con las ideas de Lenin en materia de igualdad nacional, permitieron a los comunistas recibir más apoyo en aquellas regiones de Europa central y oriental que contaban con un componente multiétnico más marcado. Al fin y al cabo, los comunistas resultaron ser casi la única fuerza política que no preguntaba a los ciudadanos por su religión, su lengua o su proveniencia étnica. En Checoslovaquia, por ejemplo, mientras el gobierno de Masaryk llevaba adelante políticas prochecas que marginalizaban la lengua y cultura de otras nacionalidades, en regiones del país como Rutenia subcarpática, formada por checos, rutenos, ucranianos, y en menor medida judíos, los comunistas cosechaban muy buenos resultados en las elecciones. Por el carácter multiétnico de su partido, así como por sus ideas de igualdad nacional, los comunistas de Rutenia daban respuesta a los anhelos de los distintos grupos de la región que no se sentían representados por las políticas nacionalistas checas del gobierno de Praga. Además, la naturaleza obrera de la zona posibilitó que la cuestión nacional y social jugara en favor del apoyo a los comunistas.

Frente al avance del comunismo en diversos puntos de la región durante los años veinte, muchos gobiernos lanzaron campañas de persecución y represión contra los partidos comunistas y el movimiento obrero. Esta respuesta de los conservadores no derivaba solo de tensiones sociales, sino también de la cuestión nacional misma: tal como había ocurrido en Hungría en época de Béla Kun y como ocurriría en décadas posteriores, los nacionalistas acusaban a los comunistas de ser agentes foráneos y hacían uso de un repertorio de clichés estigmatizantes en el cual el imaginario del judeobolchevismo solía jugar un rol importante. Entreguerras, el anticomunismo y el antisemitismo fueron creciendo entrelazados: tanto el judío como el bolchevique eran vistos como elementos antinacionales, agentes sin patria, esbirros de un poder malvado que buscaba demoler a la nación.

En líneas generales, sin embargo, aunque los partidos comunistas estuvieran tan abiertos a los judíos como a otras nacionalidades, los judíos no siempre los apoyaron de forma masiva. En Polonia, por ejemplo, votaron mayoritariamente a los socialdemócratas, ya que en los años treinta estos constituían uno de los dos movimientos que no incluía medidas antisemitas; el otro era el de los comunistas, con cuyo programa revolucionario la mayoría de los judíos polacos no simpatizaban en los hechos. Si es verdad que en las direcciones de los partidos comunistas, y también en el de Polonia, había gran presencia de cuadros judíos, esto ciertamente no respondía a una sintonía entre religión y ideología, sino antes bien a razones prosaicas: por lo general, esos partidos surgieron en núcleos urbanos y estuvieron liderados por individuos de las clases medias, esferas en las cuales los judíos estaban sobrerrepresentados. Frente al campo polaco, donde había núcleos con menos de un 5% de población judía, en Varsovia –donde el comunismo tenía más fuerza– esa presencia ascendía a un tercio de la población, por lo cual no causa extrañeza que de ese núcleo numeroso provinieran muchos integrantes del partido.[62]

Con los años, el miedo a la revolución condujo a las fuerzas anticomunistas en una dirección que se iba tornando reaccionaria, así como llevó en muchos casos a los socialdemócratas a adoptar posiciones cada vez más conservadoras. Este movimiento vino auspiciado por la creciente sombra que proyectaba en Europa la Unión Soviética, un país de dimensiones colosales que desde mediados de los años veinte se volvía a poner en pie tras la catástrofe de la Guerra Civil y crecía bajo el mando de quien se convertiría en el líder indiscutido del movimiento comunista internacional durante las dos décadas siguientes: Iósif Stalin. La suerte del comunismo en Europa central y oriental quedaría atada a la voluntad del líder de la URSS, que haría girar el tablero político soviético, europeo y mundial una y otra vez en función de sus propias estrategias y visión del futuro.

## LOS AÑOS DE LA CONCENTRACIÓN DEL PODER: DEL ESTALINISMO EN LA URSS A LOS ESTADOS POLICIALES EN EUROPA CENTRAL Y ORIENTAL

En los años veinte, los dirigentes soviéticos se enfrentaron a una coyuntura que los impulsó a repensar sus nociones de política económica respecto del campesinado y la industria. Si la NEP había sido una respuesta adecuada para reactivar la economía, reconstruir el país y mantener la alianza con el campesinado, los líderes del partido creían, sin embargo, que era necesario conducir a la Unión Soviética hacia la modernización económica, haciendo hincapié en la industrialización. Para financiar el crecimiento de la industria, no obstante, era preciso mantener bajos precios para los granos y altos precios para los productos industriales, lo que implicaba el riesgo de desincentivar a los productores agrarios y llevar a la escasez. El dilema entre los intereses del campo y los de la industria provocaba fuertes debates en el partido: si figuras como Evgueni Preobrazhensky estaban a favor de una alta imposición sobre los agricultores con el objetivo de acumular capital para industrializar el país, otros como Nikolái Bujarin bregaban por mantener una política moderada con los campesinos por razones estratégicas. Estas discusiones encontraron una salida en 1927, cuando una serie de conflictos internacionales, entre ellos la ruptura de relaciones diplomáticas con el Reino Unido, instalaron en el seno del Partido Comunista la convicción de que se avecinaba una nueva guerra imperialista. En este clima de pánico, Stalin incrementó sus ataques contra los disidentes dentro del partido y contra intelectuales y expertos sospechados de traición, a la vez que se reforzaba la idea de que era necesario consolidar la industrialización del país cuanto antes.

El programa de industrialización se puso en marcha a partir de 1929, y se enfocó sobre todo en la producción de hierro, acero, tractores y herramientas. El modelo por seguir era el de una planificación conjunta y centralizada a cinco años, planes quinquenales, como desde entonces y durante las siguientes décadas se conocerían las distintas ediciones. El Estado asumió la organización de todo el proceso productivo, de distribución y de intercambio, centralizando casi en su totalidad la gestión económica, lo cual implicaba una ruptura abierta con respecto a los años de la NEP. El Primer Plan Quinquenal resultó considerablemente más caótico de lo anticipado, con desequilibrios en sectores como la energía y poca inversión en la industria liviana y de consumo, lo que tuvo un fuerte impacto en el consumo social y en la calidad de vida de la población. Pese a todo, el régimen consiguió un aumento significativo en la producción industrial, desencadenó un fuerte proceso de crecimiento urbano y, lo que quizás fuera más importante, realizó una serie de inversiones en grandes plantas a lo largo y ancho del país, implantando un nuevo tejido productivo que en años posteriores haría de la Unión Soviética una potencia.

El impulso industrializador demandaba también una nueva política en el campo. Hacía falta un suministro de granos estable y barato, no solo para asegurar el abastecimiento de las ciudades y del Ejército Rojo, sino también para garantizar un volumen de exportación suficiente para financiar la importación de maquinaria. Los recurrentes problemas en ese suministro resultaban en gran medida de los precios bajos que fijaba el Estado. Sin embargo, Stalin atribuyó los problemas a la codicia de los *kulakí*, término vago que los líderes soviéticos empleaban para designar a los campesinos más acaudalados, pero que en los hechos podía recaer sobre casi cualquiera que asumiera posiciones contrarias a los intereses del régimen. Para combatir lo que se interpretaba como una actividad de especulación contrarrevolucionaria, las autoridades soviéticas decidieron castigar con sanciones penales a todos aquellos considerados "acaparadores". A la vez, empezaron a promover la colectivización de la tierra en granjas colectivas (*koljós*) donde los agricultores se convertían en proletarios. Si bien la colectivización comenzó siendo gradual y voluntaria, la presión del Estado sobre los productores no hizo sino reforzar la solidaridad entre los campesinos y su hostilidad frente a las autoridades. En 1929, el partido respondió con una masiva campaña de colectivización y una política destinada a "liquidar" a los *kulakí* "en cuanto clase": los funcionarios venían a los pueblos acompañados de brigadas militantes, intimidaban a los propietarios más prósperos y a todos aquellos considerados "enemigos de clase". Los funcionarios también alentaban a los vecinos más humildes a tomar las tierras de aquellos y agredían a cualquiera que se resistiera a la colectivización, muchas veces con apoyo de delincuentes e incurriendo en acciones violentas y humillantes. Como no podía ser de otra manera, la campaña resultó en la multiplicación de la violencia en los pueblos, a lo que las autoridades respondieron con más represión y con deportaciones masivas. Fue una "guerra civil" del partido contra los campesinos, sus tradiciones y su identidad; una operación de conquista llevada a cabo por los miembros de un aparato político urbano, obrero y minoritario, convencido de la necesidad de industrializar el país, contra un mundo rural que consideraban intrínsecamente conservador y reaccionario.

En paralelo a la guerra contra los *kulakí*, Stalin buscó perfeccionar el sistema de campos de trabajo para encarcelar a enemigos de la revolución que había comenzado en los tiempos de Lenin. En 1930, se creó la Dirección General de Campos de Colonias y Trabajo Correccional, más conocida por sus iniciales en ruso: Gulag. Los campos bajo su control estarían destinados a albergar a criminales comunes, pero sobre todo a opositores políticos y a cualquiera que supusiera un obstáculo para la política de colectivización. A mediados de los años treinta, los Gulag albergaban a más de 1 000 000 de prisioneros; las cifras se incrementarían paulatinamente hasta superar los 2 500 000 en los últimos años de Stalin. La red de campos se extendía por el centro y el este de la Unión Soviética y Kolimá, en el extremo oriente, fue la región de mayor densidad, aunque los de mayor amplitud se situaron a lo largo de la vasta e inclemente estepa siberiana, muy alejados de Moscú. Sobre las durísimas condiciones de Kolimá dejó testimonio Varlam Shalámov, uno de los presos políticos que transitó por diversos Gulag en los años treinta y cuarenta, en varios libros que fueron objeto de censura de las autoridades soviéticas, incluso tras la muerte de Stalin. Aunque los campos de concentración del sistema Gulag no fueron conceptualmente comparables a los campos de exterminio nazis, pues carecían de un propósito eliminacionista, las condiciones climáticas, la escasez de alimento y los trabajos forzados provocaron una elevada mortandad. Solo en 1938, en coincidencia con el punto candente del Gran Terror de Stalin, unos 100 000 presos perdieron la vida en los Gulag.

El costo humano de la empresa económica y social de Stalin fue colosal. Con multas, amenazas, confiscaciones e incluso ejecuciones, los hogares campesinos habían sido colectivizados en un 62% hacia 1932, magnitud que llegaría al 93% en 1937.[63] Millones de personas fueron "deskulakizadas" y deportadas, muchas de ellas enviadas al Gulag. Además, la diligencia con la que los funcionarios del régimen realizaban sus requisas a los campesinos era tal que muchas veces los dejaban desposeídos, sin provisiones ni semillas, desencadenando hambrunas masivas en regiones agrarias como Ucrania, la cuenca del Volga y Kazajistán. La insistencia de Stalin en la necesidad de incrementar la cosecha de granos era brutal y no cedía siquiera ante los consejos y los pedidos de los referentes locales. La República de Ucrania, uno de los principales centros de resistencia contra la colectivización, fue especialmente castigada: entre diciembre de 1932 y julio de 1933, como resultado de las confiscaciones, de un embargo impuesto por las autoridades y de un nuevo sistema de pasaportes internos destinado a controlar el movimiento de la población, los habitantes rurales fueron aislados y sometidos a una hambruna masiva que resultó en unos 4 000 000 de muertos. Mientras tanto, la Unión Soviética seguía exportando granos a Europa. Es difícil determinar en qué medida este exterminio de los ucranianos por medio de la hambruna, conocido como Holodomor, fue un genocidio dirigido contra los ucranianos en cuanto nación o antes bien resultado de una política motivada por razones económicas. Sin embargo, es un hecho que las medidas del régimen para con los campesinos ucranianos fueron realizadas con absoluto conocimiento de causa y marcaban una ruptura radical respecto de las políticas de los años veinte, que habían contribuido a integrar a los ucranianos en el sistema soviético y a elevar su estatuto en el país.

El carácter excepcionalmente radical y violento de las transformaciones durante los tardíos años veinte y los años treinta, más las políticas de represión masiva hacia dentro y fuera del partido, han sido objeto de debate entre los historiadores durante décadas. En el centro de esas discusiones ha estado la naturaleza del estalinismo como etapa de la Revolución Rusa, como régimen o incluso como sistema. Durante las primeras décadas de la Guerra Fría la bibliografía sobre esta cuestión estuvo dominada por expertos provenientes de la ciencia política, ideológicamente marcados por la confrontación global entre los Estados Unidos y la Unión Soviética. Muchos de ellos prestaban especial atención a los atributos despóticos del estalinismo, haciendo uso del concepto de *totalitarismo*, popularizado por el célebre trabajo de Hannah Arendt[64] y que permitía por ejemplo observar a la Unión Soviética con el mismo prisma que el fascismo en Italia y el nazismo en Alemania.[65] Las cosas cambiaron a partir de los años setenta, cuando una nueva generación de investigadores como Moshe Lewin y Sheila Fitzpatrick comenzó a argumentar que era necesario no solo ver al estalinismo desde la perspectiva del ejercicio del poder, sino también poner la lupa sobre la sociedad soviética misma. Contrariamente a quienes argumentaban que el estalinismo era un sistema caracterizado por un Estado todopoderoso y una sociedad indefensa o incluso inexistente, investigadores formados en los métodos de la historia social como Lynne Viola han demostrado que, incluso frente a la violencia brutal de la colectivización, los campesinos ofrecieron una enérgica resistencia popular, con un amplio repertorio de protesta y de rebelión. En las zonas rurales, los hombres y las mujeres difundían rumores y leyendas que equiparaban al Estado soviético con el Anticristo y desalentaban la colaboración, fomentaban la evasión para no quedar en manos de las autoridades soviéticas, destruían herramientas e incluso mataban a su propio ganado.[66]

En años más recientes, los historiadores han avanzado en la comprensión de diversos aspectos culturales del estalinismo que son esenciales para entender su estabilidad. Autores como Stephen Kotkin no se han limitado a hacer hincapié en los factores destructivos del proceso, y han observado cómo las políticas de Stalin resultaron en la creación de una sociedad industrial, urbana y moderna regulada por un Estado que se ofrecía como garante de derechos sociales, pensiones, salud y beneficios, además de una cultura socialista con valores, símbolos y prácticas propias, en la que los individuos no eran únicamente víctimas: también se constituían en agentes capaces de negociar con el sistema.[67] En pocas palabras, sin negar ni relativizar los crímenes del régimen de Stalin ni los costos humanos trágicos de sus políticas, los historiadores han cuestionado de forma profunda la noción de *totalitarismo*, intentando incorporar a su análisis y comprensión las interacciones con diversos actores sociales capaces de colaborar con el poder u oponer resistencia.

En muchos sentidos, el ascenso del estalinismo representaba una ruptura con los años de reforma y experimentación en la Unión Soviética. La tendencia a la concentración del poder en manos del Estado y la ampliación de instrumentos policiales, sin embargo, era un fenómeno que en muchos sentidos se extendía por Europa central y oriental. En un contexto marcado por la inestabilidad resultante de una cuestión nacional nunca del todo resuelta y el miedo a la revisión de las fronteras, el temor por la cercanía a una potencia socialista amenazante en el Este incrementaba las tensiones políticas en Europa central. Todo esto, unido al ascenso y afianzamiento del fascismo en Italia desde 1922, a la creciente actividad de la clase obrera y de los partidos comunistas y a la llegada de una crisis económica mundial desencadenada en los Estados Unidos en 1929, dificultó la supervivencia de las jóvenes democracias de la región, que en muchos casos fueron reemplazadas por regímenes autoritarios con Estados fuertemente represivos.

En Polonia, los años veinte habían inaugurado una democracia inestable en la que diversos gobiernos se sucedían en coaliciones débiles que permanecían apenas unos meses en el poder. En mayo de 1926, el mariscal Józef Piłsudski encabezó un golpe militar que acabó con el gobierno conservador de Wincenty Witos. Piłsudski buscaba la "sanación" de una Polonia dividida y amenazada por el avance de las fuerzas de la derecha.

Si bien la acción militar desalojó a fuerzas conservadoras cada vez más propensas a un giro autoritario, lo hizo a costa de iniciar ella misma un proceso de erosión de la democracia. Los partidarios de Piłsudski mantuvieron el gobierno constitucional, pero reforzaron las competencias del Ejecutivo de tal modo que este ejercía un poder casi incontestable. La "democracia guiada" inaugurada por el golpe de mayo de 1926 fue dando paso a formas cada vez más autoritarias, con menor peso del Legislativo y mayor represión contra la disidencia. Los comunistas habían apoyado en el comienzo la asonada de Piłsudski como una posible plataforma para una revolución. Entre sus motivaciones estaba la de querer mostrar iniciativa para ganarse el favor de Stalin, quien luego del apoyo de los polacos a Trotsky en la batalla por la sucesión de Lenin nunca dejó de sospechar de ellos. Pero el resultado del golpe fue una decepción: los viejos ideales socialistas del mariscal se habían diluido, y Piłsudski buscaba "una revolución sin consecuencias revolucionarias" que en la práctica se tradujo en una extinción paulatina de la democracia. Ya en el poder, el mariscal fue capaz de manejar por métodos represivos a todos sus rivales, incluidos los comunistas, quienes pronto reconocieron el "error" de haberlo apoyado, una decisión que no les allanó el camino al poder ni les granjeó las simpatías de Stalin. El líder soviético no olvidaría esta concatenación de errores por parte de los polacos, algo que en los años posteriores tendría consecuencias letales.[68]

La década estuvo también marcada por una creciente turbulencia política en Yugoslavia, que no solo estaba dividida entre centralistas y federalistas, sino además muy fragmentada entre numerosas fuerzas de base nacional y territorial. La fragmentación favorecía una cierta inestabilidad y un cambiante juego de alianzas en el Parlamento, y sería aprovechada por los políticos más hábiles del país. A partir de 1923, cuando las elecciones dieron la mayoría de los votos a los radicales serbios de Nikola Pašić y a los campesinos croatas de Stjepan Radić, la dinámica de la política yugoslava tendió a concentrarse cada vez más en el conflicto entre ellos y a cristalizar en torno a la cuestión croata: en una suerte de juego de espejos marcado por acusaciones mutuas, choques y negociaciones, Pašić y Radić se mostraron como los máximos representantes de sus respectivas naciones y consolidaron una suerte de monopolio sobre la escena política del país. El primero contaba con un amplio respaldo electoral y la confianza del rey, mientras que Radić era retratado como un enemigo de Estado, tanto por sus posiciones federalistas y lindantes con el separatismo como por haber coqueteado con la Comintern en 1924. El año siguiente, sin embargo, un acuerdo entre ambos permitió formar un gobierno de coalición de campesinos croatas y radicales en que ambos líderes tenían la oportunidad de mostrarse finalmente como artífices de la paz. Los nacionalistas podían entenderse. El Partido Comunista Yugoslavo (KPJ), mientras tanto, permanecía sumido en la ilegalidad. Estaba además plagado de conflictos entre su ala izquierda y su ala derecha, divididas no solo por desacuerdos en cuanto a la estrategia política que seguirían desde la clandestinidad, sino también por sus diferentes maneras de ver la cuestión nacional yugoslava. Mientras la izquierda del partido expresaba mayor tendencia al federalismo, la derecha favorecía la centralización. Sumados a la represión, estos desacuerdos impedían la unidad de acción y conducían al partido a la marginalidad, volviéndolo más dependiente que nunca de sus patrones en Moscú. La situación dio un giro cuando en 1928 la Comintern intervino directamente apoyando una moción –proveniente de Zagreb– en favor de terminar de una vez por todas la lucha de facciones. Entre sus autores estaba un joven comunista de origen croata y esloveno de nombre Josip Broz, que luego, ya apodado "Tito", ascendería en el partido.[69]

Los tardíos años veinte, sin embargo, se volvieron cada vez más turbulentos en la política yugoslava. En 1927, el gobierno de coalición de campesinos croatas y radicales serbios cayó tras varios conflictos personales y escándalos de corrupción, y su derrumbe dio paso a un período de inestabilidad y duros enfrentamientos entre el nuevo gobierno y la oposición liderada por Radić. Las tensiones culminaron el 20 de junio de 1928, cuando un diputado del Partido Radical que disparó contra la oposición asesinó a dos diputados campesinos croatas e hirió a tres más. Entre los heridos estaba Radić, quien fallecería a los pocos días a causa de complicaciones postoperatorias y cuyo entierro reuniría a más de 200 000 personas que atestaron el centro de Zagreb. En enero de 1929, ante el agravamiento de la situación política, el rey Aleksandar Karađorđević, temiendo que el gobierno optara por la federalización y pusiera en riesgo la supervivencia del país, decretó el cierre del Parlamento, la abolición de la Constitución y la prohibición de los partidos políticos. El Reino de los Serbios, Croatas y Eslovenos ingresaba en una dictadura. Apenas meses más tarde, su nombre oficial pasaba a ser Reino de Yugoslavia.

En Alemania, la situación política no era muy diferente del resto de Europa. La joven República de Weimar, fundada luego de la Gran Guerra y la consiguiente caída del Segundo Imperio, era un régimen democrático cimentado sobre una débil coalición entre facciones políticas muy diferentes entre sí. A la concepción meramente instrumental de buena parte de los partidos políticos alemanes conservadores tradicionales acerca de la democracia se unió el auge de fuerzas de extrema derecha como los nacionalsocialistas, que buscaban infiltrarse en el Parlamento y a la vez sostener una acción extraparlamentaria que sembró de violencia las calles de las principales ciudades alemanas. Otro factor era la debilidad de la arquitectura política de Weimar, muy susceptible a cambios en el orden social y económico. La crisis mundial que resultó de la caída de la Bolsa de Nueva York golpeó en su núcleo a la frágil economía alemana, gravemente endeudada. Aunque el llamado "crack del 29" no fue la causa única de la caída del régimen de Weimar, sí profundizó sus contradicciones internas, polarizó aún más tendencias políticas y, en definitiva, aceleró un proceso de descomposición ya en curso. A partir de 1930, el presidente alemán Paul von Hindenburg adoptaría un giro autoritario, dotando al Ejecutivo de facultades muy amplias que utilizó para nombrar a cancilleres que representaban tendencias cada vez más antidemocráticas. El giro de Hindenburg no era solo una respuesta lógica a las deficiencias del sistema, sino también una estrategia de los conservadores para aferrarse al poder y no ser desbordados por la política de masas, en la que nunca habían creído. Pese a todo, esto no anticipaba la llegada de Hitler, menos aún aquello en lo que se convirtió después.[70]

El Partido Comunista Alemán (KPD) había crecido de manera exponencial durante los años veinte. Desde la Comintern, y desde la propia cúpula del KPD, se habían detectado las contradicciones de Weimar, donde los socialdemócratas ejercían posiciones de gobierno, como una crisis en ciernes del imperialismo capitalista. Además, la represión de que eran objeto los movimientos comunistas hizo que el KPD viera al régimen "democrático burgués" casi como su enemigo prioritario en la lucha por el poder. Ya a mediados de los años veinte, la Comintern lanzaba una nueva estrategia: la lucha contra el "socialfascismo", enfoque

que tenía especial significación en Alemania e implicaba señalar a los socialdemócratas como enemigos de los obreros y como agentes del capitalismo imperialista, y, por consiguiente, lacayos de los grandes poderes económicos de una manera similar a los fascistas. En 1929, estas tesis se refrendaron y el líder del KPD, Ernst Thälmann, llamaba a desbordar Weimar y acabar con la república burguesa.

La estrategia de lucha contra el "socialfascismo", sin embargo, impidió formar un frente común de izquierdas que confrontara a los nacionalsocialistas, que tanto Moscú como el KPD subestimaron fatalmente. En enero de 1933, en una medida desesperada de los conservadores, Hindenburg nombró canciller a Adolf Hitler: el viejo presidente dio las riendas del Estado al político radical nacionalsocialista en busca de que encauzara la situación, apaciguara las calles mediante la represión y, en último término, garantizara los intereses de las clases propietarias. Hitler pronto probaría que su plan político iba mucho más allá de ser un mero instrumento del capital y que pretendía en cambio un proyecto nuevo, radical, antisemita y exterminacionista. Si bien el KPD convocó a una huelga general cuando Hitler asumió el poder, en su plano interno no percibían aún el plan de Hitler en toda su gravedad, ni pensaban tampoco que el canciller nazi pudiera durar mucho. Sin embargo, todo cambiaría desde febrero de 1933, cuando las llamas inundaron el Reichstag como consecuencia de un incendio provocado, pero de origen incierto. El nuevo canciller aprovechó la coyuntura para culpar a los comunistas y lanzar medidas que mostraban a las claras su talante político: prohibió los partidos políticos y utilizó a las fuerzas públicas para la persecución y el encarcelamiento de los que se oponían a su política, algo que situó a los comunistas como su primera y principal víctima.

El KPD fue rápidamente diezmado y la estrategia antiimperialista de lucha contra el "socialfascismo" terminó de probarse un error mayúsculo. En las visiones acerca de esa tesis, habitualmente se señala la torpeza de la estrategia de la Comintern: la falta de unión entre las izquierdas, propiciada por los comunistas, allanó, o al menos facilitó, el camino al poder de Hitler. Sin embargo, no es menos cierto que la enemistad con los socialdemócratas era mutua: el SPD no dudó en calificar a los comunistas de "fascistas rojos", y lanzó contra ellos las fuerzas públicas cuando estuvo en el poder. Desde luego, un acuerdo entre ambas fuerzas parecía imposible.[71]

El ascenso al poder de Hitler tuvo dos consecuencias para el comunismo a escala europea. En primer lugar, el KPD mostró su sumisión al Kremlin, funcionando como correa de transmisión de la tesis del "socialfascismo" y aceptando los cambios de timón y el recambio de figuras políticas emanado desde Moscú. En especial, cuando Hitler encarceló o asesinó a buena parte del Politburó alemán, y los restantes miembros del KPD no tuvieron otra opción que refugiarse bajo el ala soviética.[72] En segundo lugar, y quizás más importante, la Comintern tomó nota de los errores estratégicos; el rápido y radical ascenso de los nazis hizo que el movimiento comunista mundial cobrase conciencia de que el fascismo suponía un peligro nuevo y distinto. Además, el hecho de que esto ocurriera en Alemania planteaba una amenaza directa para el este de Europa, tal como Hitler se encargó de demostrar cuando, nada más arribar al poder, inició una política que aspiraba a anexionar territorios en Polonia y en Checoslovaquia, países que los nazis consideraban parte del *Lebensraum*, el "espacio vital" indispensable para la expansión de su imperio.

## LA COMINTERN, LA GUERRA CIVIL ESPAÑOLA Y EL GRAN TERROR

La llegada de Adolf Hitler al poder en Alemania no era sino una manifestación particular de una tendencia más amplia en el continente: el ascenso de movimientos fascistas y militaristas capaces de hacerse del mando del Estado o al menos de condicionar severamente las democracias. En el centro y el este de Europa, la llegada al poder del nazismo tuvo un impacto mayor en virtud de la amenaza que el militarismo alemán representaba para los jóvenes Estados de la región, muchos de los cuales lindaban con Alemania o contaban con poblaciones alemanas que Hitler ansiaba reunir bajo un mismo Estado. Asimismo, el ejemplo de la Italia fascista y de la Alemania nazi dio aliento a las derechas nacionalistas y militaristas, apuntalando la difusión de ideas antidemocráticas, anticomunistas y racistas. El ascenso de movimientos filofascistas de masas como la Legión de San Miguel Arcángel de Corneliu Zelea Codreanu en Rumania, conocida frecuentemente por el nombre de su aparato militar, la Guardia de Hierro, se combinó con la aparición de otros movimientos ultranacionalistas de menor alcance pero adeptos a los métodos terroristas como los *ustaše* –a veces mencionados como ustashas–, una agrupación ultranacionalista croata creada por Ante Pavelić en 1930. Organizados en gran medida desde el extranjero, los *ustaše* contaban con el apoyo de las autoridades italianas y húngaras para desestabilizar Yugoslavia y se proponían crear una Croacia independiente. Junto con la Organización Interna Revolucionaria de Macedonia, que también aspiraba a destruir el proyecto yugoslavo, los radicales de Pavelić fueron responsables del asesinato del rey Aleksandar en Marsella en 1934. Las jóvenes democracias del centro y del este de Europa ingresaban así en un período de inestabilidad, marcado por el ascenso de la violencia, el nacionalismo y el antisemitismo.[73]

La Comintern se vio obligada a responder alentada por los desafíos de este nuevo tiempo. A partir de 1934, la organización del movimiento comunista internacional estableció que debía seguirse la pauta de los "frentes populares": una alianza amplia de los comunistas con otras facciones de izquierda con el objetivo de frenar a fascistas y contrarrevolucionarios de distinto signo. Si bien Stalin siempre tuvo la última palabra en los volantazos de la política comunista europea, esa pauta llegó inspirada por comunistas de fuera de la URSS. Maurice Thorez y Klement Gottwald, líderes de los partidos francés y checoslovaco, respectivamente, intentaron persuadir a Stalin de la necesidad de aliarse con las demás izquierdas. Ambos vieron el error de la estrategia previa que habían aplicado los comunistas, máxime cuando el fascismo había tomado el poder en Alemania, país con el que ambos tenían frontera directa y disputas políticas y territoriales por resolver. Aunque inicialmente el líder soviético se mostró reacio, fue convencido por el búlgaro Gueorgui Dimitrov, quien había adquirido un gran prestigio tras defenderse ante los fiscales nazis en el juicio público por la quema del Reichstag. En 1934, Dimitrov fue ascendido a secretario general de la Comintern, y con él se consolidaron los "frentes populares" como búsqueda de un modo más efectivo de frenar al fascismo internacional.[74]

La nueva política permitió a los comunistas salir de la marginalidad en la que habían caído en años anteriores como resultado de un aventurismo por momentos excesivo, a menudo alentado por Moscú. Con la adopción de la estrategia del frente popular, los partidos comunistas tendieron un puente entre marxismo y nacionalismo: por un lado, comenzaron a establecer sus alianzas políticas ya no según factores externos, sino de acuerdo con las condiciones singulares de cada país; por el otro, empezaron a aunar en su discurso y su programa la transformación social con la defensa de la nación, apareciendo ya no solo como representantes del proletariado, sino de todo el pueblo.[75] Si en Bulgaria la política del frente popular quedó asociada a la figura de Dimitrov, que se haría con el liderazgo del Partido Comunista Búlgaro, en Yugoslavia dicha estrategia quedaría asociada al nombre de Milan Gorkić, líder del KPJ a partir de 1932 y responsable de devolver al partido su unidad de acción, dinamismo y ascendente sobre los sindicatos y organizaciones de masas. Así, aunque solo en Europa occidental y en otras geografías como América Latina se formaran verdaderos frentes populares capaces de llegar al gobierno de manera democrática, los comunistas de Europa central y oriental desempeñaron un papel decisivo en el cambio de estrategia del movimiento comunista global, y muchos de ellos consiguieron salir de la marginalidad y consolidar sus fuerzas gracias a la estrategia de coalición contra el fascismo.

El escenario internacional mostraría pronto los primeros signos de un vuelco irreversible. En el verano de 1936, una coalición contrarrevolucionaria de militares y políticos, regados con dinero de la Italia fascista, daba un golpe de Estado contra la república democrática española. El golpe de Estado fracasó, pero no fue aplastado y dio lugar a una situación de *impasse* que desembocó en una cruenta guerra civil. Poco después, Hitler accedía a apoyar generosamente al bando reaccionario liderado por el general Francisco Franco, que en ese mismo verano de 1936 se fascistizaba de forma acelerada. La reacción de Stalin fue poco comprometida, ambigua y, sobre todo, lenta: la ayuda directa soviética al bando republicano, que además se hizo a cambio de cuantiosas sumas de dinero, no llegó hasta octubre de ese año, más de dos meses después de que Hitler y Mussolini dieran su apoyo al general Franco. No obstante, en septiembre, la Comintern, por insistencia de comunistas franceses y alemanes, lanzaba las "Brigadas Internacionales", unidades militares integradas por voluntarios izquierdistas de toda Europa que fueron a defender a España del fascismo. De los 20 000 integrantes de las Brigadas, casi la mitad llegaron desde Europa central y oriental, coordinados por los partidos comunistas locales, conscientes de que España era el primer escenario de una batalla contra el fascismo que recién comenzaba.

El significado de las Brigadas Internacionales en la guerra de España fue decisivo para la imagen del comunismo. Se creó un aura romántica alrededor de los jóvenes que acudían desinteresadamente a una tierra lejana para luchar contra un enemigo común. En Europa central y oriental, donde hacia 1936 los partidos comunistas solían ser perseguidos o sin más estaban prohibidos, se pensó en la guerra española como una oportunidad para desencadenar la revolución a escala continental. Se formaron batallones con nombres que pretendían reivindicar al comunismo en el presente, como el Batallón Thälmann formado por alemanes, o el Batallón Rákosi, integrado por húngaros; así recordaban a dos políticos que entonces se encontraban en las cárceles de Hitler y Horthy, respectivamente. También hubo otros con apelativos históricos, como el Batallón Dąbrowski que, formado por polacos, adoptaba el nombre de un general coterráneo, del siglo XIX, con la intención de unir el pasado y el presente de los elementos revolucionarios de la nación. Pese a los esfuerzos, la propaganda y el espíritu revolucionario fueron mucho más importantes que la efectividad militar de las Brigadas, cuyas unidades, si bien consiguieron algunos éxitos parciales, acusaron frecuentes problemas de organización y una dificultad manifiesta de integrarse de forma efectiva en el ejército popular de la República española: a duras penas podían hacer frente al ejército profesional del general Franco.[76]

En septiembre de 1938, con la guerra casi perdida, las Brigadas Internacionales se retiraron de España con un desfile multitudinario por las calles de Barcelona en el que la población agradeció y vitoreó a los luchadores antifascistas. El legado de las Brigadas en Europa central y oriental duraría décadas. En lo inmediato, muchos comunistas abandonaron España y poco después, al comienzo de la Segunda Guerra Mundial, continuaron la resistencia en diversos enclaves del continente, ya fuera integrados en unidades militares de ejércitos regulares o mediante operaciones de resistencia clandestina. Tras el fin de la Segunda Guerra Mundial, la participación en el frente de España se convertiría en un elemento de importante prestigio, recuerdo de aquellos que dieron la primera batalla al fascismo. En Polonia, el Batallón Dąbrowski sería condecorado y recordado en ceremonias públicas multitudinarias en aniversarios del comienzo de la Guerra de España, como en 1956 o 1966. En la República Democrática Alemana, la denominación de *Spanienkämpfer* (luchador de España) se volvería muy popular. Todos los ministros de la Seguridad del Estado de la RDA habían combatido en España. El primero de ellos, Wilhelm Zaisser, conocido como "general Gómez", fue uno de los principales líderes de las Brigadas Internacionales. En Yugoslavia, muchos de los combatientes de España serían miembros destacados del movimiento partisano durante la Segunda Guerra Mundial, y algunos asumirían altos cargos en la maquinaria diplomática en años posteriores, como en el caso de Koča Popović y Veljko Vlahović.

En condiciones de guerra, el pequeño Partido Comunista Español, fiel discípulo de Moscú, se convirtió en uno de los más importantes debido a su voluntarismo y esfuerzo denodado por plantear batalla. Aun así, Stalin nunca buscó aprovechar la coyuntura para establecer en España un régimen comunista; antes bien, parecía más interesado en purgar a los comunistas disidentes que en contribuir a ganar la guerra. En la primavera de 1937, los comisarios del heredero de la Cheká, el Comisariado del Pueblo para Asuntos Internos de la Unión Soviética (NKVD), lanzaron una violenta acción con ayuda del Partido Comunista de España, que acabó con la detención, ejecución y desaparición de decenas de comunistas disidentes, acusados de trotskistas. La Guerra de España imponía una lógica bélica que demandaba unidad ante el fascismo, lo que, en principio, iba en consonancia con la política de frentes populares impulsada por la Comintern en 1934. De manera convergente, desde 1936 en Moscú se comenzaba a pergeñar un proceso político distinto que acabaría por desencadenar una de las purgas más brutales del siglo XX, episodio que *a posteriori* se conocería como el "Gran Terror", que afectó y diezmó al comunismo de Europa central y oriental de una manera especialmente dramática.

El Gran Terror de 1936 no surgió de manera espontánea, sino que fue la continuación de un proceso de purga sistemática que se había iniciado en la Unión Soviética dos años antes. El 1° de diciembre de 1934 fue asesinado Serguéi Kírov, máxima autoridad del partido en Leningrado, en el edificio del soviet de la ciudad. Kírov se había alineado con Stalin en las batallas contra sus enemigos en los años veinte, y su muerte se convertiría en un crimen que expiar: el máximo líder soviético comenzaría a detener y ejecutar a sus detractores con la excusa de que ellos habían sido los responsables de la muerte de Kírov. En un primer momento, Stalin atribuyó la autoría intelectual a uno de sus oponentes, Grigori Zinóviev, que fue arrestado junto a Lev Kámenev y varios otros líderes bolcheviques.

Con el paso de los meses, se sucedieron juicios farsas que condenaron a todos ellos a muerte. Sin embargo, Stalin no se dio por satisfecho y poco después elaboró una teoría extravagante para atribuir a Trotsky, quien había sido desterrado del país siete años antes, una influencia decisiva en el complot que culminó en el asesinato de Kírov. Con Trotsky fuera de su alcance, de momento, todos los relacionados con aquel, de manera real o imaginaria, corrieron una suerte similar a la de Kámenev y Zinóviev. La sombra de la sospecha sobre el asesinato de Kírov se extendería en el tiempo. Si bien investigaciones de años posteriores sugieren que la muerte de Kírov fue orquestada por la NKVD bajo las órdenes de Stalin, el líder soviético persistió en su sostenida persecución de autores del asesinato. Una vez comenzada la segunda y más indiscriminada etapa del Gran Terror, los juicios farsas mezclaron el caso de Kírov, nuevas conspiraciones trotskistas y el faccionalismo de derechas, como en el sintomático caso de Nikolái Bujarin, el último de los revolucionarios de Octubre que fue ejecutado a instancias de Stalin en 1938. La escalada represiva combinaba ecuaciones de diverso carácter y procedencia, todas formuladas de manera vaga, pero a fin de cuentas efectiva, en los juicios sumarios, con amplio público popular y retransmitidos por radio, que culminaban en la confesión de los reos y una sentencia de ejecución por parte del jurado.

El Gran Terror tuvo varios centenares de miles de víctimas en apenas dos años. Aunque Stalin empleaba desde finales de los años veinte medios genuinamente represivos, lo acontecido entre 1936 y 1938 entrañó un salto cualitativo y cuantitativo que la historiografía ha intentado esclarecer durante décadas. Los estudios más clásicos señalaban la psicopatía del líder, unida a la radicalización del funcionamiento del aparato estatal y a un contexto continental marcado por las hostilidades bélicas que habían comenzado en España, combinación que habría contribuido a expresar las más crudas tendencias totalitarias del sistema soviético.[77] Esta explicación era demasiado simple, porque no reconocía adecuadamente la dureza del contexto, las amenazas más o menos reales para el Estado soviético y el miedo que estas provocaron en el aparato de poder del Kremlin. En la Guerra de España, en el otoño de 1936, cuatro columnas franquistas asediaban un Madrid controlado por republicanos; pero el general Emilio Mola, del bando franquista, señaló que había una "quinta columna", que desde dentro de la capital española contribuiría a minar la resistencia y corroer los cimientos del gobierno. Desde entonces la expresión "quinta columna" se hizo popular para aludir a los intentos de contrainsurgencia que provenían desde dentro de las organizaciones comunistas. Los soviéticos sentían un genuino pavor a que generales y *apparátchiki* destruyeran el Estado soviético desde dentro y este "gran miedo" estaría en la raíz de la profunda purga que se extendió hasta 1938.[78] Esta explicación alude a elementos contextuales muy ciertos, pero tal vez también insuficientes para comprender el Gran Terror en su conjunto. Lo cierto es que Stalin había comenzado la purga antes del comienzo de la Guerra de España, y tras esta utilizó el miedo a la quinta columna y a saboteadores de diverso tipo como excusa para lanzar su campaña de violencia. Según otros autores, el miedo operó menos que la voluntad de Stalin de domesticar a la población y, sobre todo, de realizar un recambio de élites, en buena medida generacional, aupando a una nueva cohorte de líderes más leales. En este sentido, el Gran Terror tuvo quizás una dimensión funcional y en sintonía con la voluntad de Stalin. Pero, una vez más, las explicaciones funcionales pierden de vista el componente "irracional" de la purga: Stalin no solo diezmó al Ejército Rojo, eliminando a algunos de sus cuadros más capaces, sino que en 1937 se lanzó desde Moscú una orden que demandaba cantidades mínimas de detenciones y ejecuciones a escala local, sin importar que la amenaza en los distintos distritos fuese real o figurada, algo que escapa a cualquier intento de raciocinio o cálculo político funcional.[79]

El Gran Terror se sintió también en Europa central y oriental, donde los comunistas trasegaban entre la cárcel, la clandestinidad y el exilio. La purga estalinista se extendió de diversas formas a los partidos comunistas de la región. Debido al auge del autoritarismo y fascismo en Europa, muchos comunistas buscaron el exilio en ciudades todavía a salvo, como París, a la vez que muchos otros tuvieron que refugiarse en Moscú, donde se mantenían lejos del peligro de sus países de origen, pero cerca del centro neurálgico de las grandes matanzas. En la capital soviética, repleta de comunistas exiliados con historiales de arrestos y de acción clandestina en su tierra natal, el miedo a haber sido denunciado por sus propios compañeros o a serlo en el futuro, combinado con el desarraigo y el temor a los extranjeros y los desconocidos, crearon un clima de paranoia y desconfianza mutua que retroalimentó la sospecha en todos los niveles y que condujo a la persecución masiva de los revolucionarios foráneos.

El impacto de las purgas sobre los comunistas del centro y del este de Europa fue colosal. La realidad no escatimó en paradojas. El Stalin del Gran Terror acabó con la vida de más miembros del Politburó del KPD que los que había asesinado el propio Hitler. El líder comunista alemán Walter Ulbricht, quien se convirtió en hombre de confianza de Stalin en Moscú, ejerció un papel singularmente siniestro: conminaba a comunistas europeos a acudir a la capital soviética con un propósito indeterminado, estos obedecían y, una vez afincados allí, se encontraban con el arresto, las torturas y en ocasiones un juicio farsa que difícilmente eludía la ejecución. En el centro de Moscú, el imponente Hotel Lux, que acogía a muchos refugiados comunistas europeos, se convirtió en escenario de detenciones masivas. Esa "jaula de oro del NKVD", como empezó a conocérselo, fue testigo de cómo el Gran Terror diezmaba los partidos comunistas europeos. La situación de terror era tan imprevisible que Guénrij Yagoda, el brazo ejecutor del Gran Terror en sus primeros compases, acabó siendo víctima del proceso que él mismo había orquestado: arrestado en marzo de 1937, fue ejecutado unos meses después.[80]

Si el KPD fue víctima preferencial de las purgas, la peor parte se la llevaron los polacos residentes en la URSS. Aunque Stalin ya había mostrado recelo contra ellos, incluida la propia cúpula del partido polaco, desde los años veinte, de nuevo el Gran Terror produjo un salto cualitativo. En agosto de 1937, Nikolái Yezhov, a cargo del NKVD, lanzó una orden de arresto masivo. Unos 100 000 polacos fueron ejecutados y, en una acción sin precedentes, la purga se extendió al Partido Comunista de Polonia, que la Comintern dio por liquidado después del desenlace fatal de casi todos los miembros de su Politburó, apresados y ejecutados en agosto de 1938. Por su parte, el secretario general del Partido Comunista de Yugoslavia (KPJ), Milan Gorkić, también fue convocado por Moscú en 1937 y eliminado en suelo soviético poco tiempo después de su llegada. Las purgas en el seno del partido yugoslavo continuaron durante varios años y se cobraron numerosas víctimas entre los altos mandos, incluso entre excombatientes de España, profundizando las luchas entre facciones, que terminarían en 1939 con el nombramiento de Josip Broz, ya apodado Tito, como nuevo secretario general del KPJ.

Con todo, el terror que se extendió sobre los comunistas del centro y del este de Europa no era solo obra de Stalin y de los altos mandos soviéticos.

La propia Comintern, compuesta por un cuerpo de miembros de diversos países y encargada de los emigrados políticos refugiados en la URSS, fue tanto un agente de la represión como una de sus víctimas. Si bien la organización se encargaba de orquestar las campañas internacionales de persecución de disidentes, ya en 1937 tanto Stalin como Yezhov la veían como un nido de trotskistas y agentes del imperialismo; durante esos años, muchos de sus miembros fueron acusados de traición y espionaje y luego asesinados por los servicios del NKVD. Las víctimas a menudo eran engranajes de una sofisticada maquinaria de persecución, que primero los impulsaba a ir contra sus compañeros y luego hacía volver el terror sobre ellos. Los comunistas de Polonia, Checoslovaquia y Yugoslavia habían aceptado como propia una cultura política en la que fácilmente el disenso y la crítica eran considerados sinónimos del faccionalismo y la traición, e incluso varios de ellos se sirvieron de la denuncia y la represión para saldar cuentas personales dentro de sus organizaciones. Si algunos actuaron por oportunismo, otros tantos estaban simplemente convencidos del peligro que acechaba a la Unión Soviética en un mundo marcado por la expansión del militarismo y del fascismo, y este temor contribuyó a reforzar un clima de denuncia que para muchos era la única forma de salvaguardar la patria del socialismo.[81]

A fines de 1938, Stalin dio por terminada la gran purga al apartar a Yezhov de la dirección del NKVD. Mientras tanto, el fascismo estaba ganando la Guerra de España y Hitler comenzaba a dar rienda suelta a sus planes expansionistas, que tendrían como primera conquista a Austria, anexada en marzo de 1938. Solo unos meses después, Hitler redoblaba la apuesta y reclamaba para sí los Sudetes, región poblada por unos tres millones de alemanes que pertenecía al Estado checoslovaco. Con Mussolini de su lado, en septiembre de 1938 Hitler se reunió en Múnich con los primeros ministros de Francia y Gran Bretaña, que cedieron ante las pretensiones del líder nazi y entregaron los Sudetes a cambio de que aquel renunciara a continuar su política de expansiones territoriales. Ninguno de los firmantes del conocido como Acuerdo de Múnich consideró incluir en la reunión al gobierno democrático de Checoslovaquia, que semanas después asistió impasible a la ocupación alemana de los Sudetes. En su regreso a Gran Bretaña, el primer ministro británico Neville Chamberlain exhibió el documento del "acuerdo" como un gran triunfo diplomático que garantizaría la paz de las siguientes generaciones de conciudadanos. Nada más lejos de la realidad: en marzo de 1939, Hitler ocupaba el resto de Checoslovaquia y comenzaba a prepararse para ejecutar su plan más ambicioso, que pasaba por avanzar hacia el Este y ocupar el extenso Estado polaco.

## LOS COMUNISTAS Y LA SEGUNDA GUERRA MUNDIAL

A finales de agosto de 1939 los ministros de Asuntos Exteriores del Tercer Reich y de la Unión Soviética, Joachim von Ribbentrop y Viacheslav Mólotov, firmaban un pacto de no agresión. El pacto incluía una cláusula secreta que planeaba el reparto de Polonia entre las dos potencias, que se concretó luego del ataque de los alemanes el 1° de septiembre y de la invasión de los soviéticos por el Este dos semanas más tarde. Tanto ese acuerdo entre nazis y soviéticos como el ataque sorpresivo a Polonia causaron un gran impacto en el mundo. Los comunistas europeos, por su parte, asistieron sorprendidos a un pacto improbable entre dos enemigos declarados. En especial en Alemania, donde los comunistas habían sufrido de primera mano la represión y el asesinato por parte del poder nazi, la noticia se recibió con estupefacción. Willi Münzenberg, comunista alemán en el exilio en Francia, escribió un sonado artículo de protesta en el que interpelaba al líder soviético: "¡Stalin, tú eres el traidor!".[82] Aun así, su voz discrepante fue más bien una excepción: la mayoría de los comunistas de Europa central y oriental sufrían una situación de debilidad que no les permitía formular críticas sobre la URSS; ni siquiera los polacos, cuyo Estado había sido invadido por los soviéticos, alzaron la voz de forma significativa. Los comunistas europeos realizaron un ejercicio de contorsionismo para justificar el paso estratégico de los soviéticos. Aunque altos cargos de la Comintern hubieran sabido de la intención de pactar con los nazis, el proceso se llevó en estricto secreto; ni siquiera su secretario general, Dimitrov, sabía de la cláusula secreta para la invasión de Polonia hasta que se ejecutó.

Algunos comunistas alemanes pensaron ingenuamente que el pacto con los nazis los devolvería a la normalidad dentro del Reich, y que incluso podrían celebrar reuniones y realizar una labor política como partido. Pronto se dieron cuenta de que estaban en un error: Stalin ni siquiera contestó a las cartas enviadas por Ernst Thälmann, el líder comunista alemán que se encontraba en prisión desde 1933. El dirigente soviético era consciente de que velar por el KPD era una maniobra poco estratégica e incluso accedió a la petición de Hitler de extraditar a Alemania a decenas de comunistas y judíos que se encontraban en cárceles soviéticas cumpliendo penas tras las grandes purgas. La comunista alemana Margarete Buber-Neumann, prisionera en la Unión Soviética, vio azorada cómo un comando del NKVD la sacó de su celda sin previo aviso, pero no para devolverle la libertad, sino para entregarla a la Gestapo, episodio que relató con costernación en sus memorias. A cambio de entregar a comunistas alemanes a Hitler, Stalin presionó a Alemania para que intercediera con Hungría, país aliado de los nazis, a favor del líder comunista Mátyás Rákosi, que llevaba más de una década en prisión. Rákosi fue liberado y marchó a Moscú, donde permanecería durante el resto de la guerra. En aquellos meses llegaron a la capital soviética los últimos exiliados comunistas de Europa central y oriental que buscaban escapar del avance de Hitler. En torno a Stalin se formó entonces una camarilla de comunistas leales como Walter Ulbricht (Alemania), Rákosi (Hungría), Bolesław Bierut (Polonia) o Klement Gottwald (Checoslovaquia), los únicos en quienes el líder soviético confiaría años más tarde, una vez que la guerra hubiera acabado y el socialismo buscara instalarse en Europa del Este.

Mientras tanto, la ocupación del este de Polonia era brutal y revelaba algunas de las tendencias más inhumanas del régimen soviético. La región ocupada tenía unos 200 000 km$^2$, era más rural y menos desarrollada que el promedio del país, y contaba con una población de unos 13 000 000 de habitantes, étnicamente mixta, compuesta principalmente por polacos y ucranianos y en menor medida por judíos, bielorrusos y campesinos de identidad nacional mayormente indefinida. Los años anteriores habían dejado marcas profundas en la memoria de las minorías, sometidas a diversas formas de asimilación forzosa y de discriminación por parte del Estado polaco. En este contexto, la entrada del Ejército Rojo tras la invasión alemana, una operación que Moscú justificó públicamente como destinada a proteger a la población local frente a la invasión nazi, fue en muchos casos bienvenida por judíos, ucranianos y bielorrusos como una revancha por las presiones asimilacionistas polacas. Sobre todo, algunos percibieron la llegada de los soviéticos como una garantía de seguridad ante la amenaza alemana: donde estuvieran ellos, se decía, no estarían los nazis. Incluso algunos polacos resignados la aceptaron como una alternativa a fin de cuentas preferible a la anarquía que se estaba desatando tras la ofensiva alemana en el Oeste.

No obstante, los soviéticos establecieron allí un régimen de terror. El sistema estaba basado en gran medida en el libreto que el estalinismo había escrito años antes para la Unión Soviética. La ocupación puso en marcha requisiciones, la redistribución forzosa de la tierra, elecciones fraudulentas y un vasto aparato de represión política. En el bosque de Katyn y sus alrededores, en la primavera de 1940, 20 000 oficiales polacos fueron ejecutados y enterrados en fosas comunes. Stalin intentó atribuir a los nazis el asesinato en masa, pero pronto se supo que tenía indudable autoría soviética, y eso dificultó el entendimiento de Moscú con el gobierno polaco en el exilio. Además de la acción coordinada contra la élite del ejército polaco, en la dimensión social, las autoridades soviéticas no dudaron en alentar distintas formas de venganza entre grupos antagónicos, autorizando, o al menos tolerando, asesinatos y actos de violencia de unos contra otros. Así, en la Polonia ocupada por la URSS se instaló un régimen de caos, falta de transparencia, incompetencia administrativa, corrupción y arbitrariedad en el que las fuerzas del orden ejercían un control omnímodo. Con cierta similitud respecto de lo ocurrido en la Unión Soviética en años anteriores, los ocupantes establecieron un sistema que sembraba cizaña e incentivaba a los ciudadanos mismos a asumir un rol activo en la destrucción de su propia comunidad sobre la base de la delación, la arbitrariedad, el nepotismo, la violencia y el ajuste de cuentas. Esta forma perversa de ejercer el poder, que implicaba una privatización de la vida pública y de la violencia, contribuía a la atomización social y aseguraba la fuerza del poder soviético sobre la comunidad ocupada.[83]

A partir de septiembre de 1939, Polonia quedó completamente destruida como consecuencia de un pacto, el germano-soviético, que ha tenido diferentes lecturas desde la historiografía. Por un lado, persisten las voces que consideran que el acuerdo fue un "pacto diabólico" entre dos totalitarismos, dos caras de una misma moneda que se aliaron para despedazar Europa central y oriental.[84] Este enfoque es problemático, no solamente porque resulta de una equiparación moral un tanto simplista de comunismo y nazismo propia de los años posteriores de la Guerra Fría, sino también y aún más importante, porque no conceptualiza de manera adecuada lo que sucedió entre dos formas de poder que en muchos sentidos se percibían mutuamente como antitéticas. La dirigencia soviética veía a los nazis no como aliados sino como socios temporarios, creyendo que Europa era víctima de una nueva guerra entre imperialistas y que la patria del socialismo debía velar primeramente por sus propios intereses. A la vez, aunque en los hechos la ocupación de los soviéticos en territorios como el este de Polonia fue un régimen de terror que dejó cientos de miles de muertos, presos y desplazados, el poder ocupante nunca estableció un sistema de exterminio sistemático como el que las autoridades alemanas implementaron en la región, en especial contra los judíos.

Por otra parte, las interpretaciones apologéticas presentan el pacto como una hábil maniobra de Stalin, que supuestamente habría intentado ganar tiempo en busca de prepararse con garantías para una guerra contra los nazis que sabía que se avecinaba. Así, se ha afirmado que los veintidós meses que la Unión Soviética ganó tras el pacto de no agresión fueron en realidad cruciales para poder hacer frente a la embestida de la Wehrmacht, las fuerzas armadas del III Reich.[85] Aunque en esto hay una parte de verdad, también acarrea serios problemas interpretativos. El primero de ellos es que Stalin creía en una confrontación con los nazis a medio plazo, pero jamás creyó que se produciría tan pronto, ni realizó los preparativos necesarios para afrontar semejante desafío. Las razones inmediatas del acuerdo con los nazis provenían menos de la preparación calculada de los soviéticos que de sus ambiciones territoriales y de ofensiva a corto plazo, surgidas de la convicción de que Polonia era una aberración inventada por los occidentales en Versalles y que las viejas provincias imperiales rusas perdidas luego de la Revolución debían volver a manos de Moscú. El segundo inconveniente es que, como han señalado historiadores como Evan Mawdsley, las acciones de Moscú en este período tuvieron muchas repercusiones negativas sobre la capacidad de defensa del régimen de Stalin, entre otras cosas porque la política de ocupación soviética en los países vecinos contribuyó a profundizar el resentimiento de las poblaciones locales contra el poder soviético en tiempos de guerra e incluso a asegurar que países como Rumania y Finlandia se aliaran con el Reich.[86]

Sea como fuere, es un hecho que las fuerzas soviéticas del Ejército Rojo de Obreros y Campesinos no estaban en condiciones de enfrentar la ofensiva sorpresa que la Wehrmacht lanzó en 1941 con el nombre de "Operación Barbarroja". Las tropas alemanas apostadas en dicho teatro de guerra se contaban entre los tres y los cuatro millones de hombres, tenían una fuerte motivación ideológica y un ardor nacionalista especialmente destacado, así como una elevada moral resultante de sus dos años de éxitos militares en el continente; además, su capacidad operacional y organizativa era excepcional. El Ejército Rojo, a pesar de estar notablemente bien equipado y disponer de un amplio volumen de tropas, exhibía numerosas vulnerabilidades. La reciente expansión de sus filas había permitido engrosar los números, pero muchos de los combatientes carecían de formación y experiencia. A la vez, venían reclutados de una población étnicamente diversa, de menor cohesión nacional que la alemana, en muchos casos adepta al ideario socialista, pero también golpeada por las políticas del régimen de Stalin. Los altos mandos del ejército soviético, por su parte, habían resultado debilitados a diversos niveles por las purgas de los tardíos años treinta. Quizás el ejemplo más representativo de cómo el Ejército Rojo perdió a algunos de sus mejores efectivos sea el del mariscal Mijaíl Tujachevski. Figura fundamental al comienzo de la Revolución y héroe de la Guerra Civil Rusa, Tujachevski era uno de los generales con mayor visión militar de toda la URSS. En 1937, sin embargo, víctima del Gran Terror, fue ejecutado bajo la acusación de buscar establecer una dictadura militar en la URSS. Otros casos similares tuvieron lugar durante la Gran Purga, algo que mermó la capacidad operativa del Ejército Rojo. Ya en 1941, la doctrina militar de los soviéticos, principalmente ofensiva, los había conducido a prepararse para un enfrentamiento con los nazis, pero sus servicios de inteligencia y capacidad de preparación para la defensa eran deficitarios, y aún más como resultado del avance de las fronteras hacia el Oeste tras la ocupación de Polonia, los países bálticos y Besarabia.

Todos estos hechos desmienten la genialidad de Stalin y explican cómo la Operación Barbarroja penetró de forma tan rápida en territorio de la URSS y asestó un golpe durísimo al Ejército Rojo, comenzando con la rápida destrucción de gran parte de la flota aérea soviética y una derrota catastrófica en Bielorrusia. Los éxitos iniciales de la Wehrmacht contribuyeron a reforzar la idea, prevalente entre los jerarcas nazis, de que era posible, preferible, e incluso necesario, derrotar a los soviéticos en una guerra rápida y corta. Sin embargo, a pesar de sus deficiencias, la dirigencia soviética reaccionó con agilidad. Pocos días después del inicio de la ofensiva y con el Ejército Rojo en dramático repliegue, Stalin reemplazó a Semión Timoshenko y se colocó él mismo como director del Cuartel General de las Fuerzas Armadas, asumiendo luego también el puesto de Comisario del Pueblo de Defensa. El 3 de julio, el líder soviético se dirigió a los ciudadanos y les solicitó colaboración de cara a la incipiente "guerra patriótica" que habría de responder al ataque nazi que amenazaba la mera existencia del pueblo soviético. Además, Stalin decretó medidas para ampliar la movilización y ajustar la disciplina entre las filas del ejército, así como cambios estratégicos con el objetivo de dar mayor flexibilidad y rapidez a las fuerzas soviéticas.

El rumbo de la guerra cambió en agosto, cuando los soviéticos consiguieron retrasar a los alemanes durante dos meses en la batalla de Smolensk, pagando un altísimo costo humano, pero ganando un tiempo precioso para rearmarse con el objetivo de defender Moscú. Fue en este momento cuando, contra las recomendaciones de muchos de sus consejeros, Hitler tomó la fatídica decisión de cambiar de estrategia y embarcarse en una larga guerra de desgaste contra la URSS, lo que exigía concentrarse menos en Moscú y más en los núcleos estratégicos del aparato militar y económico soviético: la industria en Leningrado, la producción de alimentos en Ucrania y las fuentes de energía en el Cáucaso. Esa decisión pronto se revelaría catastrófica y condicionaría el resto de la guerra. Aunque el Ejército Rojo había perdido más de 2 000 000 de soldados entre prisioneros y muertos, la maquinaria soviética seguía viva y conseguiría ponerse de pie en pocos meses.

Entretanto, la guerra había llegado también al sudeste de Europa. A fines de los años treinta, Rumania había continuado su largo descenso al fascismo, con el establecimiento de un Estado Nacional Legionario en 1940 bajo el liderazgo del mariscal nacionalista Ion Antonescu, en asociación con la Guardia de Hierro y en alianza con la Alemania nazi. En Yugoslavia, en un contexto de inestabilidad regional creciente, los distintos dirigentes políticos se esforzaban por encontrar una solución para sus persistentes conflictos internos. En agosto de 1939, el primer ministro serbio Dragiša Cvetković y Vladko Maček, líder del Partido Campesino Croata y sucesor de Stjepan Radić, acordaron una forma de federalización del país con la creación de la Banovina de Croacia, un territorio autónomo con capital en Zagreb que abarcaba los territorios croatas y gran parte de Bosnia y Herzegovina. El acuerdo parecía resolver por fin la cuestión croata, principal fuente de tensiones en Yugoslavia desde hacía una década. No obstante, el país en su conjunto se vio crecientemente desestabilizado cuando las fuerzas del Eje comenzaron a tocar a sus puertas. En octubre de 1940, la Italia de Mussolini invadió Grecia. Poco después Hungría, Rumania y Bulgaria mostraron a las claras su adhesión al pacto del Eje con Alemania, Japón e Italia. El príncipe regente de Yugoslavia, Pavle, a cargo del trono desde la muerte de Aleksandar en 1934 y proclive a los alemanes, decidió adherirse al pacto en marzo de 1941, pero un golpe de Estado lo apartó del poder y se rehusó a ratificar la alianza. La independencia de Yugoslavia no duraría demasiado: en abril, las fuerzas del Eje se volcaron contra el país balcánico, superando a las defensas locales en pocos días. La invasión de Yugoslavia se tradujo en la ocupación y la división del país entre Hungría, Bulgaria, Albania, Italia y Alemania, así como la instalación de un Estado Independiente de Croacia (NDH) al mando de los *ustaše* en las regiones de Croacia-Eslavonia y de Bosnia y Herzegovina. Bajo el liderazgo personalista de Ante Pavelić, el NDH puso en marcha un aparato de represión contra la oposición política, así como un programa de purificación étnica dirigido contra la población judía, serbia y romaní con ejecuciones, operaciones de limpieza étnica y campos de concentración. El nuevo Estado croata estaba lejos de encarnar la suma de la soberanía nacional croata tal como pregonaba: el régimen de Pavelić era apenas un cuasiprotectorado instalado desde afuera por italianos y alemanes, y era completamente dependiente de Roma y de Berlín en materia de política exterior. Pavelić incluso aceptaría ceder franjas considerables de Dalmacia y la Bahía de Kotor a la Italia de Mussolini, un gesto especialmente humillante para el nacionalismo croata, que siempre había estado enfrentado con el expansionismo italiano. Hacia dentro del país, aunque algunos ultranacionalistas expresaran su apoyo al régimen y la propaganda oficial consiguiera persuadir a parte de la población, el NDH nunca gozó de apoyo masivo y su popularidad decaería a lo largo de la guerra como resultado del despotismo de los *ustaše* y de su incompetencia.[87]

En un contexto de hegemonía casi total de las fuerzas del Eje en Europa central y oriental, marcado por la ocupación en países como Polonia y Checoslovaquia, la guerra en la Unión Soviética y distintas variantes de ocupación, colaboración y sumisión en países como Yugoslavia, Eslovaquia, Hungría y Rumania, los movimientos de resistencia adoptaron distintas formas a lo largo del tiempo y del espacio. En ocasiones, la frontera entre resistencia y colaboración podía ser difícil de distinguir: ciertas agrupaciones nacionalistas, aunque tendieran a rechazar la presencia de los nazis, atribuían en los hechos mayor prioridad al combate contra el comunismo o ciertos grupos étnicos que a la resistencia contra el ocupante. Fue el caso de los chetniks (*četnici*), nucleamiento conducido por Dragoljub "Draža" Mihajlović que asumió la bandera de la defensa de Yugoslavia con un programa promonárquico y que durante los primeros años de la guerra consiguió el apoyo de Londres, incluso a pesar de su considerable incompetencia en el plano militar, de sus políticas abiertamente proserbias y de su asidua colaboración con las fuerzas ocupantes, dirigidas entre otras cosas a debilitar a la resistencia partisana liderada por el Partido Comunista de Yugoslavia bajo mando de Josip Broz Tito. Muchas agrupaciones nacionalistas resistían frecuentemente en simultáneo contra las fuerzas nazis y contra la Unión Soviética, pero en muchos casos sus motivaciones provenían no de un patriotismo de tipo civil, sino de ideologías racistas y de extrema derecha. Así sucedió con la UPA, el Ejército Insurgente Ucraniano liderado por Stepan Bandera, que en los años de la guerra operó en un territorio, el ucraniano, de composición multiétnica y que cambió de manos en varias ocasiones. Aunque la UPA se enfrentara formalmente a nazis y soviéticos, su acción también dio como resultado la matanza indiscriminada de millares de judíos y polacos asesinados en nombre de la búsqueda de una unidad homogénea y sin agentes foráneos para la nación ucraniana.

En esta situación, los comunistas protagonizaron algunos de los episodios más heroicos de la contienda, desplegando multitud de estrategias de hostigamiento y ataque a las tropas de la Wehrmacht que ocupaban Europa central y oriental. Si bien durante los primeros meses de la guerra sus acciones estuvieron limitadas por la alianza entre Moscú y Berlín y por las directivas soviéticas que no instaban abiertamente a atacar a los ejércitos de Hitler, desde el inicio de la guerra numerosos grupúsculos de comunistas empezaron a actuar contra los nazis, apenas estos pusieron pie sobre sus respectivos países. Con todo, queda fuera de duda que el comienzo de las hostilidades entre Alemania y la Unión Soviética en junio de 1941 hizo que la resistencia comunista asumiera una mayor determinación y se convirtiera a partir de entonces en uno de los pilares de la lucha contra el ocupante en Europa central y oriental. El movimiento cobró un impulso especialmente robusto a fines de 1941, cuando las fuerzas soviéticas al mando del implacable general Gueorgui Konstantínovich Zhúkov lograron frenar el avance alemán en Moscú, torciendo el rumbo de la guerra en el frente oriental. La decisión de Stalin de quedarse en la capital, así como la celebración del aniversario de la Revolución en noviembre, habían dado un vigoroso impulso moral a los soviéticos. Sin embargo, la razón principal de la debacle alemana residía en su subestimación de la fuerza del Ejército Rojo, que había conseguido rearmarse con la formación vertiginosa de decenas de nuevas divisiones y que podía hacer frente en condiciones superiores al severo invierno que cayó sobre la región algunas semanas antes de lo previsto. A principios de diciembre de 1941, las fuerzas soviéticas lanzaban una contraofensiva que obligaba a los nazis a retroceder, cambiando radicalmente la perspectiva de la guerra para el ejército alemán e insuflando un renovado triunfalismo en el corazón de los soviéticos. La confrontación cobró un nuevo giro favorable al Ejército Rojo a partir de finales de 1942, cuando la ofensiva alemana conocida como "Operación Azul", dirigida contra los centros de producción industrial y energética del Cáucaso, fue resistida por el Ejército Rojo y seguida de una exitosa contraofensiva en Stalingrado, donde los nazis perdieron más de 200 000 soldados, catástrofe militar sin precedentes. La batalla de Stalingrado, en las orillas del Volga, se convertiría no solo un símbolo de la resistencia y el patriotismo soviéticos, sino también en una prueba del acelerado progreso material, técnico y estratégico del Ejército Rojo durante la guerra.

En muchos casos, los comunistas no fueron los únicos, ni los principales, actores de la resistencia al invasor. Los partisanos no siempre se envolvieron en una bandera roja, sino que en ocasiones representaban otro tipo de ideologías, incluso de tipo nacionalista y conservador. Así ocurrió, por ejemplo, con Polonia, donde el gobierno exiliado en Londres fue capaz de formar una organización, la Armja Krajowa, que al final de la guerra contaba con cerca de 500 000 efectivos. En Polonia, los comunistas contaban con una operatividad mucho menor, se negaron a unirse a la resistencia del gobierno polaco de Londres, y solo se organizaron una vez que los nazis invadieron la Unión Soviética en junio de 1941 y el pacto de no agresión quedó efectivamente roto. En Checoslovaquia, ocupada por los nazis meses antes del pacto germano-soviético, los comunistas habían llamado a resistir al invasor, y su líder Klement Gottwald instaba en octubre de 1938 a no aceptar el pacto de Múnich y luchar aun en inferioridad de condiciones, "como los etíopes contra los italianos". Sin embargo, esa incitación cayó en saco roto, y solo en ocasión de la invasión alemana de la Unión Soviética los contactos entre la resistencia comunista en el interior y Moscú dieron su fruto con un contingente militar liderado por el coronel procomunista Ludvík Svoboda. La resistencia comunista checoslovaca se movilizó en el este del país, entrando en zona ucraniana y finalmente integrándose en una unidad más amplia encuadrada en el ejército soviético.[88] No obstante, en el caso checoslovaco el mayor golpe simbólico lo asestó la resistencia no comunista organizada por el gobierno de Edvard Beneš exiliado en Londres. En junio de 1942, dos enviados de Beneš tendieron una emboscada a Reinhard Heydrich, director de la Oficina de Seguridad del Reich, protector de Bohemia y Moravia y autor intelectual de la "Solución Final del Problema Judío", que solo unos meses antes había lanzado el exterminio masivo de los judíos europeos. Heydrich murió unos días más tarde a causa de las graves heridas que le había causado el atentado. Los nazis desencadenaron una salvaje represión en Checoslovaquia, pero el asesinato de uno de los jerarcas intocables del régimen mostró que la resistencia, comunista o no, estaba viva y comenzaba a amenazar el dominio europeo de Hitler.

Yugoslavia ofrecía un caso particular en el que el rol de los comunistas en la resistencia era de una primacía incontestable. Tras la ocupación del país, el KPJ trasladó sus cuarteles de Zagreb a Belgrado, escapando de la vigilancia de los ustaše hacia el protectorado alemán presente en Serbia. Desde allí, comenzaron a organizar a los militantes comunistas y simpatizantes en bandas de partisanos que se refugiaban en los bosques y en la montaña para atacar al enemigo. Los comunistas yugoslavos tenían ciertas ventajas frente a sus competidores: además de contar con numerosos militares experimentados y entrenados en el frente de batalla durante la Guerra de España, el KPJ era la única fuerza del país que, ante la ocupación extranjera, se ofrecía como una plataforma de resistencia de carácter multiétnico, y así fue capaz de agrupar a serbios, croatas o bosnios en la lucha contra el enemigo común fascista. El movimiento estaba además conectado con otras fuerzas antifascistas en los Balcanes: los yugoslavos eran los fundadores de la resistencia comunista en Albania, a la vez que mantenían lazos con el Frente de Liberación Nacional que luchaba contra la ocupación en Grecia, dirigido por el Partido Comunista Griego.[89]

Tanto en Yugoslavia como en otras geografías del centro y del este de Europa, los comunistas procuraban preservar un delicado equilibrio entre nacionalismo y socialismo para ganar el apoyo de las masas. Aspiraban a encabezar la dirección militar y política de la resistencia manteniendo una orientación democrática, radical y patriótica, pero en alianza con sectores más moderados y sin forzar una agenda revolucionaria que pudiera despertar rechazos entre la población y justificar acusaciones de quintacolumnismo soviético. Por caso, en 1942 los comunistas búlgaros creaban un Frente Patriótico con otras fuerzas opuestas al gobierno colaboracionista, mientras que en Polonia el líder comunista Władysław Gomułka fundaba el Consejo Nacional Patriótico con comunistas, socialistas y campesinos radicales a fines de 1943. Los yugoslavos harían lo propio y tendrían un éxito especialmente notable, al nuclear a diferentes sectores de campesinos, trabajadores, intelectuales y jóvenes bajo la bandera de la guerra popular contra el ocupante. En noviembre de 1942, en la localidad bosnia de Bihać, establecieron el Consejo Antifascista de Liberación Nacional de Yugoslavia (Avnoj), órgano compuesto por delegados de todo el país y de diferentes afiliaciones políticas que se asumía como cuerpo representativo del movimiento de liberación, bajo el eslogan "Muerte al fascismo, libertad al pueblo". En 1943, los partisanos yugoslavos se convirtieron en líderes indiscutidos de la resistencia al infligir una serie de derrotas estratégicas a los ocupantes y obtener por fin el apoyo de los Aliados, al tiempo que Italia se retiraba de la guerra. A fines de ese año, el Avnoj celebraba un segundo encuentro en la localidad bosnia de Jajce que establecía con mayor radicalidad el proyecto de los partisanos: allí, los delegados firmaban una declaración que expresaba la intención de refundar Yugoslavia como una federación socialista multinacional. Desde las entrañas de la ocupación y la guerra se formaba el tejido político, social y militar de un país nuevo cuya arquitectura era en gran medida obra de los comunistas.

Hacia el final de la guerra, la cooperación entre la resistencia comunista y no comunista se complicó en algunos lugares del continente. La victoria parecía alcanzable y los actores en pugna buscaban decidir qué posición era preferible de cara al nuevo orden mundial que surgiría una vez derrotado el nazismo. El escenario que mejor reflejó esta situación fue quizás el levantamiento de Varsovia de 1944. El gobierno en el exilio y la Armja Krajowa, que había aumentado su radio de acción, intentaron asestar un duro golpe a la Wehrmacht, que ocupaba la capital polaca. A su vez, el Ejército Rojo había desplegado una ofensiva hacia el Oeste que en los primeros meses de 1944 adquirió una velocidad de crucero, plantándose en territorios polacos poco antes del verano. Las relaciones entre Polonia y la Unión Soviética habían pasado por altibajos, sobre todo una vez que los polacos se enteraron de que la matanza del bosque de Katyn en 1940 no había sido realizada por los nazis, sino por los soviéticos. Pese a todo, en 1944, con la unión de fuerzas en contra de los alemanes, la Armja Krajowa esperaba que los soviéticos continuaran su avance hacia el Oeste y auxiliaran al levantamiento que estaban a punto de comenzar, para así acabar con el dominio nazi en Polonia.

El 1° de agosto las tropas de la resistencia polaca tomaron las calles de Varsovia y encontraron a la Wehrmacht desprevenida. La resistencia comunista, la Armja Ludowa, participó en el levantamiento, aunque apenas pudo sumar un millar de efectivos. Los resistentes controlaron los barrios más importantes de la ciudad mientras veían cómo los soviéticos llegaban a la orilla oriental del río Vístula, donde sus tanques y soldados se apostaron. El contragolpe de la Wehrmacht, con mucha mayor capacidad bélica, comenzó a diezmar a la Armja Krajowa. El Ejército Rojo, sin embargo, no tomaba posiciones, sino que antes bien esperaba pacientemente a que los polacos y los alemanes se desgastaran en una lucha sin cuartel. Solo una parte de los soviéticos, la división polaca liderada por el general Zygmunt Berling, avanzó posiciones en ayuda de la Armja Krajowa, pero en un ataque mal coordinado y que probablemente

Berling lanzó sin consultar al alto mando soviético. Para el mes de octubre, la Wehrmacht había recuperado el control de Varsovia y acabado con la resistencia de la Armja Krajowa. Una vez concluido el combate, el Ejército Rojo cruzó el Vístula y, sin demasiadas complicaciones, derrotó a una Wehrmacht menguada tras más de dos meses de lucha. Stalin se hizo con Polonia a comienzos de 1945. La Armja Krajowa buscaría contrarrestar el dominio soviético y hasta finales de los años cuarenta continuaría planteando resistencia armada, pero el desgaste de los años de guerra, coronado por el fiasco del levantamiento de Varsovia, la situó, y situó al gobierno en el exilio, en una posición muy débil de cara al horizonte posbélico que comenzaba a dibujarse.

\* \* \*

Tras más de una década de represión, faccionalismo y sucesivos golpes de timón que en más de una ocasión desembocaron en el desgaste y el aislamiento político, los comunistas encontraron en la Segunda Guerra Mundial un terreno en el cual poder revertir la situación de años anteriores. La disciplina organizativa de sus partidos y la convicción de sus cuadros, sumadas a una astuta política de frentes populares que aunaba nacionalismo y marxismo, así como el apoyo militar decisivo proveniente de la Unión Soviética, daban vuelta el equilibro político de Europa central y oriental en su favor.

El 9 mayo de 1945, Gueorgui Dimitrov escribía de nuevo en su diario: "¡Día de la victoria! ¡La guerra en Europa ha terminado!".[90] Entonces Dimitrov esperaba recibir al polaco Władysław Gomułka. Desde hacía varios meses, llegaban a Moscú los líderes partisanos de toda Europa para reunirse con Stalin y con los principales dirigentes soviéticos. En la nueva Europa, Moscú y el comunismo cumplirían un papel central, ocupando la mitad del continente. La violencia de la guerra era la partera de un mundo nuevo; un mundo imposible de imaginar apenas unos años antes, cuando la llama del comunismo ardía únicamente en Moscú y los comunistas del centro y el este de Europa pasaban sus días, sus meses y sus años luchando por respirar bajo el peso de la represión y la proscripción.

**1942**

ISLANDIA

FINLANDIA

NORUEGA

SUECIA

URSS

IRLANDA

DINAMARCA

Ostland
(Comisariado
del Reich)

REINO
UNIDO

PAÍSES
BAJOS

Océano Atlántico

BÉLGICA

Protectorado de
Bohemia-Moravia

Gobernación
General
de Polonia

Ucrania
(Comisariado
del Reich)

ALEMANIA

PRIMERA
REPÚBLICA ESLOVACA

FRANCIA

SUIZA

HUNGRÍA

RUMANIA

Mar Negro

ESTADO
INDEPENDIENTE DE
CROACIA
(NDH)

Serbia
(Protectorado)

PORTUGAL

ESPAÑA

ITALIA

MONTENEGRO

BULGARIA

Albania
(IT.)

TURQUÍA

GRECIA

Marruecos (FR.)

Túnez
(FR.)

Malta
(R. UNIDO)

Dodecaneso
(IT.)

Chipre
(R. UNIDO)

Siria-El Líbano
(FRANCIA)

Argelia (FR.)

Mar Mediterráneo

Palestina-Transjordania
(R. UNIDO)

Territorios ocupados por el Reich

EGIPTO

Libia (IT.)

Europa al promediar la Segunda Guerra Mundial

# 4. El nacimiento de Europa del Este
## Las vías de la sovietización de Berlín a Bucarest (1945-1953)

A mediados de 1944, el contragolpe de la Unión Soviética se aceleraba y el Ejército Rojo descendía sobre Europa del Este, limpiando a su paso los territorios de la presencia de la Wehrmacht. En Yugoslavia, los partisanos liderados por el Partido Comunista de Josip Broz Tito hacían la guerra por su cuenta y ya estaban cerca de vencer a los ocupantes alemanes en un combate sin cuartel. En junio, el líder comunista montenegrino Milovan Đilas aterrizaba en Moscú enviado por Tito para delinear con los soviéticos el escenario posbélico que parecía aproximarse. Tras ser recibido por Mólotov, Đilas anduvo a sus anchas por el Kremlin, conversando amistosamente de la mano del camarada Stalin. En el pasillo que los conducía a la gran sala que acogería una cena protocolar en honor a la visita de Đilas, el líder soviético se detuvo y apuntó con su dedo índice a un mapa que colgaba de una de las paredes. Era un mapa de Europa en el que la Unión Soviética estaba coloreada de un rojo íntenso y contrastaba con los territorios occidentales. "Ellos", exclamó Stalin refiriéndose a los Aliados, "nunca van a aceptar que un espacio tan vasto sea rojo. ¡Nunca, nunca!". Đilas se dio cuenta de que el territorio rojo que señalaba Stalin no correspondía a las fronteras de la Unión Soviética, sino a un espacio considerablemente mayor del que la cuna del socialismo había tenido antes de 1939. La Segunda Guerra Mundial había cambiado por completo el terreno de juego y las ambiciones de un Stalin victorioso habían crecido exponencialmente.[91]

Como ilustra este episodio, la historia de la posguerra es en cierta medida la historia de la ambición de Stalin por teñir de rojo los territorios de Europa central y oriental. Sin embargo, es también una historia más complicada, signada por la acción de actores diversos e intereses contrapuestos, no solo entre el Este y Oeste, sino hacia dentro de los campos que eventualmente las narrativas dominantes reducirían a dos "bloques". En los hechos, a pesar del poder incontestable y la primacía de Moscú, Stalin no tenía un plan maestro preconcebido al milímetro, ni tenía tampoco un margen de maniobra ilimitado; sus vagas ideas sobre qué hacer fueron cambiando en función del escenario internacional y fueron sesgadas de modo muy distinto en cada país de Europa central y oriental, donde los actores locales no jugaron un rol pasivo y menor, sino uno activo y determinante. Stalin tampoco pudo imponer su voluntad en todos los casos, según demostraría la Yugoslavia de Đilas, tal como veremos. La idea de bloque puede resultar engañosa, ya que esconde múltiples singularidades que intentaremos reponer en las páginas siguientes. Aun así, el orden de posguerra condujo a que –bajo presión e inspiración de Moscú y en un contexto de polarizacion ideológica mundial– la región avanzara hacia una integracion política y económica que la convertía en una unidad notablemente más compacta que en años anteriores. Como consecuencia del avance de la Guerra Fría, Europa central y oriental se transformaba en Europa del Este.

Este capítulo se ocupa del período que se extendió en Europa entre 1945 y 1953, cuando el mundo fue testigo del fin de la Segunda Guerra Mundial, la creciente división del continente y el inicio de un conflicto global encabezado por los Estados Unidos y la Unión Soviética. Dichos años fueron además los de la formación de una coalición de países comunistas en Europa del Este bajo el liderazgo de Moscú y, poco tiempo más tarde, de la aparición de las primeras fisuras en esta alianza.

Como veremos, el final de la Segunda Guerra Mundial no anunciaba estos procesos, lo que nos obliga a examinarlos con una sana dosis de cautela. La configuración de un conflicto global protagonizado por los Estados Unidos y la Unión Soviética, que el mundo identificaría rápidamente con la designación "Guerra Fría", originalmente acuñada por el escritor británico George Orwell en 1945 y más tarde popularizada por el periodista estadounidense Walter Lippmann, no fue una consecuencia inexorable del final de la guerra. Fue más bien el resultado contingente de un contexto de transformaciones aceleradas, con reacomodamientos mundiales, cálculos políticos cruzados e interpretaciones en pugna por parte de los distintos protagonistas. Algo similar vale para el análisis del "bloque" socialista que se constituyó en los territorios de Europa central y oriental: si su formación era producto de directrices generales que emanaban de Moscú, su puesta en marcha distó de ser mecánica y adquirió rasgos singulares en cada uno de los países de la región, con diversos grados de decisión e intervención por parte de los actores locales. Las condiciones históricas específicas de cada país dictaron no solo distintas "vías de sovietización", sino también distintos equilibrios políticos internos y distintas relaciones con la Unión Soviética, con consecuencias de peso para los años posteriores.

## LAS CONSECUENCIAS DE LA GUERRA

El 7 de mayo de 1945, los Aliados aceptaron la rendición incondicional de la Alemania nazi, que luego de casi seis años marcaba el final de la Segunda Guerra Mundial en el continente. Para ese momento, Europa había atravesado una serie de transformaciones que la convertían en un lugar muy distinto del que había sido hasta 1939: daños materiales inestimables, una reconfiguración radical del equilibrio geopolítico, la redefinición de numerosas fronteras, la pérdida de millones de vidas civiles y militares, movimientos masivos de población en distintos rincones y fuertes transformaciones ideológicas. Todo ello dibujaba un proceso histórico cuya dirección era incierta y cuyas consecuencias de largo plazo eran aún difíciles de identificar.

Las secuelas materiales fueron monstruosas. Algunas capitales como París, Roma o Praga no habían sufrido daños mayores; en otros lugares, la campaña de bombardeo de los Aliados en los dos últimos años de guerra había arrasado ciudades en el norte de Francia y Hamburgo y Dresde en Alemania. En el Este, el avance firme del Ejército Rojo y la guerra sin cuartel con los ejércitos nazis habían dejado un rastro de destrucción masiva en grandes ciudades como Kiev, Varsovia, Minsk y Berlín, la propia capital del Reich. Los planes de Hitler dictaron hasta el último momento una política de defensa de algunas ciudades, *Festung*, que implicaba una resistencia hasta el último hombre, algo que dificultó el avance del Ejército Rojo, pero que concentró en el centro y el este de Europa un daño incalculable en términos materiales pero sobre todo humanos. Los años de la deshumanizante ocupación alemana y la implacable campaña militar soviética dejaron un rastro imborrable en el este de

Europa: más de 70 000 pueblos y 1700 ciudades habían sido destruidos en la Unión Soviética, mientras que Yugoslavia había perdido el 25% de sus viñedos, el 50% de sus cabezas de ganado y en Polonia tres de cada cuatro vías férreas habían quedado inutilizables.[92] Las pérdidas humanas eran especialmente brutales: si bien las cifras varían y son difíciles de calcular con exactitud, en un cálculo de mínimos, solo en Europa, el conflicto dejó un saldo de más de 30 000 000 de muertos, de los cuales más de dos tercios eran civiles. Si las mayores pérdidas se registraban en la Unión Soviética, donde más de 8 000 000 de soldados y casi el doble de civiles habían perdido la vida a lo largo de la guerra, el balance era también desolador en el sudeste de Europa, sobre todo en los territorios yugoslavos, donde el total de muertos superaba las 1 500 000 personas, y en los territorios polacos, uno de los principales centros del Holocausto que se había cobrado la vida de casi seis millones de judíos de todo el continente.

El costo humano de la guerra se manifestaba además en la cantidad abrumadora de desplazados, un fenómeno que cobró proporciones masivas en el centro y el este de Europa, tanto durante el período bélico como en la temprana posguerra. En un comienzo, la ocupación de las fuerzas del Eje se había traducido en la expulsión y traslado de millones de judíos y eslavos para privilegiar en cambio la instalación de colonos alemanes provenientes de Rumania, Yugoslavia y de los países bálticos, así como la captura y transferencia de millones de prisioneros y de trabajadores esclavos para servir en distintos sectores de la economía de guerra alemana. Ya finalizada la guerra, se produjeron nuevos intercambios y transferencias de población con el objetivo de reforzar la homogeneidad étnica de los Estados de la región y de acomodar a las masas de refugiados y desplazados de los años anteriores. Ya desde 1944, los Aliados habían comenzado a aceptar la idea de que era necesario replantear las fronteras y "desenredar" a las minorías étnicas de la región. En los años siguientes, la transferencia de poblaciones cobraría un carácter sistemático, con cientos de miles de turcos de Bulgaria, así como turcos y albaneses de Yugoslavia, enviados a Turquía al finalizar la guerra, a la vez que Checoslovaquia acordaba la transferencia de más de 120 000 húngaros a Hungría a cambio de otros tantos eslovacos.[93]

El principal blanco de estas políticas eran los alemanes, millones de los cuales serían expulsados de la región luego de 1945. Ya desde los últimos años de la guerra, con la retirada de las fuerzas nazis y el avance del Ejército Rojo, cientos de miles de alemanes habían comenzado a abandonar el Este por temor a las represalias de las nuevas autoridades contra grupos sospechados de colaboracionismo (en ciertas ocasiones, constatado y en otras, meramente supuesto). El maltrato, la explotación, la expropiación y más tarde la expulsión de los alemanes del este de Europa continuaría durante los primeros años de la posguerra, en muchos casos desarraigando minorías de habla germana de tierras en las que habían vivido durante siglos, como en los Sudetes (Checoslovaquia), Silesia (Polonia) o Voivodina (Yugoslavia), y en algunos casos incluso deportándolos para realizar trabajos forzados en la Unión Soviética, como ocurrió con los alemanes que residían en el Banat de Rumania.

Así las cosas, con la excepción de lo que ocurría en Yugoslavia y de la supervivencia de ciertas minorías de peso como los húngaros de Transilvania, Europa renunciaba a la multinacionalidad y a la multiculturalidad, y los Estados del centro y del este quedarían configurados por una composición demográfica en la que las mayorías nacionales nominales adquirían una primacía incontestable. Si bien la transferencia de poblaciones era en cierta medida resultado de la guerra, de la desarticulación de las estructuras administrativas de la ocupación alemana y del avance del Ejército Rojo hasta Berlín, también era fruto de un arreglo intencional: por lo general, los líderes europeos consideraban que solo en un continente homogéneo podría alcanzarse una estabilidad duradera, aunque esta requiriese el desarraigo de decenas de millones de personas, sobre todo en el centro y el este, donde hasta el comienzo de la Segunda Guerra Mundial la mezcla había sido mayor.

Así, emergía un nuevo mapa de Europa central y oriental caracterizado entre otras cosas por la amplia presencia de tropas movilizadas por el Kremlin, la inclusión de los países bálticos en la URSS, el corrimiento de Polonia hacia el Oeste y la absorción soviética de las regiones hasta entonces rumanas de Besarabia y de Bucovina en el norte de Rumania. Este nuevo mapa era el resultado no solo de la ocupación soviética, sino también de sucesivas negociaciones que habían tenido lugar desde 1943 entre los Estados Unidos, Gran Bretaña y la URSS con el objeto de establecer las líneas rectoras del orden de posguerra. La Conferencia de Moscú de 1943 entre Mólotov, el estadounidense Cordell Hull y el inglés

Anthony Eden había establecido que el comandante en jefe de la fuerza liberadora de un territorio sería responsable de definir las condiciones del armisticio en dicho lugar. También había acordado los primeros planes para la ocupación multipartita de Alemania tras la guerra. Las negociaciones de las conferencias posteriores en Teherán y Yalta prolongaron el reordenamiento del continente y resultaron en el establecimiento de esferas de influencia, así como estipularon también la participación de la Francia de Charles de Gaulle en la ocupación de Alemania.

La reorganización de fronteras capitaneada por las grandes potencias quedaba ilustrada en el ejemplo dramático de Polonia. Desde su exilio en Londres, el gobierno polaco había recibido el apoyo directo del primer ministro Winston Churchill y aspiraba a mantener sus fronteras de preguerra una vez el conflicto hubiera concluido. Sin embargo, las negociaciones de posguerra fueron en una dirección distinta: Churchill y Stalin no solamente acordaron el reconocimiento de los países bálticos como parte de la Unión Soviética, sino que también convinieron que Moscú adquiriese territorios claves del este de Polonia que incluían las ciudades históricas de Wilno/ Vilna (actual Vilnius, en Lituania) y Lwów/Lviv (Leópolis, en Ucrania). El gobierno polaco en el exilio no fue informado del acuerdo, y cuando el primer ministro Stanisław Mikołajczyk aterrizó en Moscú en 1944 para discutir con los soviéticos el reordenamiento de posguerra, se le informó que las fronteras estaban definidas. "No tiene sentido hablar de eso; ya se decidió todo en Teherán", espetó el ministro de Exteriores soviético Vyacheslav Mólotov a un sorprendido Mikołajczyk. Las presiones del gobierno polaco sobre Churchill no surtirían efecto y las nuevas fronteras quedarían confirmadas en Yalta. En Londres, una vez finalizada la guerra, más de 200 000 soldados polacos que estaban al servicio del ejército británico y que provenían en su mayoría de los territorios del Este se enteraron de que sus ciudades de origen pasarían a formar parte de la Unión Soviética; treinta altos oficiales polacos se suicidaron en protesta. El acuerdo de Churchill con Stalin fue percibido como una auténtica traición, máxime cuando significaba también aceptar la ascendencia soviética sobre Polonia que, a cambio, recibía los antiguos territorios alemanes de Silesia y Pomerania, lo que suponía mover el país unos centenares de kilómetros al Oeste.[94]

Si las conferencias de Teherán y Yalta fueron la ocasión de repensar y reinventar las fronteras del continente europeo, en esos encuentros también británicos y estadounidenses concedieron, ya por ingenuidad, ya por resignación, requisitos considerablemente difusos en cuanto a la necesidad de garantizar elecciones libres en los países del Este una vez finalizada la guerra, algo que daría a los soviéticos amplio margen de acción para intervenir en los procesos políticos de la región. A la hora de organizar la última conferencia en Potsdam en el mes de julio de 1945, la mesa de negociaciones se había inclinado definitivamente en favor de la Unión Soviética. Para entonces, aunque británicos y estadounidenses pretendieran endurecer sus posiciones, los soviéticos habían ocupado Berlín, Viena y Praga; esta última, por la negativa de los Estados Unidos de enviar tropas. Esto dejaba a Stalin en una posición de amplia superioridad frente al nuevo presidente estadounidense, Harry Truman, que acababa de llegar al poder tras la muerte de Roosevelt, y al primer ministro británico Winston Churchill, recientemente derrotado en las urnas por los laboristas. El líder soviético conseguiría apuntalar su hegemonía en el centro y el este de Europa, estableciendo una zona tapón que permitía defender la URSS de potenciales agresiones futuras, e incluso se atrevería a formular reivindicaciones en la región del Mediterráneo y en Medio Oriente.

Pese a las tensiones, las negociaciones en Potsdam concluyeron en un amplio consenso en cuanto al tratamiento de lo que entonces constituía el principal problema y la primera fuente de preocupaciones del bloque aliado: el futuro de Alemania. En el centro del continente, la potencia vencida quedaba sometida a una ocupación cuatripartita y a un Consejo de Control ubicado en Berlín cuyo objetivo era garantizar la democratización, la desnazificación y el desarme del país. Sin embargo, el conflicto no tardaría en surgir ante la incapacidad de las potencias occidentales de llegar a un acuerdo con los soviéticos. A razón de su extenso esfuerzo bélico y de sus incomparablemente mayores pérdidas en términos materiales y humanos, Stalin exigía unas reparaciones que los Aliados occidentales consideraban excesivas. Este fue uno de los primeros puntos de fricción que alentaron divisiones que se acentuarían con el tiempo. Con todo, las negociaciones resolvieron otorgar a cada una de las cuatro potencias ocupantes el derecho de gestionar esa cuestión de las reparaciones de manera independiente en su territorio. La decisión resultaría en una fragmentación de la gestión económica que no podía sino conducir a serios conflictos en el futuro.

## VIDA Y MUERTE DE LA COALICIÓN ANTIFASCISTA: HACIA LA GUERRA FRÍA

Aunque las conversaciones hubieran puesto de manifiesto tensiones e intereses contradictorios en la gestión de la posguerra, las negociaciones y la firme voluntad de diálogo entre los Aliados eran el síntoma de un reacomodamiento político e ideológico que tan solo unos años antes habría resultado absolutamente insospechado: la unificación del continente europeo y de una parte considerable del mundo occidental bajo el signo de la resistencia al fascismo. En ese sentido, la Europa de posguerra había emergido unida bajo la égida de una alianza internacional compuesta desde arriba por la coalición entre las democracias liberales occidentales y la Unión Soviética, y encarnada desde abajo por un sinfín de movimientos que reunían a republicanos, liberales de distinto cuño, socialistas democráticos, comunistas y anarquistas.

Dicha coalición no solo descansaba sobre el principio de la defensa de la democracia, sino que se alimentaba además de un espíritu de igualitarismo social reforzado por la amplia movilización popular que había sostenido la resistencia contra las fuerzas del Eje. Los territorios al este de Berlín se encontraban en su mayoría bajo ocupación militar soviética e iniciaban la posguerra bajo el control de nucleamientos políticos que reunían un amplio espectro de fuerzas democráticas y progresistas. En ellos se destacaba la presencia y la influencia crecientes de partidos comunistas que, como el checoslovaco o el húngaro, habían pasado rápidamente de una escala modesta a convertirse en partidos poderosos durante los años de la lucha antifascista. La fuerza de la izquierda también se manifestaba en el Oeste, en los territorios que habían quedado fuera de la órbita del Ejército Rojo. Expresión de eso era la presencia del Partido Comunista en las coaliciones de gobierno en Francia y en Bélgica, la extendida influencia de su par italiano, la aplastante victoria de los laboristas en las elecciones británicas de 1945 y el vigor de la resistencia popular liderada por los comunistas en Grecia. Estas manifestaciones de un espíritu general de democracia e igualitarismo dominaban casi la totalidad del continente europeo, dejando solo la Península Ibérica bajo Franco y Salazar como bastión del espíritu reaccionario, antidemocrático y anticomunista de la década anterior.

En este contexto, la izquierda europea se encontraba en una situación que representaba una prolongación de la estrategia del Frente Popular de los años treinta.[95] Los comunistas jugaban un rol central en la coalición de todas las fuerzas democráticas y populares gracias a su participación activa en la resistencia contra la ocupación extranjera, a su disciplina y sus virtudes organizativas. Del mismo modo, debido a su capacidad de asimilar el nacionalismo como pilar de la movilización popular, los partidos comunistas se habían transformado en la punta de lanza de los movimientos de liberación nacional de Europa y así habían conseguido el reconocimiento de las izquierdas parlamentarias, y también de sectores liberales o incluso conservadores movidos por la oposición al fascismo. Además, el sacrificio ruso en Stalingrado y la fuerza demoledora del Ejército Rojo proyectaban una imagen de grandeza que ponía a la Unión Soviética en el escenario de las grandes potencias; esto volvía a presentar el comunismo como una ideología al servicio de la emancipación de la humanidad, captando los apoyos de la clase obrera, de los campesinos y de intelectuales comprometidos.

La enorme popularidad del comunismo tendría un inevitable impacto en los procesos de reconstrucción y reforma iniciados luego de 1945. En gran parte de Europa occidental, las elecciones celebradas en 1945 y 1946 darían como vencedores a coaliciones de socialistas, democristianos y comunistas, lo cual derivaría en la formación de gobiernos con una agenda de democratización económica y social que coincidía no poco con los programas de la izquierda de los años anteriores. Entre otras cosas, incluía la constitución de amplios aparatos de seguridad social y seguros de desempleo, la aceptación de la planificación como principio central en la conducción de la economía y la garantía de control estatal sobre industrias estratégicas, así como la legalización del voto femenino en países como Francia, Italia y Bélgica. En el centro y el este del continente, fueron también coaliciones de fuerzas del centro y de izquierda las que asumieron el comando del proceso político ya en los últimos años de la guerra y se encargaron de constituir nuevos sistemas parlamentarios, expropiando a los colaboracionistas y lanzando medidas de redistribución de tierras, en la mayoría de los casos amparados por la presencia soviética. Sin embargo, la amplia presencia de personal militar y civil soviético imponía límites y condiciones al desarrollo de la política de posguerra, situación que daba una fuerza especial a los comunistas y sectores de izquierda afines y muchas veces generaba resistencia entre los civiles, que guardaban un infausto recuerdo de la acción violenta del Ejército Rojo durante la guerra, especialmente en territorios como los de Bielorrusia, Ucrania o Polonia. Pese a su hegemonía militar, Moscú no desplegaría la misma estrategia en toda la región: Stalin colaboraría en el establecimiento de gobiernos democráticos en Finlandia y Austria, a la vez que permitiría el desarrollo de elecciones libres en Checoslovaquia y Hungría que resultarían en un voto favorable a los comunistas. En cambio, su presión se haría sentir en Polonia o Rumania, donde los primeros gobiernos de la posguerra no podrían escapar a la fuerte injerencia soviética.

La aparición de crecientes tensiones geopolíticas entre los Aliados tornó más bien efímera la vida de esta coalición en que la izquierda comunista había encontrado un lenguaje de reforma común con la izquierda socialdemócrata y con ciertos sectores conservadores. La relación entre soviéticos y estadounidenses sufrió un golpe inicial con la inesperada muerte de Roosevelt en abril de 1945 y la llegada al poder de Harry Truman, lo que rápidamente dio lugar a uno de los primeros conflictos de la posguerra cuando sin previo aviso los Estados Unidos interrumpieron su asistencia a la URSS, que acarreó una pérdida de casi cuatrocientos millones de dólares para la herida economía soviética. Aunque Washington restableció la asistencia argumentando que el episodio era apenas un error administrativo, el caso despertó la sospecha de los servicios de inteligencia soviéticos, ya alarmados por informes que mencionaban la cercanía de Truman a grupos de interés anticomunistas. A lo largo de los dos años siguientes, los desacuerdos entre los Aliados se profundizaron a medida que los intereses de las potencias se desalineaban tanto en Europa como en otros puntos del globo.

La creciente influencia de los partidos comunistas en los gobiernos del centro y el este de Europa, junto con la evidencia de presiones externas sobre las autoridades en Rumania o Polonia, más el carácter fraudulento o injusto de la competencia electoral en países como Bulgaria y Yugoslavia, llevaron a Winston Churchill a denunciar en febrero de 1946 la existencia de un "telón de acero" que, accionado por la mano de Moscú, se desplegaba en la región. En el Mediterráneo, una descarnada guerra civil se desató en Grecia entre las autoridades oficiales y el Partido Comunista, sostenido militar y logísticamente desde el Norte por sus camaradas balcánicos, a la vez que la Unión Soviética ejercía presiones para obtener territorios en la frontera con Turquía. Fuertes tensiones aparecían también en Asia, donde el Kremlin había quedado excluido de la administración de la ocupación de Japón, pero no sin asegurarse por medios militares el control de una parte considerable del territorio de la península de Corea. Mientras tanto, China era el escenario de un enfrentamiento civil entre las fuerzas comunistas de Mao Tse-tung y el partido nacionalista Kuomintang liderado por Chiang Kai-shek.

La aparición de conflictos a lo largo y ancho del globo era el reverso de la cada vez mayor desconfianza que se extendía entre los Aliados. En los Estados Unidos, el espíritu relativamente optimista de los años de Roosevelt, marcado por la presencia de funcionarios progresistas y abiertos a la colaboración con la Unión Soviética, dio paso en los años de Truman a un creciente escepticismo y a la sospecha frente a los soviéticos. En febrero de 1946, George F. Kennan, encargado de negocios de la embajada de los Estados Unidos en Moscú, envió al Departamento de Estado un largo telegrama en el que detallaba las razones por las cuales una paz duradera era imposible: según Kennan, los soviéticos estaban íntimamente convencidos de que el enfrentamiento con el orden capitalista era inevitable, su visión del mundo estaba signada por el recelo y la percepción de hostilidad y no había nada que Washington pudiera hacer para torcer esta mentalidad, de manera que debía dejar de apostar a una coexistencia duradera con Moscú. La ruptura no se haría esperar demasiado: en marzo de 1947, ante el Congreso de los Estados Unidos, Truman discutía su decisión de otorgar asistencia económica y militar a Grecia y a Turquía frente a la amenaza del comunismo y declaraba que era necesario "proporcionar una ayuda a los pueblos libres que se resisten contra minorías armadas y presiones externas". Las palabras de Truman inauguraban lo que se conocería más tarde como la política de *contención*, destinada a impedir la expansión del comunismo en el mundo.

La decisión de lanzar una campaña mundial con ese propósito no podía sino resultar en el agravamiento de tensiones internas de las coaliciones gubernamentales en Europa occidental. En 1947, los Estados Unidos lanzaron un plan de reconstrucción económica en Europa con el objetivo de superar la crisis y de atender problemas sociales que con el tiempo pudiesen alimentar el descontento social y la revuelta. Dicho plan, bautizado con el apellido del secretario de Estado, el general George C. Marshall, provocó una escalada en las sospechas de los soviéticos, temerosos de perder la influencia que habían ganado en el centro y el este del continente, y la consiguiente oposición de los partidos comunistas occidentales, que como forma de presión activaron protestas masivas, en parte atizadas por las tensiones sociales y económicas de la reconstrucción. La secuencia culminó con el retiro o la expulsión de los ministros comunistas de los gobiernos de Bélgica, Francia e Italia.

En paralelo, en septiembre de 1947, la URSS convocó una reunión de todos los partidos comunistas en la localidad polaca de Szklarska Poręba para abordar algunas de las cuestiones derivadas tanto de las tensiones entre los Aliados como de la situación en curso en el Este. Como resultado de la reunión, se acordó la creación de la llamada Kominform (Oficina de Información de los Partidos Comunistas y Obreros), que desde entonces estaría encargada de la organización y la coordinación de los partidos comunistas, algo que en la práctica supuso un nuevo organismo de control de la URSS sobre el comunismo mundial, reemplazando a la Comintern extinta en 1943. En el encuentro, el tercer secretario del Partido Comunista de la Unión Soviética, Andréi Zhdánov, declaraba lo que constituía la nueva doctrina del movimiento comunista internacional: el mundo había quedado dividido en dos, con un "campo imperialista y antidemocrático" que lideraban los Estados Unidos y sus aliados colonialistas, preparado para una nueva guerra contra el socialismo y la democracia y dispuesto a sostener regímenes profascistas, y un "campo antiimperialista y democrático", liderado por la Unión Soviética y las democracias populares del este de Europa en alianza con países resistentes al colonialismo, como Indonesia, Vietnam, la India y Egipto.

El discurso de Truman y el lanzamiento de la doctrina Zhdánov marcaban el quiebre del bloque aliado y el inicio de un enfrentamiento mundial entre los dos principales actores de la coalición victoriosa. El enfrentamiento, la Guerra Fría, tuvo una dimensión profundamente ideológica, casi civilizatoria, marcada por dos formas antagónicas de entender la sociedad, la economía y la política. En junio de 1948, la primera confrontación abierta entre las potencias tendría lugar en el centro de Europa, en la Alemania ocupada. Los Estados Unidos, Francia y el Reino Unido decidieron fusionar sus tres respectivas zonas de ocupación y dar curso a una nueva moneda para relanzar la economía alemana, algo que los soviéticos entendieron como una provocación. A su vez, Berlín estaba dividida en cuatro sectores, tres de los aliados occidentales y uno de la Unión Soviética, en lo que era una representación en pequeño de la partición de Alemania. Sin embargo, por su posición geográfica la capital del extinto Reich estaba incrustada en el territorio mayor de la Zona de Ocupación Soviética, al este del país. Así, cuando los aliados buscaron unificar sus zonas, la administración occidental se vio en una peligrosa situación, pues estaba no solamente pegada a un Berlín Este plagado de tanques rusos, sino rodeada por territorios gobernados por los soviéticos, que reaccionaron contra Berlín Occidente con la misma hostilidad que lo hicieron ante la noticia de la unificación del resto de Alemania. Así, Stalin y la dirección del alto mando soviético en Alemania decidieron bloquear los accesos que permitían la comunicación de Berlín con los aliados occidentales, para impedir la llegada de suministros, ahogar a la ciudad y abortar la maniobra de unificación de las potencias capitalistas. Ante el riesgo de desabastecimiento, los occidentales decidieron aprovisionar la ciudad a través de un puente aéreo, con aviones que cruzaban territorio ocupado por los soviéticos para aterrizar en el pequeño y asediado Berlín occidental. El puente aéreo, que estuvo activo durante casi nueve meses, fue un rotundo éxito, porque permitió a la ciudad sobrevivir y frustró la acción de los soviéticos, que conscientes de su derrota levantaron el bloqueo en mayo de 1949. El episodio terminaba sin una confrontación total, pero mostraba las tensiones y los altísimos riesgos que surgían en el continente europeo como resultado de la pugna entre los antiguos aliados.

El rápido paso del consenso de posguerra a la confrontación global entre los Estados Unidos y la Unión Soviética constituye uno de los momentos clave de la historia del siglo XX. Desde los años cincuenta hasta el día de hoy, la historiografía ha intentado explicar según distintos esquemas conceptuales este proceso, subrayando los niveles de responsabilidad de los líderes estadounidenses y soviéticos, las acciones de sus respectivas diplomacias y el desalineamiento de sus intereses luego de 1945. Si la bibliografía especializada de los primeros años de posguerra, imbuida de un espíritu belicoso, destacaba sobre todo la amenaza del expansionismo soviético, los años sesenta y setenta verían emerger una corriente revisionista más crítica de las actitudes de los líderes estadounidenses y de los intereses económicos de Washington en el extranjero. De los años ochenta en adelante, las corrientes posrevisionistas han intentado alcanzar un mayor equilibrio, con especial énfasis en el factor ideológico y las diferentes cosmovisiones prevalentes a uno y a otro lado de la alianza antifascista como disparador del conflicto.[96]

En gran medida, atribuir responsabilidades por el inicio del conflicto resulta tarea infructuosa porque sus protagonistas obraban con esquemas perceptivos crecientemente incompatibles. Historiadores como John Lewis Gaddis han subrayado que la impermeabilidad soviética a influencias externas fue una de las principales causas del fracaso de la estrategia de Roosevelt; para Gaddis, los intentos del presidente estadounidense de influir en la política de Stalin por medio de la negociación y de diversos incentivos económicos estaban destinados al fracaso, y en última instancia eso explica el giro de Truman.[97] Melvin Leffler, por su parte, ha señalado la importancia de la cosmovisión de los líderes estadounidenses en la radicalización del conflicto. Según este autor, aunque en términos militares la URSS no representara una verdadera amenaza, en poco tiempo los líderes estadounidenses llegaron a convencerse de que la crisis económica y social global daba a Moscú la oportunidad de extender su influencia en el mundo, lo que podría traducirse en un cerco sobre los Estados Unidos que reforzara el aislamiento y el autoritarismo del gobierno federal y socavara las bases morales del orden social liberal estadounidense.[98]

La historiografía también expuso que las causas del conflicto residían en intrincadas articulaciones entre política interna y externa. Leffler resaltó la necesidad de los demócratas de endurecer su política exterior tras la derrota ante los republicanos en las elecciones de 1946, factor que también destacó el británico Eric Hobsbawm al afirmar que una de las principales causas de la Guerra Fría residía en la necesidad permanente de las élites políticas estadounidenses de recurrir a la retórica anticomunista para validarse en las urnas.[99] En su análisis del expansionismo soviético de posguerra, el historiador ruso Vladislav Zubok también apuntó la importancia de la política interna para explicar la radicalización del conflicto. El espíritu de triunfalismo y expansionismo soviético, que consiguió unificar al liderazgo de distintas repúblicas soviéticas con la tentación de expandir sus fronteras hacia el Sur y hacia el Oeste, cimentó el apoyo de las élites ucranianas, bielorrusas, georgianas y armenias al liderazgo de Stalin, en lo que Zubok calificó como "imperialismo socialista". A la vez, el propio Zubok sostuvo que la convicción de Stalin de que el capitalismo estaba destinado a la desaparición y de que inevitablemente el conflicto volvería a emponzoñar las relaciones entre las potencias occidentales hizo que los líderes soviéticos adoptaran una política temeraria en enclaves como Turquía e Irán, estratégicos para los occidentales. Esto tuvo el efecto final de galvanizar la alianza británico-estadounidense y contribuir a la decisión de Truman de lanzar la política de contención.[100]

En suma, a fines de los años cuarenta intereses geopolíticos divergentes, distintas necesidades en materia de política interna y un creciente desencuentro entre dos visiones del mundo incompatibles conducían a la extinción de la coalición antifascista que había nacido durante la Segunda Guerra Mundial y a la ascendente polarización del orden global de posguerra en ejes ideológicos. Europa central y oriental, la región del continente más golpeada por la violencia y la destrucción durante la guerra, sería uno de los escenarios principales de este nuevo conflicto y atravesaría una serie de transformaciones que estaban íntimamente atadas al contexto de la confrontación que cobraba forma en esos años a escala planetaria.

## CAMINOS DE LA SOVIETIZACIÓN: LAS DISTINTAS VÍAS AL SOCIALISMO DE ESTADO

Durante la segunda mitad de los años cuarenta, en paralelo al ascenso de la confrontación global, los países del centro y del este de Europa empezaban a adquirir la forma de Estados socialistas con regímenes políticos similares al de la Unión Soviética: sistemas políticos unipartidarios, con estricto control de la prensa y la opinión, altos niveles de represión, extensos aparatos de inteligencia y seguridad interior y una dirección centralizada de la economía. Una interpretación relativamente extendida da por sentado que, con la formación de lo que podríamos

140 NUEVA HISTORIA DEL COMUNISMO EN EUROPA DEL ESTE

llamar "esferas de influencia", los territorios que se extendían desde Alemania Oriental hacia el Este cayeron casi en automático bajo órbita soviética, que entonces construyó Estados satélite a su servicio.[101] El avance de Moscú y la emulación del modelo soviético se plasman en la categoría recurrente de "sovietización", cuyas connotaciones resultan lo suficientemente fuertes como para hacerlo parecer autoevidente. La formación de Estados con rasgos en lo fundamental similares a los de la URSS invita a establecer una correlación entre la voluntad de Stalin y el resultado final, así como extiende sobre la región entera un manto de uniformidad. Sin embargo, una vez que escudriñamos con mayor profundidad este fenómeno, podemos notar en su interior variaciones significativas que nos invitan a ir más allá de la generalización.

En un trabajo clásico, el historiador Hugh Seton-Watson propuso cierto "modelo" para explicar cómo los países del Este se dirigieron, o fueron dirigidos, a la sovietización, y describió tres etapas características: la formación de una coalición política genuina entre la izquierda y la centroizquierda; la constitución de una coalición fraudulenta, formalmente plural pero bajo control de los comunistas; y, por último, la consolidación de un bloque político monolítico con todo el poder en manos comunistas.[102] Esta interpretación clásica da por sentado que existía un plan común y coordinado desde la Unión Soviética, así como un alto nivel de intencionalidad y de previsión por parte de los actores. No obstante, el propio Seton-Watson reconoció que el esquema era más bien imperfecto, en la medida en que no todos los países pasaron por esas etapas ni lo hicieron de la misma manera. A la vez, una interpretación como esta borra la capacidad de influencia y decisión de los actores locales, ciertamente reducida, pero lejos de ser inexistente.

Por eso, la historiografía de los últimos años prefiere hablar de "autosovietización", un nuevo enfoque que pone el acento sobre el margen de maniobra de los actores locales, haciendo descansar en ellos la responsabilidad de la construcción de los distintos sistemas socialistas.[103] En cierta medida, como escribió el politólogo rumano Vladimir Tismăneanu, "los autores del Cominform escribían el guion, pero los estalinistas rumanos, búlgaros, polacos o húngaros eran los encargados de representarlo del modo más convincente posible".[104] Así las cosas, el relativo margen de autonomía de las dirigencias comunistas locales para interpretar lo que creían que eran los intereses y las demandas de Moscú, en tándem con sus circunstancias y experiencias muy distintas, nos obligan a ir más allá de la imagen general proyectada por el concepto de "sovietización" e investigar los matices y diferencias que existieron entre procesos de construcción del socialismo en una Europa del Este en formación. A grandes rasgos, el dibujo de una Europa partida en dos desde Szczecin hasta Trieste proyecta una imagen coherente, pero no bien nos adentramos en lo que ocurría en la región podemos ver varios problemas en la cartografía trazada por dicha interpretación. El principal es la ya mencionada homogeneidad, el espeso y uniforme manto rojo de Stalin extendido por Europa del Este de acuerdo con un plan preconcebido. En cuanto a qué hacer en la región, hacia 1945 Stalin tenía apenas unas ideas vagas, que se fueron modificando mientras se configuraba la Guerra Fría. A fines explicativos, podríamos distinguir tres formas de construcción del socialismo de Estado según la situación política y social que existía tras el fin de la guerra. Una primera categoría engloba a aquellos países en los que, antes y durante la guerra, el comunismo no había tenido un apoyo popular o en los que suscitaba una franca hostilidad entre la población, como en Hungría, Polonia y Rumania. Una segunda categoría es aplicable fundamentalmente a Checoslovaquia, donde el comunismo gozaba de simpatías populares y era percibido como una fuerza liberadora, exitosa a escala electoral, pero que sin una intervención autoritaria, con los soviéticos tras el telón, jamás habría avanzado hacia un Estado socialista. Una tercera modalidad se nota en casos como el de Yugoslavia, donde los comunistas locales fueron los responsables directos, casi sin ayuda de ejércitos foráneos, de expulsar a los invasores nazis, con el efecto directo de comenzar la posguerra con un poder prácticamente consolidado. En función de la posición inicial y de la posición estratégica de cada uno de estos países, Stalin maniobró en distintos sentidos, y las dirigencias locales respondieron a su manera.[105]

El caso de Alemania, que se consolidó como epicentro de la Guerra Fría, ofrece un ejemplo ilustrativo de algunas de estas tensiones. En 1949, la Zona de Ocupación Soviética en Alemania del Este acabaría convirtiéndose en la República Democrática Alemana (RDA), que algunos historiadores incluso han llamado "hijo no deseado" de Stalin.[106] Aun así, al menos hasta 1948, el líder soviético se había mostrado reacio a crear dos Estados alemanes: quería una Alemania neutral que funcionara como un remanso de paz en el conflicto entre bloques; según sus planes, sería una república democrática no alineada con la URSS ni con los Estados Unidos. Esto no es indicio de una benevolencia soviética ante la agresividad occidental: Stalin era simplemente consciente de que la parte oriental de Alemania, bajo control del Ejército Rojo, era más pequeña, menos poblada y carecía del músculo industrial de la parte occidental. Por eso, el líder soviético proponía convertir en un espacio neutral tanto los pobres territorios agrícolas de Pomerania en el Este como la inmensa industria pesada de la Cuenca del Ruhr en el Oeste, un acuerdo que favorecía más a la URSS que a los Estados Unidos. A su vez, la idea de una república neutral no implicaba que fuera a ser democrática: Stalin concebía una república democrática burguesa, pero dominada por el Partido Comunista. Walter Ulbricht, líder comunista enviado por Stalin para encabezar el proceso, lo expresó en estos términos: "Tiene que parecer democrático, pero debemos tenerlo todo bajo control".[107]

Así, la fundación de la RDA fue el indudable resultado de las dinámicas de la Guerra Fría, pero también de la insistencia de los comunistas alemanes. Ulbricht y su segundo, Wilhelm Pieck, se habían dado cuenta de que en un contexto de democracia burguesa el recién creado Partido Socialista Unificado (SED), que agrupó de manera forzosa a comunistas y socialistas, perdería muy pronto el poder. Desde 1946, los guarismos arrojados por las elecciones locales y regionales situaban a los comunistas en una posición muy minoritaria, y su carencia de apoyo entre las poblaciones locales era evidente. Por eso, Ulbricht y Pieck se desentendieron de las ideas de Moscú y comenzaron a presionar para crear un Estado alemán separado en el Este, genuinamente socialista y alejado de la república burguesa. A esta posición se le unió la escalada en la Guerra Fría: en mayo de 1948, el líder de la administración soviética en Berlín, Serguéi Tulpanov, comentó por primera vez que era probable que "la durabilidad de las fronteras se convirtiera en permanente". El SED ya hablaba en esos términos desde un año antes. Así las cosas, la presión de los comunistas alemanes sería capaz de torcer incluso los planes originales de Stalin en una dirección de mayor radicalización que la anticipada.[108]

En Hungría, el líder comunista Mátyás Rákosi notaba la escasa popularidad de las ideas socialistas entre la población, de manera que allí la "sovietización" se dio a un ritmo considerablemente más lento. La memoria negativa de los acontecimientos revolucionarios de 1919 y la estampa de traidores que había revestido a los comunistas húngaros tras su fracaso en la defensa de las fronteras del país llevaron a Rákosi a reducir su orientación internacionalista y enfatizar el carácter nacional del partido incluyendo la palabra "magiar" en su denominación. Un proceso de nacionalización del comunismo notablemente más fuerte se hacía sentir en Polonia, donde persistía el recuerdo de la guerra polaco-soviética de 1920, en la que el Partido Comunista Polaco había apoyado al bando soviético, algo que durante décadas limitó su arraigo popular. Władysław Gomułka, que había pasado la guerra en la Polonia ocupada, abogó desde muy temprano por una "vía polaca al socialismo", muy distinta de la vía promovida desde Moscú. Gomułka era sobreviviente de las tremendas purgas que habían desbandado a los comunistas polacos en 1938. En 1945, el veterano líder rechazó establecer una rápida colectivización de tierras, a sabiendas de que la situación económica catastrófica y la violencia de dichas medidas podrían indisponer a la población aún más de lo que ya lo estaba contra el proyecto socialista. En cambio, Gomułka llamó a integrar el comunismo en un proyecto nacional autoconsciente y homogéneo, e incluso no dudó en adaptar a una versión socialista el discurso de la derecha local de entreguerras, aquel que llamaba a la homogeneidad étnica y quedaba sintetizado en la frase "Polonia para los polacos".[109] Para Stalin, sin embargo, la línea de Gomułka era demasiado independiente y alejada de sus dictados. Con el apoyo del líder soviético, en 1948 el proyecto de Gomułka fue derrotado en favor del triunvirato formado por Bolesław Bierut, Hilary Minc y el jefe de la policía política, Jakub Berman, que sostuvieron una línea más acorde a las ideas de Stalin, pero a cambio de una impopularidad creciente, que no tardaría en tornarse problemática.

La intervención de los soviéticos fue de especial importancia allí donde los comunistas locales carecían de apoyo popular, y el caso de Rumania es ilustrativo. El Partido Comunista Rumano (PCR), fundado en 1922, había regresado de la clandestinidad tras la caída del régimen colaboracionista del mariscal Ion Antonescu en 1944. Sin embargo, al contar con una base de militantes más bien pequeña y escaso arraigo popular, la necesidad de participación soviética en el curso de los acontecimientos fue esencial. Gracias a la presencia de las tropas del Ejército

Rojo, Moscú pudo garantizar al PCR una considerable influencia en el primer gobierno de coalición que formaron con los partidos campesino, liberal y socialdemócrata, y que permitió al partido pasar de un aparato de apenas un millar de militantes en todo el país en agosto de 1944 a más de 40 000 en abril del año siguiente. La presión de Andréi Vishinsky, exfiscal en los juicios de Moscú y enviado de Stalin en Bucarest, obligó al rey Mihai a destituir al primer ministro Nicolae Rădescu y reemplazarlo por el prosoviético Petru Groza. En su gobierno, los comunistas se hicieron del control de ministerios clave, como los de Justicia, Comunicaciones, Propaganda y, desde luego más importante, el del Interior, pues era el que organizaría a la postre una espesa red de vigilancia política. A lo largo de 1947, el gobierno del PCR disolvió los partidos campesino y liberal, se unificó con un ala de los socialdemócratas en un nuevo Partido Trabajador Rumano y forzó la renuncia del rey, declarando el establecimiento de una República Popular Rumana.

Como muestra el caso de Rumania, la monopolización del poder político exigía una estrategia gradual pero eficaz, con maniobras destinadas a extender el dominio de los comunistas sobre el aparato del Estado y simultáneamente a debilitar a los opositores. Fue en Hungría donde esta estrategia adquirió su denominación más célebre: Mátyás Rákosi la bautizó como "táctica del salami" en referencia a cómo los comunistas locales operaban con el objetivo de debilitar de forma paulatina a los demás poderes políticos rebanándolos, como si de cortar un salami en lonjas finas se tratase.[110] Esta estrategia fue crucial en países como Hungría y Checoslovaquia, donde a diferencia de lo que ocurría en Polonia y Alemania del Este, el desarrollo de la posguerra permitió que se celebraran elecciones relativamente libres hasta al menos 1947 o 1948, aunque esos comicios se vieran cada vez más coartados por las maniobras de los comunistas locales.

Los comunistas gozaban de notable popularidad en Checoslovaquia, y allí las elecciones de posguerra les dieron resultados muy positivos, lo que redundó en la formación de gobiernos de coalición entre fuerzas burguesas, lideradas por el viejo liberal Edvard Beneš, el máximo representante de la democracia checoslovaca de entreguerras, que desde su exilio en Londres había mantenido el prestigio del país. De esta coalición también era parte el Partido Comunista (KSČ) liderado por el conspicuo

Klement Gottwald, uno de los hijos figurados de Stalin que a la postre se mostraría cruel e implacable con aquellos que se cruzaran por su camino. Estos gobiernos, sin embargo, sufrieron particularmente la creciente división que se hacía sentir en el continente europeo. En 1947, el Ministerio del Interior checoslovaco, que controlaba a la policía, lanzó una purga contra los elementos "burgueses" de la administración y la política, que llevó a expulsiones y detenciones. En el Parlamento, los conservadores renunciaron en masa, con la expectativa de que esa acción condujera a la disolución de las Cámaras y la convocatoria de nuevas elecciones. El error de cálculo fue fatal: los comunistas, en connivencia con los socialdemócratas, simplemente sustituyeron con políticos afines los escaños libres, sin disolver el Parlamento ni convocar a elecciones. Con el Legislativo bajo su control, paulatinamente ocuparon diferentes espacios e instancias del Estado. El 25 febrero de 1948, Klement Gottwald hizo una visita al presidente Beneš en el Castillo de Praga para intentar buscar un nuevo gobierno. Los ministros no comunistas habían dimitido, dejando el camino expedito a Gottwald, que presionaba entonces a un Beneš temeroso por asistir a lo que sería el golpe definitivo del KSČ. Gottwald había llamado a las manifestaciones masivas y amenazaba con desencadenar una huelga general que convulsionara el país. Debilitado, Beneš capituló y admitió la formación de un gobierno compuesto exclusivamente por comunistas y socialdemócratas domesticados y en la práctica dependientes del poder de Gottwald. Dos semanas después, el único ministro no comunista, el liberal Jan Masaryk, que se había rehusado a dimitir, fallecía tras caer por la ventana de su cuarto de baño. Aunque todavía existen dudas sobre la naturaleza de su muerte, hay indicios sobrados para pensar que fue una maniobra orquestada por los servicios secretos de Gottwald. El viejo y enfermo Beneš, que había sufrido varios infartos en los meses anteriores, fallecería de causas naturales en septiembre de 1948.[111]

Si el caso de Checoslovaquia muestra una situación en la que los comunistas pudieron manipular el proceso político en gran parte gracias a su popularidad inicial y a la legitimación que les otorgaron las urnas, Yugoslavia ofrece en cambio un caso distinto, en el cual la dominación de los comunistas estaba prácticamente garantizada desde 1945 gracias a sus ya mencionadas virtudes contra la ocupación extranjera durante la guerra. La hegemonía del Partido Comunista Yugoslavo (KPJ) se derivaba sobre todo de la superioridad militar de los partisanos en la guerra de liberación nacional, y su popularidad residía además en la composición eminentemente multiétnica del ejército partisano y en la agenda federalista y multinacional del partido: muchos identificaban el autoritarismo de entreguerras con el hegemonismo serbio; además, el régimen nacionalista croata de los *ustaše* había promovido políticas genocidas y colaboracionistas, perdiendo toda legitimidad. Era también el caso del Partido Campesino Croata otrora liderado por Radić y Maček, una fuerza que se había opuesto a la ocupación y a la colaboración, pero que había perdido apoyo popular por su pasividad durante la guerra y su incapacidad para organizar la resistencia. Los partisanos habían conseguido formar uno de los movimientos antifascistas más poderosos del continente europeo y habían logrado liberar por sí solos, y casi sin intervención del Ejército Rojo, la mayor parte del territorio yugoslavo, lo que los ponía en una posición de primacía política incontestable.[112] Esta singularidad tendría dos consecuencias sobre el desarrollo de la política yugoslava luego de 1945.

La primera era que el KPJ ingresó en la posguerra con una posición en gran medida ya consolidada. Fue la guerra y no la posguerra la que puso a los comunistas yugoslavos en el poder: aunque luego de 1945 procuraran impedir la organización de otras fuerzas políticas y desacreditar a los opositores acusándolos de colaboracionistas o nacionalistas, su hegemonía política estaba afianzada de antemano gracias al apoyo popular sin parangón del movimiento partisano. Fue esta hegemonía lo que les permitió organizar en 1945, y sin apenas resistencia, unas elecciones limitadas con solo un candidato, el Frente Popular controlado por el KPJ. En enero de 1946, una nueva Constitución instauró un modelo federativo popular que en gran medida tomaba inspiración en la política de nacionalidades de la Unión Soviética. La federación yugoslava quedaba compuesta por seis repúblicas: Eslovenia, Croacia, Bosnia y Herzegovina, Serbia, Montenegro y Macedonia. El principio rector era la representación de las naciones de Yugoslavia con base en la igualdad de derechos de todas ellas, incluso hacia dentro de las repúblicas mixtas como Bosnia y Herzegovina (compuesta por serbios, croatas y musulmanes) y Croacia (con extensa minoría serbia), casos en los que más de una nación era considerada titular de la república.

La singularidad del contexto yugoslavo derivó en una segunda consecuencia, que pronto se haría sentir en las relaciones internacionales. La naturaleza de la lucha de liberación nacional en suelo yugoslavo había dejado al KPJ en un lugar de primacía frente a otros partidos comunistas de la región, notablemente más dependientes de los soviéticos en términos políticos y militares. Esta posición particular de los comunistas yugoslavos, sumada a la amplia popularidad de Tito, inspirarían una ambición particular en los líderes en Belgrado, y en años posteriores tendrían fuertes repercusiones sobre el desarrollo de las relaciones de la federación con el resto de los países de la región, y también con Moscú.

Así las cosas, para fines de los años cuarenta, todos los países de Europa central y oriental estaban regidos según líneas que en mayor o menor grado correspondían a un modelo de socialismo de Estado. La región adquiría una identidad y una comunidad de rasgos políticos, económicos y sociales que, pese a las diferencias internas y las singularidades de cada país, la tornaban cada vez más coherente, compacta y distinta de los sistemas liberales que existían en Occidente. Con todo, el poder comunista no era absoluto y los tentáculos del partido no alcanzaban todos los rincones. Las policías secretas eran aún entidades muy poco desarrolladas y de escasa capacidad operativa. A la vez, el mundo científico y universitario no había caído bajo control del poder político de la misma manera en todos lados. Los casos de mayor sovietización se produjeron en Alemania del Este, donde la toma de las universidades fue rápida y completa, y en Rumania, donde numerosos académicos fueron expulsados del sistema, en algunos casos siendo juzgados por colaboracionismo y enviados a prisión, como ocurrió con el filósofo Mircea Vulcănescu. En Polonia o Checoslovaquia, por el contrario, las instituciones académicas mantuvieron un funcionamiento independiente y conservaron una autonomía relativa,[113] en muchos casos conservando patrones académicos que se reprodujeron en el tiempo y en los que la penetración de la ideología socialista fue menor, cuando no inexistente.[114]

En pocas palabras, la "sovietización" marcaba las líneas generales de la transformación, pero con considerables diferencias que resultaban de las decisiones de los actores locales en contextos singulares. Los límites de esta uniformidad regional se harían incluso más evidentes a partir de 1948.

## LAS PRIMERAS GRIETAS DEL BLOQUE SOVIÉTICO

Con la dinámica de la Guerra Fría en marcha acelerada hacia la división de Europa en dos bloques, Stalin intensificó su presión sobre los partidos comunistas locales, llevándolos a una situación de asfixia de difícil gestión. El período que va desde el comienzo de la Guerra Fría, en torno a 1947, hasta la muerte de Stalin en 1953 fue de una intensidad sin precedentes; las presiones del Kremlin, sin embargo, desencadenaron reacciones diversas, y en ocasiones provocarían resistencias y grietas dentro del naciente mundo comunista europeo que con el tiempo se profundizarían. La presión ideológica ejercida desde Moscú, agravada por un clima mundial de polarización y de alza del anticomunismo, desembocaría en cruentas guerras intestinas en los partidos comunistas de Europa del Este que muchas veces acabaron en virulentas purgas con juicios públicos y ejecuciones. Además, las presiones de Moscú terminaron desatando la primera ruptura abierta dentro del bloque: aquella que se dio entre Yugoslavia y la Unión Soviética en 1948 y que condujo a la aparición de un socialismo díscolo en el centro de los Balcanes bajo el liderazgo de Tito.

A pesar de que los comunistas yugoslavos eran frecuentemente vistos como los más fieles discípulos de Stalin, y aunque todo el proceso de construcción del socialismo en Yugoslavia había seguido de cerca los lineamientos de la Unión Soviética respecto de monopolización del poder político, manejo de la cuestión nacional y centralización de la economía, Belgrado y Moscú tuvieron asperezas en el campo de las relaciones internacionales. A la resolución del diferendo de Yugoslavia con Italia por Trieste, en el que Stalin había presionado en favor de los occidentales, se sumaban también discrepancias por la estrategia que adoptar con respecto a los comunistas griegos, en gran medida dependientes de Belgrado pero lejos de ser una prioridad para Moscú. Quizás más importante era el recelo que generaba en Stalin el papel preponderante de Yugoslavia en su región: aunque el KPJ aceptara la autoridad incontestable de los soviéticos, Tito se aferraba a la idea de constituir una federación balcánica con Bulgaria, Albania y eventualmente Grecia en la que Belgrado acaso poseyera la parte principal del poder, un proyecto que el líder soviético desalentaba o al menos intentaba obstaculizar.[115]

Las relaciones entre Moscú y Belgrado sufrieron un notorio deterioro a lo largo de 1947 y los primeros meses de 1948. Aun así, nadie en Yugoslavia esperaba que el Cominform resolviera el 28 de junio de 1948 la expulsión del KPJ de la comunidad de los partidos comunistas. La decisión fue un terremoto para el régimen de Belgrado, que se encontró entonces en el peor de los contextos: aislada en un continente cada vez más polarizado, con la guerra civil griega al Sur y con extensas fronteras con los países del incipiente bloque socialista, Yugoslavia se enfrentaba no solo a una crisis política y económica, sino a una situación grave en materia de seguridad interna y externa.

Pese a todo, las consecuencias de este episodio en la federación y en la región serían insospechadas. En lo inmediato, la ruptura con el Kremlin sumió a Yugoslavia en la inestabilidad y abrió un período caracterizado entre otras cosas por el aumento de la vigilancia interna, la persecución de aquellos sospechados de lealtad a Moscú y la agravación de la situación económica local, dado que los países del Este le imponían un embargo. Las cosas cambiaron radicalmente cuando en los primeros años cincuenta Yugoslavia decidió acercarse a los Estados Unidos en busca de apoyo económico y militar. En adelante, la federación recibió aproximadamente mil quinientos millones de dólares de apoyo militar y económico de Occidente en la primera mitad de los años cincuenta y quedaría informalmente integrada en el sistema de defensa occidental, siguiendo los intereses en el sudeste europeo de la OTAN, de la que, aunque sin ser miembro, Yugoslavia se convirtió en un elemento funcional.[116] Hacia mediados de la década, Belgrado decidió tomar cierta distancia de Washington y asumir una posición neutral en la Guerra Fría, aunque su relación con los Estados Unidos seguiría siendo estrecha.

La ruptura con Moscú tuvo también consecuencias en el plano político y social. A partir de los años cincuenta, Yugoslavia ingresó en un período de notable liberalización: Tito decretó la "lucha de opiniones" en el seno del KPJ; así habilitó la posibilidad de debates y desacuerdos internos, al tiempo que estimuló la liberalización en la literatura y las artes. De no menor importancia fue que el distanciamiento respecto de los soviéticos alentase nuevas ideas y nuevas formas de organización social en el país balcánico que, en franca ruptura con el socialismo estatista promovido desde Moscú, impulsó el desarrollo de mecanismos de democracia obrera en las fábricas y de democracia local en las comunas. La idea de "autogestión socialista" se convirtió entonces en el principio rector del socialismo yugoslavo y condujo también a una progresiva descentralización de la gestión económica. En 1952, en su VI Congreso, el KPJ adoptaría la denominación "Liga de los Comunistas de Yugoslavia", una forma de oficializar el nuevo rumbo que el país había emprendido.

El conflicto con Yugoslavia tuvo repercusiones en toda la región. En el bloque comunista en formación, la acusación de ser un "titoísta" conducía a la cárcel y, en el peor de los casos, al pelotón de fusilamiento o la horca. A "titoísta" se le sumaría pronto otra imputación igualmente letal: la de sionista. Israel se había constituido como Estado reconocido por la Organización de las Naciones Unidas en mayo de 1948, y la Unión Soviética había sido uno de los primeros países en reconocerlo. Al menos desde 1944, la política pragmática de Stalin había alentado el movimiento sionista, contribuyendo de forma directa a dotar de instituciones y legalidad internacional a un Estado judío en el territorio de Palestina. En la primera guerra árabe-israelí de 1948, la URSS suministró armas a las tropas israelíes, un elemento decisivo para el triunfo y consolidación de Israel como Estado. Sin embargo, la situación cambió rápidamente. A finales de 1948, la embajadora israelí en la URSS, Golda Meir, visitó la Sinagoga Coral de Moscú para asistir a los oficios religiosos. Decenas de miles de judíos soviéticos acompañaron a Meir, se agolparon frente al templo y vitorearon su nombre. Los servicios secretos y el propio Stalin observaron la situación con recelo y desconcierto; demasiados ciudadanos soviéticos de origen o credo judío estaban mostrando un entusiasmo desmesurado ante la líder de un país extranjero. La situación empeoró cuando Israel decidió acercarse a los Estados Unidos en busca de apoyo. De 1949 en adelante, la hostilidad entre la Unión Soviética e Israel creció de manera exponencial.[117]

A partir de entonces, Stalin comenzó a ver a los judíos soviéticos como una potencial quinta columna que, por estar al servicio de un Estado, Israel, que de facto se había convertido en un enemigo de la Unión Soviética, amenazaba la estabilidad interna. En el mejor de los casos, los judíos eran vistos como "cosmopolitas desarraigados", personas sin raíces claras cuya lealtad estaba permanentemente bajo sospecha. A lo largo de su vida, Stalin había expresado con cierta frecuencia fuertes prejuicios antisemitas. Sin embargo, estos no se habían materializado en políticas represivas o de segregración y de hecho algunos de sus más cercanos colaboradores, como Lev Mejlis, Maksim Litvínov o Lázar Kaganóvich, eran judíos. Pero, en sus últimos años, el "Padre de los Pueblos" dio rienda a suelta a una política de explícita persecusión, con purgas en el partido y en instancias locales. El Comité Judío Antifascista fue disuelto y sus miembros, arrestados. Algunos de los principales artistas de la cultura ídish en la Unión Soviética, como el escritor David Bergelson, fueron ejecutados bajo acusaciones de traición en la triste Noche de los Poetas Asesinados entre el 12 y el 13 de agosto de 1952. La paranoia en la que incurrió el líder soviético adquirió su corolario con el llamado "Complot de los Médicos": en 1952, en un pleno del Politburó, Stalin señaló que una serie de médicos, en su mayoría judíos, estaban urdiendo un complot sionista para acabar con la Unión Soviética. En las semanas siguientes, fueron arrestados por decenas; entre ellos, cayó Miron Vovsi, quien había sido el médico personal de Stalin y fue ejecutado como consecuencia de la mentalidad paranoica en la que había incurrido el líder soviético.[118]

En el ambiente convulso de finales de los cuarenta y comienzos de la década siguiente, las acusaciones de titoísmo y sionismo causaron un repentino impacto en los partidos comunistas de Europa central y oriental. En la mayoría de ellos existían disputas intestinas por cómo construir el socialismo y, sobre todo, por quién o quiénes deberían liderar el proceso. Disputas que mientras fueron incipientes no pasaron de debates más o menos agitados, pero que pronto iban a tornarse mucho más sangrientas. Entonces, estos dos conceptos importados intensificaron la naturaleza de las luchas dentro de los partidos comunistas y dieron lugar a un destacado reguero de purgas. En estas, sionismo y titoísmo iban a dialogar: a veces, una acusación adquiría más preponderancia; otras muchas, se solapaban. En especial, la apelación de "titoísta", que a veces iba acompañada por "nacionalista burgués" o "nacionalcomunista", pendía como una espada de Damocles en las reuniones de los comités centrales, habitualmente formados por una reducida cantidad de miembros, varios de ellos de origen judío, que concentraban mucho poder. El paroxismo llegó en ocasiones en que la imputación se expandía a "conspiración titoísta-sionista-trotskista". La cuestión es compleja y vale la pena analizar cómo se desarrollaron las dinámicas, la dialéctica entre los intereses de Moscú y la agenda interna de los diversos partidos socialistas. El "proceso Slánský" que tuvo lugar en Checoslovaquia permite iluminar algunos puntos clave. Rudolf Slánský provenía de una familia judía de Pilsen. Era un solícito comunista, hombre de acción que desde finales de los años veinte había ocupado altos cargos en el pequeño Partido Comunista de Checoslovaquia. Junto con Klement Gottwald, había mantenido a flote las actividades del partido, incluso en la clandestinidad, hasta comienzos de 1939, cuando Hitler ocupó el país. Entonces, decidió exiliarse en Moscú junto a Gottwald, donde ambos permanecerían hasta 1945. Tras la guerra, Slánský se convirtió en secretario general del partido, y fue la segunda mayor autoridad del país luego de su amigo Gottwald. Los dos participaron con eficacia en la destrucción de la oposición y la toma de poder del golpe de febrero de 1948. Sin embargo, dos años después, Klement Gottwald señaló públicamente a algunos de los más estrechos colaboradores de Slánský, acusándolos de cometer crímenes contra el partido. Si bien Slánský se sumó a la iniciativa de Gottwald, al año siguiente los ataques recayeron sobre él, sin que tuviera la posibilidad de defenderse. El líder comunista judío fue arrestado, encarcelado y torturado salvajemente durante semanas en noviembre de 1951, momento en que también fueron apresados trece altos funcionarios y políticos comunistas (once de ellos, judíos). En noviembre de 1952, los catorce debieron sentarse en el banquillo; comenzaba así en Praga un "juicio espectáculo", publicitado en la prensa de una manera efectista que recordaba a la escenificación de los juicios celebrados en la URSS durante el Gran Terror. Durante los interrogatorios y las torturas, los acusados confesaron todos los cargos que se les imputaban, incluidos sabotajes y conspiraciones. La sentencia enumeraba estos delitos, que daba por probados, y, muy señaladamente, insistía en el "titoísmo" y "sionismo" de los funcionarios. Tres de ellos fueron condenados a largas penas de reclusión y los restantes, entre quienes se contaba Slánský, a muerte: fueron ahorcados el 3 de diciembre de 1952.

Ya solo este caso es señal inequívoca de la presencia ineludible del antisemitismo. Además, su escenificación como un "juicio espectáculo" en 1952, en el contexto de la creciente paranoia antijudía de Stalin, indica el papel decisivo que desempeñó el viejo líder soviético. Los relatos tradicionales sobre los últimos años de Stalin señalan ese ingrediente xenófobo como uno de los factores decisivos, acaso el central, que explican algunos desarrollos de la URSS y, por extensión, de los países bajo su órbita. Cabría preguntarse si es una explicación suficiente para entender el "proceso Slánský": a pesar del antisemitismo de Stalin, políticos judíos como Lázar Kaganóvich permanecieron en sus puestos. A la vez, en la periferia de la Unión Soviética, durante la posguerra la presencia de judíos en cargos de responsabilidad incluso se incrementó: en Besarabia y Transnistria, fue necesario recurrir a cuadros judíos por la desconfianza hacia las poblaciones rumanas, que habían colaborado con los alemanes y, en su mayoría, carecían de formación técnica y política. Una vez más, esto no entraña negar el antisemitismo de Stalin, sino constatar que el pragmatismo y la relativa falta de control sobre lo que ocurría a centenares de kilómetros de Moscú impusieron una agenda diferente en cada geografía.[119]

Como hemos visto, en Checoslovaquia la acusación de sionista era letal, pero Rudolf Slánský se había caracterizado por hacer gala de una muy encendida retórica pública contra el Estado de Israel, con lo cual era complicado que ese apelativo tuviera algún grado de credibilidad en su caso. Las malas relaciones con Israel comenzaron en 1949 y Slánský fue detenido más de dos años después. Si tenemos en consideración los acelerados ritmos de entonces, era un lapso demasiado extenso como para establecer una causalidad directa. Además, las figuras de mayor relevancia que sufrieron purgas o fueron ejecutadas en Checoslovaquia después de Slánský no eran de origen judío. En Eslovaquia, el principal responsable del partido, Gustáv Husák, fue detenido y sentenciado a largas penas de prisión. A la postre, Husák quedaría rehabilitado y se volvería el máximo líder de Checoslovaquia tras la Primavera de Praga. Otro no judío, el antiguo ministro de Exteriores Vladimír Clementis, aparecía en una famosa fotografía junto a Gottwald el 21 de febrero de 1948, en el discurso frente a la Plaza de la Ciudad Vieja de Praga, en el que este anunció la toma definitiva del poder ante un público enfervorecido. Sin embargo, poco tiempo después Gottwald tuvo tan poca piedad con el judío Slánský como con el gentil Clementis, quien fue detenido junto con el grupo del primero, juzgado y condenado a muerte. Una vez ejecutado, Gottwald mandó manipular la foto del discurso de Praga, de la que hizo desaparecer la figura del malogrado político, de modo similar a lo que Stalin había hecho en años anteriores, borrando de los registros fotográficos a los antiguos camaradas caídos en desgracia. Como apuntan investigaciones basadas en los documentos internos checoslovacos, Gottwald y otros aprovecharon el creciente antisemitismo de Stalin como plataforma para deshacerse de rivales políticos. El sentido de las purgas fue marcado por la agenda interna, más que por directivas impuestas desde Moscú. Además, las ejecuciones no afectaron exclusivamente a los judíos, según revelan el caso de Clementis y de muchos otros, tanto en Checoslovaquia como en otros países de la región.[120]

Así las cosas, podría argumentarse que el antisemitismo fue una condición *necesaria* pero no *suficiente* para explicar el desarrollo represivo de Europa del Este durante la posguerra. La historiografía más reciente señala que, en la mayoría de los casos, el uso y abuso de apelativos como el de sionista podía resonar en los oídos de sociedades tradicionalmente imbuidas de altos niveles de antisemitismo para legitimar lo que, en el fondo, no eran otra cosa que luchas intestinas que poco tenían que ver con el antijudaísmo; antes bien, eran atribuibles a la competencia feroz por el poder.[121] En países como la Rumania de los tempranos años cincuenta, Gheorghe Gheorghiu-Dej aprovechó la campaña antisemita para deshacerse de su contendiente, la comunista judía Ana Pauker. Llamativamente, entre los apoyos de Dej se contarían cuadros como Leonte Răutu y Iosif Chişinevschi, de origen judío, lo que indicaba que de ninguna manera estos conflictos podían reducirse a lineamientos nacionales o étnicos.

Esto se confirma si observamos lo que ocurrió en otros países. En Hungría, el secretario general del Partido Comunista, Mátyás Rákosi, de origen judío, hizo valer la acusación de "espía titoísta" para atacar a László Rajk, a quien veía como un probable rival por el poder. En 1949, Rajk fue detenido junto a otros siete políticos húngaros, torturado y sometido a un nuevo "juicio espectáculo". Los fiscales de Rákosi le aseguraron que evitaría la horca si confesaba todos los delitos de los que se lo acusaba, incluido el de "titoísmo". Así lo hizo László Rajk, pero pronto descubrió que había sido engañado, y el tribunal lo sentenció a la pena de muerte, consumada el 15 de octubre de 1949. En Polonia existía una guerra abierta entre la facción más proclive a Moscú, liderada por Bolesław Bierut, y la que buscaba una vía nacional al socialismo, encabezada por Władysław

Gomułka. Con la ruptura Tito-Stalin, Bierut se vio legitimado para librarse de Gomułka: en noviembre de 1948, el Politburó lo destituyó de todos sus cargos, acusándolo de "nacionalcomunismo", "desviacionismo derechista" y "titoísmo". En sus acciones contra Gomułka, Bierut contaría con el apoyo de varios miembros judíos del Politburó, como Jakub Berman y Hilary Minc, e incluso Roman Zambrowski, quien originalmente era partidario de Gomułka pero no dudaría en condenarlo y aliarse con la facción victoriosa luego de su caída en desgracia. Por su parte, el destino mismo de Gomułka, quien hacía gala de un antisemitismo poco disimulado al que solo veinte años más tarde podría dar rienda suelta, fue también relativamente paradójico: detenido en 1950, no sería forzado a pasar por un "juicio espectáculo" que lo condenara a muerte o cadena perpetua; casi una ironía, si se tiene en consideración que en los hechos su proyecto guardaba no pocas semejanzas con la vía nacional impulsada por Tito en Yugoslavia y que por una vez la acusación de titoísmo podría haber tenido algún viso de ser cierta.

\* \* \*

Para 1953, los regímenes comunistas se habían instalado y consolidado en casi toda la región central y oriental de Europa, que en ese entonces ya había adquirido una identidad propia. Los partidos comunistas de la región seguían un libreto que a grandes rasgos reproducía la experiencia soviética, aunque cada uno a su modo y a su ritmo, con singularidades que reflejaban las condiciones específicas en que se embarcaba en la construcción del socialismo de Estado. La Unión Soviética de Stalin marcaba los ritmos y establecía ciertas reglas de juego, pero sin poder imponer una línea única y coherente para toda la región y en más de un caso generando fricciones y resistencias que escaparon a su control. En suma, la coalición de países comunistas que pasó a conocerse como el "bloque del Este" o el "bloque soviético", lejos de ser una entidad monolítica sometida al control todopoderoso de Moscú, constituía un universo diverso, en ocasiones dinámico e incluso frecuentemente inestable. El carácter más bien frágil de este bloque se revelaría con mayor claridad luego del 6 marzo de 1953, cuando la noticia de la muerte de Iósif Stalin tronó a lo largo y a lo ancho del continente europeo y del mundo.

**1955**

ISLANDIA

Océano Atlántico

SUECIA     FINLANDIA

NORUEGA

+ ESTADOS UNIDOS
+ CANADÁ

Estonia

URSS

Letonia

DINAMARCA

Lituania

IRLANDA

REINO
UNIDO     PAÍSES
BAJOS     REPÚBLICA
DEMOCRÁTICA
ALEMANA     POLONIA

BÉLGICA

LUXEMBURGO     REPÚBLICA
FEDERAL
DE ALEMANIA     CHECOSLOVAQUIA

Moldavia

FRANCIA     SUIZA     AUSTRIA     HUNGRIA     RUMANIA

Mar
Negro

ITALIA     YUGOSLAVIA

BULGARIA

PORTUGAL

ESPAÑA

ALBANIA     TURQUÍA

GRECIA

Mar Mediterráneo

Anexiones de la URSS
Anexiones de Polonia, Yugoslavia, Bulgaria y Grecia
Repúblicas populares
"Cortina de Hierro"
OTAN
Pacto de Varsovia

La Europa de la Guerra Fría

# 5. Reformas y contrarreformas
## El socialismo realmente existente
## (1953-1968)

En septiembre de 1961, el líder comunista de Alemania del Este, Walter Ulbricht, pronunció en la capital un discurso, durante el congreso del partido. En esa ocasión, anunció los pasos que seguir y pronosticó la situación en el corto y mediano plazo: "Tenemos que desarrollar nuestro Berlín hasta tal punto que el Berlín capitalista venga a comprar aquí; en un año vendrán a comprar leche, en dos años las verduras y en tres años... todo lo demás". Solo unas semanas antes, la noche del 12 al 13 de agosto, Ulbricht había decidido levantar un muro en Berlín que separaba la parte oriental de la ciudad de la occidental. El Muro de Berlín dejaba la parte occidental como un islote capitalista rodeado de territorio socialista, pero sobre todo servía para evitar la constante huida hacia allí de alemanes orientales, que en los meses previos se contaban por millares.

La construcción del Muro marcó un punto simbólico de una nueva etapa en la Guerra Fría que la historiografía ha dado en llamar del "socialismo realmente existente" o, simplemente, "socialismo real", caracterizada por cierta coexistencia pacífica entre los bloques e iniciada paulatinamente tras la muerte de Stalin. Con ese nuevo panorama de estabilidad, los gobiernos socialistas sabían que su continuidad en el poder estaba garantizada. En ese contexto, Ulbricht cerraba su discurso: "En mil días, superaremos a Alemania Occidental tanto en el plano de la producción como en el de los servicios". Esta era una de las características del socialismo real: la voluntad de demostrar al mundo capitalista que el socialismo era no solo más justo, sino también más eficiente y capaz de proveer a sus ciudadanos con mejores bienes y servicios. En 1956, el nuevo líder soviético, Nikita Kruschev, frente a una delegación de embajadores occidentales en Moscú, había exclamado: "Les guste o no, la historia está de nuestra parte. Los enterraremos". El propio Walter Ulbricht acuñó tras 1961 la expresión "superar sin igualar" (*überholen ohne einzuholen*), fórmula que hacía referencia a esta búsqueda de una forma socialista superadora del capitalismo.[122] Si bien la superación de la que hablaba Ulbricht nunca se consiguió, la apertura de horizontes y el optimismo postestalinista marcaron cambios históricos en la trayectoria del comunismo en Europa del Este. Sin soslayar los altos niveles de control, vigilancia y represión, como atestigua la mera construcción del Muro de Berlín, los años del socialismo real fueron un tiempo de experimentación de las posibilidades del socialismo que en muchos sentidos condujeron a una mejora tangible y considerable de las condiciones de vida de los ciudadanos de la región. Esta notable transformación social mostró las facultades de un socialismo desarrollado, y también puso en evidencia que las aspiraciones y deseos de los ciudadanos de Europa del Este no necesariamente diferían de lo que acontecía en el mundo capitalista, que por entonces vivía sus años dorados.

Este capítulo examina las transformaciones políticas, económicas, sociales y culturales que atravesaron el mundo socialista luego de la muerte de Stalin. Nuestra atención se posa también sobre los límites de dichas transformaciones, manifiestos tanto en la historia de las frustradas reformas económicas de los años sesenta como quizás más claramente en los episodios de violenta represión que tuvieron lugar en Hungría en 1956 y en Checoslovaquia en 1968. En términos generales, el socialismo real fue profundamente distinto del comunismo antes de la muerte de Stalin. Los cambios en economía, ciencia y tecnología así lo atestiguan: reformas económicas que coqueteaban con el mercado, programas tecnocráticos de gestión e incluso experimentos tecnológicos con la cibernética muestran una exploración creativa de las posibilidades del socialismo que, aunque hoy sepamos que acabaron en colapso, merecen ser analizadas como alternativas creíbles que pudieron haber prosperado. Todos esos proyectos fueron llevados adelante por actores convencidos de su factibilidad y motivados por el deseo de producir un socialismo más dinámico, más justo, más sustentable y quizás, por qué no, más democrático. A la vez, en este período los conflictos políticos a escala internacional abandonaron Europa para recalar en el Sur Global, que se convirtió entonces en tierra de experimentación para los comunistas europeos. Aunque Moscú mantuvo siempre su preponderancia internacional en cuanto cuna y pilar del socialismo real, a partir de la desestalinización diversos países socialistas emprendieron acciones en el exterior, muchas veces con altos niveles de autonomía, extendiendo apoyo militar, técnico, económico e ideológico a poblaciones oprimidas por las potencias capitalistas. El triunfo de las ideas revolucionarias en Cuba y en Vietnam y las múltiples conexiones que se establecieron entre el entonces llamado "Tercer Mundo" y el comunismo europeo dieron a Europa del Este una dimensión eminentemente global. En definitiva, los años del socialismo realmente existente fueron un período de extraordinario dinamismo. La marcha de todos estos cambios habría sido más complicada, si no imposible, de no ser por lo que aconteció en Moscú a partir de 1953.

## LA MUERTE DE STALIN Y EL INICIO DE UN TIEMPO NUEVO

Una noche de comienzos de marzo de 1953, el camarada Iósif Stalin se sintió indispuesto y se retiró a su habitación en el Kremlin. Pocos minutos después, un accidente cerebrovascular confirmaba su malestar y quebraba su salud, postrándolo. Tras unos días de agonía, el 5 de marzo se confirmaba su muerte. Sus colaboradores más cercanos, conocidos como el "equipo de Stalin", se vieron enseguida envueltos en un manto de vértigo e incertidumbre acerca de "qué hacer". Eran una camarilla de líderes políticos, una decena, que habían sobrevivido a las purgas y que en ese marzo de 1953 aún gozaban de su confianza, tenían experiencia de guerra y abrigaban la convicción de que otra lucha por el poder desangraría al Estado soviético en un momento más que inoportuno. Las batallas de la Guerra Fría con el bloque liderado por los Estados Unidos alcanzaban entonces uno de sus puntos cruciales, con tensiones territoriales a lo largo del globo y una sangrienta guerra en Corea, que involucró a soldados de ambos bloques. Con el cadáver del "Padre de los Pueblos" todavía insepulto, sus antiguos subordinados comenzaban a mover los hilos que cambiarían la forma de gobierno de la máquina soviética: los jerarcas apostaron por una política que evitara la concentración del poder en manos de una sola persona que pudiera hacer y deshacer a su antojo. El puesto de nuevo secretario general del

Partido Comunista de la Unión Soviética (PCUS) y máxima autoridad de facto fue a parar a Nikita Kruschev, comunista con experiencia que se había lucido en la época de las purgas y la Segunda Guerra Mundial y que tenía la confianza de buena parte del Politburó. Solo restaba un obstáculo, el antiguo jefe del NKVD, el temible Lavrenti Beria. Kruschev urdió un complot entre bastidores para terminar de decidir al Politburó en contra de ese adversario personal, quien fue detenido en junio de 1953 y ejecutado poco después.[123]

El liderazgo de Kruschev marcaría una nueva era en la historia soviética. Se inició entonces lo que se conocería como el "deshielo", un término popularizado entonces por la novela homónima del escritor Iliá Ehrenburg que designaba un proceso por el cual el régimen soviético reducía considerablemente la dureza de sus políticas represivas e iniciaba reformas en numerosos aspectos de la vida política y social. Lo mismo valía para la escena internacional, donde Kruschev se esforzó por extender el "deshielo" al conflicto entre las potencias, favoreciendo un diálogo más fluido con los Estados Unidos y con el mundo occidental tras años de aislamiento. Las cosas, sin embargo, no eran tan sencillas. El nuevo líder recibió el poder en mitad de una escalada de tensiones, marcada por la fundación en 1949 de la Organización del Tratado del Atlántico Norte (OTAN), alianza militar occidental destinada a contrarrestar el comunismo y por lo tanto una amenaza directa para la Unión Soviética. A la vez, las potencias occidentales militarizaron Alemania Occidental, con frontera directa y con una relación peculiar y problemática con el mundo socialista, en especial con su hermana gemela, la República Democrática Alemana. Como oficiosa contrapartida, la Unión Soviética lanzó su propia alianza militar en el mundo socialista, el Pacto de Varsovia, en 1955. Si bien la voluntad de Kruschev por el cambio era visible desde el comienzo y, a grandes rasgos, su política exterior aspirase a normalizar las relaciones con el mundo occidental, la Guerra Fría marcaba un ritmo de conflicto latente del cual no podría sustraerse el socialismo.

El mayor símbolo de los cambios impulsados por Kruschev, que más tarde se conocerían como "desestalinización", tuvo su corolario en el XX Congreso del PCUS de febrero de 1956. Allí, Kruschev lanzó lo que con los años ganaría el mote de "discurso secreto": en dicha alocución, formalmente titulada "Sobre el culto de la personalidad y sus consecuencias", el secretario general denunciaba el culto a la personalidad acontecido bajo Stalin, su violación de las formas de dirección colectiva en el partido y sus políticas represivas contra individuos y grupos opositores. El discurso era la culminación de la serie de cambios iniciados con el "deshielo", a la vez que una muestra de la decidida voluntad de iluminar una vía comunista que recuperase el viejo legado de Lenin. Con todo, las críticas al gobierno de Stalin se concentraban en los aspectos represivos del régimen y su persona, sin cuestionar aquellas políticas que habían permitido al Estado soviético alcanzar la industrialización y la expansión militar, y dejaban en pie al partido como pilar del sistema y líder en la construcción del socialismo.

El discurso de Kruschev tuvo poco de "secreto". No solo porque unos 1400 delegados presenciaron la alocución y luego difundieron las ideas entre sus allegados, sino porque, apenas un mes más tarde, el partido decretó que todos los comités de las provincias y los distritos recibieran una copia impresa. El discurso fue rápidamente divulgado a lo largo y ancho de la Unión Soviética para diseminar la nueva línea del partido e implicar a los ciudadanos en esta nueva etapa. Sin embargo, el proceso muy pronto escapó al control de los dirigentes: al llegar a las repúblicas, a las regiones y los distritos, las revelaciones sobre los crímenes del estalinismo no pudieron sino provocar reacciones encontradas y difíciles de dominar en la sociedad soviética. En los comités locales, los responsables de transmitir esa nueva línea no sabían siempre cómo reaccionar ante las revelaciones, ni cómo preservar la disciplina entre sus subordinados en un contexto en el que repentinamente la crítica se había vuelto posible, aceptable e incluso era alentada por el partido. Hombres y mujeres víctimas de la represión de los años de Stalin comenzaron a hacer oír sus voces y contar sus trágicas vivencias. Viejos militantes se hacían eco de la apertura del debate para condenar a Stalin por haber traicionado los valores de la revolución y formulaban críticas que por momentos podían dirigirse contra el partido mismo, rozando lo que los dirigentes consideraban trotskismo y actividades contrarrevolucionarias. Ciudadanos y ciudadanas reaccionaban con emoción y furia a veces descontroladas, y muchos optaban incluso por la violencia y la destrucción de estatuas, bustos y memoriales de Stalin. A la vez, no pocos se mostraron escépticos ante las revelaciones, y defendieron la memoria del antiguo secretario general reivindicando sus logros y hazañas. En este contexto, las autoridades reaccionaron sin demoras para calmar una opinión pública que había cobrado vida propia, reprimiendo conductas que consideraban contrarrevolucionarias y que eventualmente podrían poner en duda la primacía del partido en la vida soviética. La marea de la desestalinización comenzaría entonces a mermar a la par que las autoridades disminuían sus críticas contra los años de Stalin y su régimen. Solo en 1961 el partido lanzaría una nueva oleada desestalinizante: en ocasión del XXII Congreso del PCUS, las críticas a Stalin y las revelaciones serían aún más contundentes, pero esta vez el partido tomaría enteramente las riendas del proceso: se retiró el cuerpo de Stalin del Mausoleo, se lo retrató sin ambages como un traidor a los valores del leninismo y se desalentó a los ciudadanos de obrar por cuenta propia.[124]

El giro de las autoridades soviéticas a partir de 1953 tuvo un impacto especialmente fuerte en la región, donde los partidos comunistas en el poder desde la década anterior tuvieron que acomodarse a las nuevas políticas de Moscú. Este fue el caso en Yugoslavia, alejada del campo socialista y desde 1950 orientada económica y militarmente hacia Occidente para protegerse de la amenaza soviética, aunque siempre con una dosis de autonomía. Apenas tres meses después de la muerte de Stalin, los soviéticos buscaron enmendar sus relaciones con Yugoslavia y propusieron el restablecimiento de los respectivos embajadores en Moscú y Belgrado. El acercamiento cobró impulso a fines de 1953, cuando las potencias occidentales favorecieron a Italia en el conflicto con Yugoslavia por el control de Trieste, lo que casi desencadenó una guerra entre ambos países. Las tensiones disminuyeron gracias a la acción de la diplomacia yugoslava en Washington, aunque una renovada desconfianza hacia los occidentales condujo a los líderes en Belgrado a estimar las ventajas de alcanzar un entendimiento con Moscú. Con todo, los yugoslavos insistirían en la necesidad de sostener una relación equitativa, negándose a cualquier tipo de reintegración en el campo socialista y aspirando a preservar una posición autónoma. La culminación de este proceso llegó en 1955, cuando Kruschev visitó a Tito y firmó con él la "Declaración de Belgrado", documento en el que se consignaba el respeto mutuo y la no interferencia soviética en los asuntos internos de Yugoslavia y se aceptaba el derecho de cada Estado de interpretar el socialismo a su manera.[125] El entendimiento con Yugoslavia fue un parteaguas en el mundo socialista, marcado por años de campañas y persecución ideológica contra los "titoístas". Esto permitió que florecieran una vez más los intercambios económicos entre el país balcánico y la URSS, además de alentar a los otros partidos comunistas del mundo a recomponer vínculos con Belgrado. Quizás más importante era que en última instancia quedaba en claro que Moscú no tenía el monopolio de la interpretación del socialismo y que eran posibles otras vías de construcción política y social.

En el resto de Europa del Este, los líderes comunistas que gobernaban con mano de hierro sus Estados a la usanza del viejo Stalin, desde Walter Ulbricht en Berlín hasta Gheorghe Gheorghiu-Dej en Bucarest, vieron amenazado su poder por la incipiente, y aún imprecisa, desestalinización. Incluso antes de que Kruschev realizara cambios mayores, los líderes de la región presentían que se avecinaba un nuevo rumbo. Temiendo ser víctima preferencial de las nuevas oleadas que se alzaban desde Moscú, Gheorghiu-Dej fue uno de los primeros en responder a la desestaliniza-ción reafirmando su autonomía frente a los soviéticos. El Partido Rumano de los Trabajadores asumió una orientación más nacionalista: por un lado, cuestionó los planes económicos soviéticos que pretendían dejar a Rumania en una posición mayormente agroexportadora y dependiente de Moscú, apelando así a sentimientos antirrusos entre los ciudadanos rumanos, y por otro, rehabilitó a viejos intelectuales nacionalistas. Era el principio de una vía nacional al comunismo que persistiría en Rumania durante las décadas subsiguientes y que el sucesor de Gheorghiu-Dej, Nicolae Ceauşescu, llevaría al paroxismo.[126]

La muerte de Stalin abrió un tiempo de inestabilidad e incertidumbre en el mundo socialista, en cierta medida porque muchas veces se conjugó con el descontento social y con demandas de democratización. Diversos gobiernos de Europa del Este se vieron obligados a rápidas maniobras de devaluación de la moneda o aumentos de precios, lo que dio lugar por primera vez a estallidos populares que pusieron en jaque a los regímenes comunistas. En Alemania del Este, la situación económica de comienzos de los años cincuenta era calamitosa, en parte como consecuencia de una fallida política de planes quinquenales que sometía la producción a un control estricto pero ficticio, disfuncional e improductivo. El 16 de junio de 1953, una masa de trabajadores iniciaba una huelga en Berlín Oriental que en cuestión de horas se extendería hacia otras ciudades del país. Al día siguiente, el gobierno de Ulbricht recurría a la policía y a los tanques soviéticos, apostados aún en Berlín desde la liberación de 1945, que dispararon contra los manifestantes y causaron cerca de un centenar de muertes.

El levantamiento alemán fue el primero de varios, de distinto calado y consecuencias, pero que hicieron temblar el poder de los partidos comunistas en la región durante esos años. Aunque se dieron en contextos nacionales, estos levantamientos no se explicaban por circunstancias únicamente locales, sino que formaban parte de una dinámica regional y eran señal de un efecto contagio que encadenaba mutuamente los procesos políticos del mundo socialista. Desde Yugoslavia, donde el socialismo autogestionario y díscolo no cedía en sus pretensiones de superioridad sobre el sistema burocrático soviético, los levantamientos se recibían con regocijo: el esloveno Edvard Kardelj, alto cuadro del régimen y uno de los artífices de la autogestión, describió el levantamiento en Berlín como "el evento más importante después de la resistencia yugoslava de 1948". Kardelj reconocía en las huelgas y manifestaciones "el carácter de auténtica acción revolucionaria de masas de la clase obrera contra un sistema que se autodenomina 'socialista' y 'proletario'".[127] Así, Europa del Este ingresaba en un período nuevo e incierto, en el que algunos socialistas heterodoxos depositaron grandes esperanzas de cambio y democratización.

Los años siguientes probaron cuanto menos desmesuradas muchas de estas expectativas. Europa del Este no se llenó de "pequeños Titos" que reemplazaran a los "pequeños Stalin", y por lo general las nuevas élites comunistas resultaron ser antiestalinistas, pero no todo lo aperturistas que se esperaba. Si en países como Alemania del Este ni siquiera se produjo una desestalinización como tal, lo que permitiría a Ulbricht mantenerse otras dos décadas más en el poder, en muchos otros casos lo que siguió a la desestalinización fue una reinvención política y social del comunismo que, como en el caso de Rumania, aspiraba a aumentar la autonomía respecto de Moscú, poner mayor acento sobre las singularidades de cada país en las decisiones de gobierno y dar un cariz popular y nacional al régimen. En junio de 1956, Polonia fue sacudida por el levantamiento de los trabajadores de Poznań, que se organizaron para pedir un cambio en el gobierno y una desestalinización propiamente polaca. Las fuerzas policiales reprimieron a los manifestantes pero, ante la continuación de las protestas durante los meses siguientes, el Politburó polaco se vio obligado a llamar al único líder carismático que podía dar respuesta a aquellos: Władysław Gomułka. En octubre de ese año, Gomułka era elegido secretario general del partido y daba mítines ante una multitud entusiasta; el estalinismo en Polonia había terminado, reemplazado por un "comunismo nacional".[128]

La concatenación de eventos y el impacto de la desestalinización se dejaron sentir con mayor fuerza en Hungría. Al observar los sucesos de Polonia, la posibilidad de un cambio radical se hizo presente en amplios sectores de la sociedad húngara: desde estudiantes hasta intelectuales, se movilizaron como nunca antes. En octubre de 1956, trescientas mil personas abarrotaron las calles de Budapest y tumbaron la gigantesca estatua de Stalin de veinticinco metros de altura. En el partido, el estalinista Mátyás Rákosi fue desplazado por Imre Nagy, quien había ascendido a secretario general tras la muerte de Stalin. Sin embargo, a diferencia del polaco Gomułka, Nagy no tenía influencia y popularidad entre los manifestantes, ni fue capaz de entender el movimiento popular para canalizar sus demandas. A finales de ese mes, aún era incapaz de distinguir, desde su óptica marxista, si lo que veía en las calles de Budapest era un movimiento revolucionario o contrarrevolucionario. Por último, fue lo suficientemente hábil para aceptar muchas de las demandas de los manifestantes, o en realidad no le quedó otro remedio. No obstante, si en Polonia las reivindicaciones albergaban consignas de una vía nacional al socialismo pero siempre dentro de las coordenadas de un Estado socialista, en Hungría la situación fue mucho más lejos: los manifestantes demandaban instituciones liberales, elecciones libres, abolición de la censura y régimen multipartidista. Todo esto no implicaba reformar el socialismo, sino tirarlo abajo. Había estallado una auténtica revolución que buscaba acabar por completo con el régimen.

Nagy se había comprometido a reformas profundas, pero las facciones más duras del Partido Comunista Húngaro ordenaron disparar contra los manifestantes y pidieron ayuda a la Unión Soviética. El 25 de octubre, con decenas de miles de estudiantes frente al Parlamento de Budapest, estalló la violencia en las calles. El aparato de seguridad y la policía húngaros abrieron fuego contra la multitud, que a su vez echó mano a las armas y ocupó edificios estratégicos. A pesar de estos intentos combativos, el 4 de noviembre el Ejército Rojo ingresó a Budapest y desequilibró la balanza. La lucha se prolongó hasta el día 10 de ese mes, cuando los últimos focos de resistencia se rindieron ante los tanques soviéticos, dejando un saldo de unos 3000 húngaros muertos y millares de heridos y detenidos. Imre Nagy, que se había puesto de parte del pueblo revolucionario, se refugió en la embajada de Yugoslavia.

Con la represión del movimiento popular en Budapest, Kruschev apagó un fuego que parecía quebrar por completo el equilibrio interno de la región y poner en riesgo la supervivencia del bloque socialista. Se restauró el control mediante una línea fiel a Moscú, con János Kádár como nuevo secretario general, quien prometió un salvoconducto a Nagy solo para luego capturarlo, enjuiciarlo y ejecutarlo dos años más tarde junto con algunos de sus partidarios. La llegada al poder de Kádár, con todo, tampoco significaba una vuelta a la ortodoxia. El nuevo líder húngaro se mostraría capaz de adaptarse a los vientos de cambio que soplaban desde diferentes direcciones y que, por las buenas o por las malas, empujaban a los comunistas de Europa del Este lejos de las recetas que el estalinismo había consagrado en años anteriores.[129]

## REFORMAR EL SOCIALISMO: TRANSFORMACIONES POLÍTICAS, ECONÓMICAS Y SOCIALES EN LOS AÑOS CINCUENTA Y SESENTA

En el mundo socialista ese no fue solo un tiempo de cambio de liderazgo y apertura política, sino también de reformas económicas, sociales y culturales. En materia represiva, los cambios fueron radicales: Kruschev desmontó casi por completo el enorme aparato sostenido hasta entonces por el Ministerio del Interior, alimentado en gran medida con el trabajo forzado de los prisioneros políticos. El líder soviético declaró sucesivas amnistías para los prisioneros del sistema Gulag e inició reformas en el régimen penal y carcelario. Así, se reducían considerablemente la amplitud y la severidad de la represión política, se quitaba margen para la arbitrariedad en el proceso penal, se daban mayores derechos y garantías a los prisioneros y se instauraba un sistema de trabajo remunerado, regulado por el código laboral, en las instituciones carcelarias. En el mundo del trabajo, las cosas evolucionaron en un sentido similar: si en tiempos de Stalin la centralización económica había reducido significativamente el poder de los sindicatos y los derechos de los trabajadores, que habían perdido el derecho a renunciar al empleo y sufrían condiciones de control semipolicial, los años de Kruschev vieron el surgimiento de contratos más equitativos que otorgaban claros derechos a los empleados. Todo esto amplió el margen de negociación de los trabajadores en un contexto de escasez de mano de obra y contribuyó a crear lo que en los hechos era un auténtico mercado de trabajo, aunque desde luego menos liberalizado que en el mundo occidental en lo que concernía a la movilidad de los trabajadores y la persistente injerencia estatal.[130]

Además, estas reformas llegaron acompañadas por nuevos modos de pensar la dirección de la economía. El deshielo había liberado las ciencias, cuyo desempeño comenzó a tener mayor libertad y más apertura al exterior. Desde finales de los años cincuenta, los proyectos de reforma económica buscaban aumentar el crecimiento y reparar las múltiples deficiencias del sistema estalinista. En la versión ortodoxa de los planes quinquenales, la planificación económica centralizada exigía resultados con poca consideración de las particularidades regionales y locales. Era un sistema ineficiente, excesivamente costoso y que a menudo alentaba a todos los agentes a falsear datos y enviar informes a los organismos de planificación central con cifras maquilladas, ya que solo así se podían alcanzar los objetivos fijados desde arriba. Del nivel local al central, la operación de falseamiento del desempeño económico era un hecho conocido, pero difícil de evitar sin poner en entredicho muchos otros puntos de la maquinaria política comunista. Esta dislocación y virtualidad del mundo del trabajo socialista estaba representada por un viejo chiste que atribuía a los trabajadores soviéticos la frase: "Nosotros hacemos como que trabajamos y ellos hacen como que nos pagan".

Una vez muerto Stalin, los nuevos líderes comunistas buscaron sanear la economía, aunque siempre procurando que la estructura política permaneciese intacta. A grandes rasgos, fueron dos las operaciones que se pusieron en marcha. En primer término, y en casi todos los países de la región, se buscó descentralizar las decisiones, dando mayor poder a las empresas y a los organismos locales, y entablar una comunicación más directa y fluida con los órganos de planificación estatal para lograr un buen equilibrio entre las necesidades locales y los intereses generales. En segundo lugar, los economistas buscaron repensar las relaciones entre oferta y demanda, y en ocasiones llegaron a implementar medidas que aspiraban a corregir las falencias de la gestión centralizada introduciendo elementos de competencia y una dosis de mecanismos de mercado.

En la Unión Soviética, Kruschev inició en 1957 un proceso de reorganización que delegó la gestión de la industria y la construcción en consejos económicos a cargo de un centenar de regiones distintas. Pese a conseguir altas tasas de crecimiento a fines de los años cincuenta, la economía soviética volvió a ralentizarse a principios de los sesenta. En los hechos, la reforma derivó en la creación de un sistema de unidades autárquicas y no siempre bien coordinadas: aunque los organismos locales eran quizás más ágiles que la dirección central en la gestión, sufrían de numerosos sesgos localistas en materia de producción y contratación. Así las cosas, la economía soviética volvería a centralizarse a mediados de los sesenta, en paralelo con el eclipse de Kruschev en la dirección del partido, desplazado del poder en 1964. Uno de los líderes de mayor importancia tras la caída de Kruschev, Alekséi Kosyguin, introduciría por su parte una ambiciosa reforma en 1965 con el objetivo de estimular la productividad desde abajo, con recompensas para directores de empresas y trabajadores, alentando así la competencia. Pero esta reforma encontraría sus límites en la resistencia de la *nomenklatura*, es decir, los altos cuadros del partido y de la burocracia estatal, cuyas posiciones de privilegio los volvían particularmente reticentes a medidas que pudieran erosionar el poder de las instituciones centrales sobre la vida pública.

Un proceso no tan distinto ocurría en Yugoslavia, la tierra de la descentralización socialista. Allí, las reformas iniciadas en los años cincuenta con la premisa de la autogestión habían impulsado la delegación de facultades económicas en las repúblicas, y las empresas de propiedad social contaban con un margen especialmente alto de autonomía respecto del Estado. Dichas reformas, en combinación con la apertura hacia Europa occidental y el apoyo financiero de gobiernos y organismos occidentales, habían dado resultados asombrosos durante la década de 1950: Yugoslavia alcanzaba uno de los mayores niveles de crecimiento en el mundo, así como tasas de urbanización excepcionales, una notable mejora del poder adquisitivo y pautas de consumo casi equivalentes a las de los países occidentales; un modelo de socialismo más abierto y liberal, caracterizado además por la libre movilidad de los ciudadanos dentro y fuera del país, que ha llevado a una autora a calificarlo de "socialismo Coca-Cola".[131] Como señalaba un observador de la época, Belgrado era la única ciudad de Europa del Este donde resultaba difícil encontrar lugar para estacionar.[132]

Aun así, aflorarían los conflictos. Hacia dentro del régimen, las reformas de los años cincuenta representaban el triunfo de las facciones más liberales de la Liga de los Comunistas. Estos sectores, muchas veces provenientes de las regiones más ricas del país –las repúblicas de Eslovenia, Croacia y la provincia norteña de Voivodina en Serbia– podían beneficiarse de la descentralización y de menor intervención del Estado federal. Como contraste, las regiones menos desarrolladas –Bosnia, el sur de Serbia, Macedonia y Montenegro– seguían a la zaga en materia productiva y precisaban del apoyo activo del Estado central para continuar su desarrollo. Asimismo, en los años sesenta la expansión del consumo, aparejada a una tasa de inversión insuficiente, comenzó a generar una fuerte presión sobre los precios. La inflación acelerada abrió numerosos debates, con sectores liberales y tecnócratas que pujaban por profundizar la orientación liberal de los años anteriores contra la resistencia de burocracias estatales bien instaladas. Estas resistencias, sin embargo, venían no solo de las repúblicas del Sur, sino también del Norte; la *nomenklatura* yugoslava ponía límites a la profundidad de las reformas y no veía con buenos ojos la pérdida de poder del Estado sobre la vida económica.

No solo en Yugoslavia y en la Unión Soviética, sino en la mayor parte de la región, los tardíos años cincuenta y la década de los sesenta fueron un tiempo de experimentación que puso en jaque a los viejos partidos comunistas, que eran ciertamente uno de los principales obstáculos a la transformación del sistema socialista. Para los años sesenta, los partidos habían cobrado una dimensión descomunal, y tras la desestalinización se produjeron modificaciones significativas, en especial una renovación generacional. A diferencia de los años del estalinismo, cuando la lealtad política y la consistencia ideológica habían sido el principal criterio de reclutamiento de cuadros, la necesidad de renovación política y la ambición de mejorar la gestión económica alentaron un cambio en la índole y la composición de las élites dirigentes. Los regímenes comunistas en Europa del Este comenzaron a abrirse a las clases educadas, y en particular a los intelectuales de tipo técnico, cuyos saberes podían asistir al Estado. Agrónomos, ingenieros, economistas y sociólogos comenzaron entonces a llenar las filas de los partidos comunistas y a poblar el funcionariado de los Estados de la región, en un proceso que Iván Szelényi y György Konrád denominaron "el camino al poder de clase de los intelectuales".[133]

Funcionarios, intelectuales y expertos con trayectoria internacional, movidos muchas veces por un espíritu de reforma, alcanzaron posiciones decisivas en el organigrama del socialismo e incluso visibilidad en el debate público. Sus propuestas de transformación no buscaban abandonar el marxismo en favor de una gestión capitalista, sino conjugar planificación económica, racionalidad y ciertas dosis de mercado en aras de un perfeccionamiento de la economía socialista. El caso más paradigmático quizás sea el checoslovaco Ota Šik, quien proponía abrir la economía marxista de acuerdo con el reconocimiento de diversas necesidades que surgían en la sociedad. Šik era parte de una generación que contaba con destacadas figuras como el húngaro János Kornai o el yugoslavo Branko Horvat: nacidos en torno a los años veinte, tenían una experiencia formativa y vital muy distinta a la de sus mayores, lo que les permitió tomar una distancia crítica frente al sistema que no suponía un abandono del socialismo, sino su mejora y modernización.

Este proceso se vio reforzado por la apertura internacional de la región tras el deshielo. Los años cincuenta y sesenta fueron testigos del establecimiento de ricos lazos de cooperación académica e intercambio cultural entre el Este y el Oeste. Si Yugoslavia, gracias a su inserción internacional excepcional, fue el primer país socialista en beneficiarse de las becas de la Comisión Fulbright para formar ingenieros, economistas y sociólogos en universidades y centros de estudios en los Estados Unidos, muchos otros países del Este harían lo propio en años subsiguientes. Las nuevas generaciones de húngaros, polacos, rumanos y soviéticos eran parte de las redes académicas transnacionales que se tejían en los años sesenta y setenta con apoyo de organizaciones occidentales, gobiernos orientales y entes internacionales como la Unesco. Dichas estancias en los Estados Unidos, Canadá y Europa occidental tendrían impacto en la formación de las jóvenes generaciones de expertos, y en muchos casos les permitirían entrar en contacto con nuevas experiencias e ideas. En paralelo, los expertos de las universidades occidentales profundizaban su conocimiento del mundo socialista. Los intercambios fueron tan profundos que algunos historiadores han señalado que el Telón de Acero era un "Telón de Nailon", dando a entender que la línea divisoria entre bloques durante la Guerra Fría en realidad no fue tan rígida.[134]

Una de las consecuencias de este cambio fue cierta tendencia a la confluencia en las maneras de pensar la gobernabilidad a ambos lados del Telón de Acero. La década de los sesenta parecía el inicio de un nuevo período marcado por un desarrollo imparable de la ciencia y la tecnología. Algunos pensaron incluso que en la nueva sociedad el desarrollo de la ciencia iba a limar las diferencias ideológicas y conducir a la humanidad entera hacia un progreso ininterrumpido. Los Estados cambiaron su forma de considerar la política y la economía y, sobre todo, miraron al futuro con más esperanza, visión que se haría carne en una capa social de expertos formados para las tareas de gestión y gobierno y que en Occidente a menudo se conocería con el nombre de "tecnocracia". Los países socialistas fueron parte de este proceso, atravesando una "revolución científico-técnica" que no se veía como un desvío respecto del marxismo sino, por el contrario, como su continuación lógica con nuevas herramientas y técnicas.[135] Numerosos avances a escala europea y planetaria resultaron en buena medida de la cooperación y constante intercambio entre técnicos y científicos de muy distintas ideologías. Estos se produjeron durante años en foros internacionales y sin casi cortapisas ni conflictos ideológicos. En el bloque oriental, Checoslovaquia adquirió un papel preponderante y el desarrollo de sus programas gubernamentales de reforma económica era seguido con atención y traducido a gran cantidad de idiomas. Dentro del frenesí tecnológico, los países socialistas se lanzaron a explorar los límites del desarrollo en diversos campos, y países como Alemania del Este o la misma Checoslovaquia comenzaron a experimentar con programas de cibernética motivados tanto por una ambición técnica como por un espíritu de progreso social y político.[136]

En suma, en el Este el socialismo comenzaba a desempolvarse, saliendo de su imagen pétrea y estática para figurar como un régimen político más que abrazaba la modernidad de los años de posguerra. Las transformaciones se dejaban también sentir en el plano cultural. Consumo, turismo, rebeldía juvenil y liberación sexual fueron fenómenos que no solamente impactaron en las ricas metrópolis occidentales, sino que también tuvieron su correlato socialista. La poderosa industria del turismo en Yugoslavia con centro en la costa del Adriático, la industria fílmica (incluida una rama de animación) en Checoslovaquia con películas como *La tienda de la calle mayor* y *Trenes rigurosamente vigilados*, así como el conceptualismo pictórico de artistas como el ruso Erik Bulatov mostraban que el mundo socialista participaba en la modernidad global.

Las transformaciones que tuvieron lugar en los años cincuenta y sesenta, sin embargo, no podían sino despertar fuertes tensiones. En los proyectos de reforma económica, en particular, estaba latente la pregunta de qué ocurriría con la reforma política. La descentralización de la toma de decisiones financieras y productivas podría conducir también a una incipiente pluralización: quizás lo más importante era que esta ebullición ponía en cuestión el liderazgo del partido como principal instancia del poder político. Con el pasar de los años, estos dilemas terminarían dirimiéndose en una dirección más bien conservadora. El socialismo mostraría finalmente su rigidez más profunda, y conseguiría evitar tanto una transformación estructural de la economía como una democratización política.

## LA POSICIÓN DE LAS MUJERES EN EL SOCIALISMO

Los cambios tras la muerte de Stalin afectaron a la sociedad en su conjunto, aunque no por igual en todos los niveles. La vida de las mujeres se vio alterada de modos específicos, ya que también en cuestiones de género la posición del líder soviético había adquirido matices netamente conservadores y represivos desde los años treinta. La discusión sobre la posición de las mujeres en el socialismo de Estado está repleta de paradojas. La ideología marxista y los movimientos socialistas desde el siglo XIX tenían como bandera y *leitmotiv* importante de su discurso la liberación de la mujer. A comienzos de la revolución, Lenin dijo célebremente que cualquier cocinera debía estar preparada para dirigir un

Estado socialista, en una época en que la visión y la política de los bolcheviques respecto de las mujeres adquirieron una ambición liberadora.

En el plano legal, en los primeros años de la Unión Soviética las mujeres gozaban de unas condiciones de igualdad muy superiores a las de cualquier país de la Europa occidental, tanto en materia de derecho laboral como de derecho familiar. En la realidad y en el terreno, sin embargo, estas ideas se verían severamente limitadas por prácticas políticas y sociales que arrastraban inercias de siglos de dominación patriarcal. La ideología oficial de la Unión Soviética no estaba labrada en mármol, sino que cambiaba en función de la coyuntura, y ese fue el caso también respecto de los derechos de las mujeres. Por ejemplo, si en 1920 Lenin asumió un discurso de emancipación de la mujer que llevó, entre otras cosas, a aprobar el derecho al aborto, en 1936 Stalin no solo lo derogó con una prohibición, sino que persiguió con severidad a las mujeres que intentaran interrumpir voluntariamente el embarazo y reimplantó una visión muy tradicional de la familia.[137]

La acción de gobiernos autoritarios podía restringir derechos formales y prácticos de hombres o de mujeres por igual, pero también aprobar o conceder prerrogativas legales garantizando la igualdad o profundizando los derechos y las libertades femeninas. Así, al analizar el socialismo, sobre todo el posterior a 1945, se plantea la pregunta de hasta qué punto un régimen dictatorial puede perjudicar las libertades civiles generales y, sin embargo, beneficiar a las libertades de las mujeres. Para buscar una respuesta, debemos prestar atención a la compleja relación que existía entre el comunismo, una ideología pionera en la defensa de la emancipación de las mujeres, y las prácticas de los líderes comunistas, plagados de contradicciones y más de una vez capaces de aceptar la restricción de las libertades de las mujeres en caso de que lo consideraran necesario.

El autoritarismo gubernamental, en ciertas ocasiones, podía hacer una diferencia histórica en favor de la ampliación de derechos tras años de frustración. Por ejemplo, en la Checoslovaquia de entreguerras, Estado democrático, los partidos de izquierdas habían buscado impulsar una ley del divorcio que, por razones obvias, beneficiaba a las mujeres en mucha mayor medida que a los hombres. A pesar de ello, con un Parlamento dividido en el que la mitad era de tinte conservador y por lo tanto se oponía, la democracia checoslovaca nunca fue capaz de conseguir la aprobación de dicho proyecto. Las cosas cambiaron tras la Segunda Guerra Mundial: con un régimen autoritario en el que la oposición estaba muy limitada y apenas tenía peso en las políticas de Estado, el divorcio prosperó con relativa sencillez, por lo que la ausencia de democracia redundó en una extensión de los derechos para las mujeres.[138]

En muchos casos, lo que acabó jugando en favor de la ampliación de derechos de las mujeres no fue la ideología, sino la coyuntura y factores de orden estratégico. Después de 1945, los líderes comunistas, la gran mayoría hombres, habían pasado por casi tres décadas de luchas incesantes. Durante ese tiempo muchos se habían vuelto muy conservadores en ámbitos de género y, a menudo de forma explícita, hacían gala de su tradicionalismo y señalaban la inutilidad de las "luchas feministas" cuando estas se considerasen como distintas de la lucha de clases en general. El conservadurismo de muchos de ellos los llevaba a rechazar leyes como la del aborto, y tanto en Alemania del Este como en Polonia durante los años de posguerra las autoridades defendieron discursos en contra del derecho de la mujer a decidir en materia reproductiva. Sin embargo, Polonia aprobó una ley que regulaba el aborto a mediados de los años cincuenta, una de las primeras del mundo; Alemania del Este tendría que esperar hasta 1972. La discrepancia no era de tenor ideológico, sino que resultaba de las circunstancias políticas: la Polonia socialista tenía que enfrentarse a la poderosa influencia de la Iglesia católica, que desde siglos marcaba el paso de la sociedad polaca. En su intento por afirmarse como autoridad principal del país en contra del conservadurismo clerical, los comunistas decidieron aprobar una ley del aborto, que les permitió dar respuesta a una demanda social y avanzar hacia una secularización que, en un duro golpe, arrebatase a la Curia su autoridad sobre la vida de las mujeres.[139] En Alemania del Este, sin un contrapeso tan claro como el del poder eclesiástico, en cambio, predominó el conservadurismo de la élite socialista y la ley del aborto tardaría casi dos décadas en llegar.

En la Europa socialista de la segunda posguerra, la evolución del rol familiar y social de las mujeres, su presencia en la vida política y las relaciones de género con los varones incidieron en diversos ámbitos, de distintas maneras y a ritmos diferenciales. Es indudable que las Constituciones socialistas de la época reconocieron una serie de derechos que al menos en lo formal las emancipaban de sus padres o de sus maridos: se declaró la igualdad legislativa en diferentes planos, las mujeres podían recibir herencias o adquirir la custodia de los hijos en caso de divorcio, y también se estableció la igualdad de los cónyuges en el matrimonio.[140] El ámbito en el que los países socialistas más se destacaron en relación con otras partes del mundo fue quizás el laboral. Los nuevos gobiernos promovieron a toda costa la incorporación de la mujer al mundo del trabajo mediante instituciones, legislación e incluso propaganda. Las mujeres de Europa del Este dejaron de ser en su mayoría amas de casa para comenzar a cumplir largos turnos en las fábricas. Este proceso se desarrolló a diferentes ritmos: en países industrializados como Checoslovaquia o Alemania del Este, en los años sesenta ya había más de un 80% de mujeres que trabajaban fuera de su hogar, mientras que en Hungría o Polonia, de carácter más rural, esta incorporación se dilató más en el tiempo y nunca alcanzó los niveles de otros Estados.

La incorporación de las mujeres al mundo del trabajo no doméstico es un punto nodal de la historiografía reciente que permite explorar y medir los cambios de la Europa socialista. Los Estados del Este promovieron rápida y decididamente esa conversión. Sin embargo, se plantea el interrogante de si esta política resultó de una voluntad sincera de emancipar a las mujeres o si entraban en juego otros intereses. Algunos autores han afirmado que detrás del empleo femenino había una dimensión funcional y productivista que no se interesaba especialmente por emancipar a la mujer, sino antes bien por sumar manos a la producción, que en la posguerra se centró en la industria pesada, considerada clave para el despegue económico y el desarrollo de una sociedad socialista, de cuyo Estado serían tan dependientes las mujeres como los varones.[141] Es indudable que esta valoración de la mano de obra femenina fue un factor importante, ya que las maltrechas economías de la región precisaban de cuantos trabajadores hubiese a disposición. Sin embargo, la consideración puramente economicista solo expresa parte de la realidad histórica, pues detrás de las políticas y legislación en la materia estuvieron organizaciones y activistas que ya desde antes de la Segunda Guerra Mundial habían abogado por una igualación de las mujeres con los hombres.[142]

Esta consideración se extendió a otros ámbitos en los que también la cuestión de la emancipación femenina cumplía un papel importante.

En la Europa de posguerra, tanto en el Este como el Oeste, las mujeres sufrían altas tasas de abortos naturales y nacimientos prematuros. Entre los expertos occidentales dominaba la noción de que el trabajo fuera de casa era *per se* negativo para los embarazos por razones médicas, por lo que desaconsejaban el trabajo a las mujeres, ya que este multiplicaba los riesgos; así, la ciencia parecía respaldar el relegamiento de la mujer al hogar. En el Este, las cosas eran distintas: allí, tras varios estudios, expertos médicos concluían que el trabajo fuera de casa, físico o no, no tenía por qué resultar negativo y que incluso era positivo para el embarazo en la medida en que proporcionaba autoestima y bienestar psicológico. En algunos casos, como en el trabajo en la industria pesada, este era indudablemente negativo para llevar a término la gestación, pero los gobiernos socialistas, nuevamente asesorados por los expertos médicos, aprobaron en general legislación que cubría y protegía a las trabajadoras embarazadas y las eximía de realizar tareas de riesgo físico.[143]

Bajo estas premisas, en Europa del Este las mujeres trabajadoras cumplieron un rol preponderante, lo que tuvo efectos sociales cualitativamente distintos a los de otras partes del mundo. En años recientes, la antropóloga Kristen Ghodsee planteó un polémico debate en el que afirmaba que "las mujeres tenían mejor sexo en la época socialista", y argumentó que la relativa paridad salarial en el socialismo equiparaba a las parejas de modo que la mujer no estaba claramente en una posición inferior a la del hombre. Esto tenía consecuencias mayúsculas en el ámbito sexual y de pareja: en Europa occidental la mayoría de las mujeres eran amas de casa, dependientes de sus maridos y, por ausencia de recursos económicos, se veían privadas de libertad real para, por ejemplo, solicitar un divorcio. Por el contrario, en el Este las mujeres empleadas fuera del hogar dependían de ellas mismas y por tanto tenían mayor libertad para escoger una pareja sin atender a cuestiones económicas. Así, podían emprender un proceso de divorcio o incluso ser madres solteras. Este estatus, además, les permitía buscar pareja en plano de igualdad, tener iniciativa en la propiciación de encuentros sexuales en los cuales no quedaban destinadas a un rol pasivo y sumiso, sino que eran proactivas.[144] Según las encuestas, en los años sesenta la satisfacción sexual de las mujeres en Europa del Este era cualitativamente mayor que en la mitad occidental del continente.[145]

Pese a todo, existieron facetas menos amables en la vida de las mujeres en el socialismo de Estado. La ideología convivía con tendencias patriarcales heredadas, lo que se reflejaba en el enorme techo de cristal para las mujeres. En la mayoría de las profesiones de prestigio, los escalafones más altos eran ocupados por hombres. Lo mismo puede decirse de la política: aunque hubiera destacadas dirigentes socialistas que, en el estalinismo y después, ocuparon posiciones importantes en diversos países de la región, las mujeres siempre estuvieron en minoría. En el terreno de lo cotidiano, la historiografía reciente se refiere a la vida de las mujeres como aquejada de una "doble carga": los discursos y políticas estatales casi las obligaban a trabajar fuera del hogar; no obstante, esto no significaba que las tareas domésticas se repartieran con los maridos equitativamente. En el ámbito doméstico, las inercias patriarcales continuaron y las mujeres, una vez acabado su turno en la fábrica, frecuentemente tenían que desempeñar un segundo trabajo, es decir, se encargaban de la compra, la limpieza y la cocina de sus respectivos hogares. Incluso existía una triple carga que aparecía con los hijos, ya que las mujeres asumían las tareas de cuidado y crianza de una manera mucho más consistente que sus maridos.[146] Aunque, sobre todo a partir de finales de los sesenta, muchos Estados socialistas se esforzaran por un mejor reparto de las tareas domésticas, con la creación de maternidades, servicios sociales y un sistema escolar capaz de realizar numerosas tareas que recaían sobre la familia, la cuestión de la doble o triple carga nunca se solucionó del todo.

Lo anterior muestra el alcance y los límites que tiene un Estado y sus políticas en la transformación de las estructuras profundas de una sociedad. El socialismo, en su afán por reconceptualizar el rol de la mujer en la sociedad, consiguió modificar muchas dinámicas sociales. Sin embargo, en las dimensiones más tradicionales, como la gestión del hogar, el poder estatal fue incapaz de modificar costumbres arraigadas desde hacía siglos. Esto es una muestra más de lo insuficientes que son las explicaciones "totalitarias" que ven al entramado institucional socialista como capaz de moldear y controlar todos los resquicios de la comunidad.

Hasta finales de los años sesenta, pese a la persistencia de costumbres y modos tradicionales, la situación de las mujeres en los países socialistas fue muy distinta a aquella que existía en las sociedades capitalistas. A partir de entonces, las dinámicas se igualaron, fruto de los procesos de movilización política que propulsaron una revolución sexual y un cambio de valores y costumbres sociales en el mundo entero. Aunque menos drástico que en Francia o Gran Bretaña, los años sesenta en Europa del Este también supusieron un cambio, tanto para hombres como para mujeres, que se beneficiaron de la apertura política por la coexistencia pacífica y de la mejora de la coyuntura económica. En el ámbito de género, entre finales de los años sesenta y comienzos de los setenta, los Estados socialistas introdujeron la píldora anticonceptiva, que era un salto cualitativo en la forma de abordar las relaciones sexuales. La expansión del ocio y del consumo ampliaba las posibilidades y los intercambios sociales. Sobre todo, la generalización del turismo desencadenó nuevas experiencias fuera del hogar, incluso fuera del país, en el espacio de las vacaciones, con reglas distintas a las de la vida cotidiana.[147] Mujeres de Europa del Este viajaban por el continente, a veces sin sus maridos, para experimentar encuentros sexuales fuera del matrimonio, que sus cónyuges solían aceptar tácitamente. En ese sentido, los sesenta y setenta fueron una época de liberación sexual, dentro de una escena global de cambios que afectó a países capitalistas y socialistas por igual, nueva muestra de que los caminos de la modernidad se cruzaron en varios sentidos a uno y otro lado del Telón de Acero, más allá de que este persistiera.[148]

## EL SUR ES ROJO: CONFLICTOS Y SOLIDARIDADES
## EN UN SOCIALISMO GLOBAL

Las transformaciones que tuvieron lugar en Europa del Este también impactaron en el terreno de las relaciones internacionales. A diferencia de los primeros años tras el final de la Segunda Guerra Mundial, con un bloque casi hermético y atrincherado bajo el manto militar de la defensa, la era que vio la luz con el inicio del deshielo trajo consigo una serie de reacomodamientos que estimularon nuevas posibilidades de diálogo, cooperación e intercambio con el mundo occidental. A la vez, el crecimiento económico de los países socialistas y la estabilización general de la geopolítica europea permitió a los dirigentes del Este ampliar sus ambiciones hacia el nuevo mundo que se abría en África y en Asia tras el inicio de los procesos de descolonización. Otro tanto sucedía respecto del tumultuoso continente latinoamericano, en que imperaba un clima de recrudecido conflicto político y social y muchos veían a Europa del Este como una fuente de inspiración dados sus avances en materia económica y de igualdad social. Si el socialismo siempre había tenido una dimensión mundial, que venía dejando sus marcas desde fines del siglo XIX y se había expresado de modo más patente en la formación de la Comintern en 1919, a partir de los años cincuenta los dirigentes en Moscú, Budapest, Praga, Berlín y Belgrado se lanzaron activamente a la conquista de otras latitudes, más específicamente, en el Sur Global.[149]

Como evocamos en la primera sección del capítulo, la llegada de Kruschev a la cumbre del poder soviético condujo a una considerable disminución de las tensiones con Washington. Ya transcurridos años de pugnas tras el triunfo de la Revolución en China, el éxito de la URSS en la fabricación de armamento nuclear y la guerra en la península de Corea, la dirigencia soviética comenzaba a reemplazar la doctrina Zhdánov de los dos campos por la idea notablemente menos belicosa de la "coexistencia pacífica", aspirando a mejorar el diálogo con las potencias occidentales, resolver las disputas regionales y reducir las tensiones nucleares. Pese a estar estratégicamente destinada a aumentar el margen de maniobra de los soviéticos, deseosos de invertir sus esfuerzos en el desarrollo interno para mostrar la superioridad de su modelo de vida, la búsqueda de relaciones estables con el mundo occidental indefectiblemente acabó por ocasionar conflictos en el mismo campo socialista. Los países del Este consolidaron sus vínculos recíprocos y con Moscú durante esos años, aunque las sospechas respecto del liderazgo de Kruschev no dejarían de aparecer dentro del mundo socialista, y más de un dirigente vería como un signo de debilidad, resignación revolucionaria o incluso traición las tendencias herbívoras del nuevo líder soviético.

Las ambiciones de Kruschev encontraron de inmediato un límite en Alemania, donde el régimen socialista encabezado por Ulbricht no podía aceptar tan fácilmente una tregua con su principal enemigo, Alemania Occidental. Para Ulbricht y su camarilla, la Alemania capitalista era una entidad política de estatuto aún incierto, a la par que una amenaza existencial, un reducto del fascismo y, en último término, un punto de comparación en materia de desarrollo económico. Alemania Occidental, además, persistía como destino de miles de refugiados y emigrantes que abandonaban la patria socialista en el Este en busca de mejores condiciones de vida. El control cada vez más estricto del paso de frontera, así como su cierre en 1957, no impidieron que Berlín siguiera siendo un enclave más bien problemático. La parte occidental capitalista se constituía como un enclave amenazante para la República Democrática Alemana. La gran inversión de los aliados permitía a la población del Este, que quedaba a la zaga, ver el avance económico de los occidentales y cómo en el pequeño Berlín Occidental florecían el consumo y la prosperidad. Las oportunidades laborales y económicas hicieron que muchos alemanes del Este emigrasen hacia el flanco capitalista, un proceso que se volvió insostenible para finales de los años cincuenta. Entonces, el conspicuo líder comunista Walter Ulbricht presionó a la dirigencia soviética para incrementar el apoyo logístico y militar en Alemania del Este y para resolver el problemático estatuto de Berlín. En 1958, Kruschev conminó a los Estados Unidos a retirarse de la ciudad. El diálogo con su par Dwight Eisenhower desembocó en un avance en las negociaciones, aunque la relación sufrió un quiebre inevitable cuando en 1960 Moscú derribó un avión estadounidense U-2 que realizaba tareas de espionaje en territorio soviético. El intercambio con el sucesor de Eisenhower, el joven John F. Kennedy, no daría mayores frutos. Ante las tensiones internacionales y la angustiosa situación interna en una noche de agosto de 1961, las fuerzas de Alemania Oriental tomaron el perímetro occidental, cortaron todas las conexiones con el otro lado y erigieron el auténtico Muro de Berlín, separación física definitiva que con los años se volvería un símbolo de la consolidación de la Guerra Fría en Europa.

La misión de pacificación de Kruschev encontró obstáculos mucho mayores por fuera de Europa, y en primer lugar en Asia, donde la segunda potencia socialista del mundo se resistía a avanzar por el camino que trazaban los soviéticos. Mao Tse-tung, líder de la Revolución China, aceptaba cuestionar la figura de Stalin pero veía con suspicacia las acusaciones contra la personalización del poder que podrían recaer también sobre su propia figura, a la vez que temía por el uso que sus opositores pudieran hacer de la retórica reformista que emanaba de Moscú. En este peculiar equilibrio, el revolucionario chino seguía expresando admiración por los programas soviéticos de industrialización acelerada, que él mismo emularía a fines de la década de 1950 con la puesta en marcha del Gran Salto Adelante, que dejaría millones de muertos víctimas de sucesivas hambrunas.

El conflicto explotó en junio de 1960, en ocasión del VIII Congreso del Partido Comunista Rumano, cuando Kruschev acusó a Mao de ser "una copia exacta de Stalin", para luego retirar de China todos los técnicos y expertos militares soviéticos. Aunque las tensiones disminuyeron en los meses siguientes, el enfrentamiento entre las dos principales potencias del mundo socialista mostraba que la Guerra Fría no era solo un juego de dos, y que Moscú y Washington no controlaban todo el tablero.

Un conflicto similar surgía en los Balcanes. Enver Hoxha, líder del Partido Comunista de Albania, había expresado enérgicas reticencias contra la desestalinización y se había opuesto a la normalización de las relaciones con Yugoslavia. A la cabeza de un partido originalmente creado por los yugoslavos, de quienes había podido independizarse en gran medida gracias a los acontecimientos de 1948, Hoxha observaba una clara amenaza en el restablecimiento de vínculos con el régimen de Tito. Desde Tirana, la capital albanesa, el líder comunista se apoyaba en el nacionalismo, subrayando las amenazas de Belgrado al Norte y de Atenas al Sur para legitimar su poder. Cuando el conflicto se abrió entre Pekín y Moscú, Hoxha rechazó dar su apoyo a este último, lo que le costaría el respaldo económico y militar de los soviéticos. La ruptura conduciría finalmente a un acercamiento entre chinos y albaneses, basado en la oposición a los soviéticos y en la defensa de la ortodoxia comunista frente a los "revisionistas".

Albania se sumaba así a Yugoslavia como rincón de resistencia a la hegemonía de Moscú en los Balcanes. No estaban solos, ya que los rumanos participaban en este movimiento de socialismos díscolos que expresaban, en diferentes medidas y con diferentes formas, una distancia crítica respecto del camino trazado por el Kremlin. Desde los años cincuenta, la dirigencia bajo Gheorghiu-Dej había rechazado los intentos de Moscú de organizar el espacio económico socialista según una división del trabajo que dejara a Rumania como proveedora de materias primas y energía. Los rumanos procuraron mantenerse a distancia del conflicto sino-soviético y hacer gala de buena voluntad hacia los países occidentales con los que aspiraban a desarrollar relaciones independientemente de Moscú. En abril de 1964, el Partido Rumano de los Trabajadores emitió una "Declaración de Independencia" en la que reafirmaba su derecho a una política exterior autónoma. Temerosos ante la posibilidad de que la distensión en las relaciones entre Moscú y Washington permitiera a las grandes potencias negociar entre ellas el destino de los pequeños países, los rumanos expresaban una aspiración de autonomía nacional que en cierta medida los acercaba más a Yugoslavia y a la Francia del general Charles de Gaulle que a la Unión Soviética o a China.[150]

Si la estrategia soviética en las relaciones Este-Oeste generaba resistencias hacia dentro del mundo socialista, en esos años se configuraba otro polo de tensiones que enfrentaba al Norte industrializado del mundo con el Sur poscolonial y en vías de desarrollo, lo que impuso nuevas coordenadas de acción para los comunistas. En septiembre de 1961, tan solo un mes luego de que se levantara el Muro en Berlín, se celebraba en Belgrado la conferencia fundacional del Movimiento de los Países No Alineados (MNA), coalición de países en su mayoría de Asia y África que aspiraban a mantener una posición autónoma en la escena internacional y buscaban resguardarse de las presiones de Washington y Moscú. El MNA era el fruto de una larga tradición que se remontaba a los días de la "Liga contra el Imperialismo y la Opresión Colonial", fundada en Bruselas en 1927 y por entonces afiliada a la Comintern. La lucha anticolonial había avanzado a pasos agigantados tras la Segunda Guerra Mundial, con el debilitamiento de las estructuras del imperialismo europeo y un amplio proceso de descolonización en Asia y África, permitiendo el surgimiento de decenas de Estados nuevos en la posguerra; Estados nominalmente autónomos, pero aún sujetos a múltiples formas de dependencia económica y neocolonial y frecuentemente sometidos a las presiones de sus antiguas metrópolis. En los años cincuenta, este universo de países no industrializados, que el demógrafo francés Alfred Sauvy dio en llamar "Tercer Mundo" por su posición intermedia entre el Oeste capitalista y el Este comunista, comenzó a adquirir una conciencia de sí y una unidad política cada vez mayores. Estas se harían oír en destacados encuentros internacionales como la Conferencia de los Socialistas Asiáticos celebrada en Rangún en 1953 y la Conferencia Afro-Asiática que tuvo lugar en la localidad indonesia de Bandung en 1955.

La paradoja quizás fuera que el MNA, la expresión más acabada de este amplio movimiento global anticolonial que cobraba forma desde los años cincuenta, en gran medida surgió a instancias de Yugoslavia, país europeo que en rigor no pertenecía al "Tercer Mundo" y que avanzaba a pasos acelerados en su camino hacia la industrialización. En verdad, Yugoslavia estaba en una posición análoga a la de muchos países latinoamericanos, africanos y asiáticos: encerrada en el conflicto entre Washington y Moscú y sometida a presiones provenientes de ambos lados. Incluso si la normalización de las relaciones con la Unión Soviética había calmado las aguas y permitido a los yugoslavos reanudar vínculos con el mundo socialista, los líderes en Belgrado no veían su futuro en una reintegración al campo soviético, ni deseaban tampoco quedar presos de sus aliados occidentales. A partir de mediados de los años cincuenta, Tito entabló relaciones cada vez más productivas con otros líderes del naciente "Tercer Mundo", tales como el egipcio Gamal Abdel Nasser, el indio Jawaharlal Nehru, el indonesio Sukarno y el ghanés Kwame Nkrumah. El objetivo de todos ellos era avanzar en la construcción de una alianza de países neutrales, capaces de sostenerse mutuamente y de proponer una agenda global propia. A la conferencia inicial en la capital yugoslava le siguieron varias, señaladamente en El Cairo en 1964 y más tarde en Lusaka en 1970. El MNA se convertiría en un factor de peso en la escena internacional, no solo bregando por el control de la proliferación nuclear y por la reducción de tensiones entre las grandes potencias, sino también proponiendo mecanismos de cooperación económica para alentar el desarrollo de los países del Sur Global.[151]

A partir de los años sesenta, con la estabilización de las tensiones en el centro del continente europeo, el "Tercer Mundo" se convirtió en el principal escenario del enfrentamiento político, económico, militar e ideológico entre las grandes potencias. En esta "Guerra Fría global", según la fórmula ya clásica del historiador Odd Arne Westad,[152] los continentes asiático, africano y latinoamericano fueron terreno de numerosos conflictos locales en los que diversos actores tanto del Oeste (capitalista) como del Este (comunista) intervinieron para torcer en su favor la situación internacional, ampliar su campo de aliados y fortalecer su proyección global. A fines de los años cincuenta, el movimiento de independencia en el territorio francés de Argelia, bajo el liderazgo del Frente de Liberación Nacional (FLN), cobró un impulso imparable y la guerra contra las fuerzas francesas adquirió una escala dramática.

Belgrado fue el sitio donde el FLN estableció su primera oficina internacional, como parte de una estrategia diplomática innovadora por la cual los argelinos buscaban legitimar su gobierno provisional revolucionario tejiendo alianzas en la escena internacional incluso antes de alcanzar la independencia. Por su parte, Moscú no dejó de proveer apoyo económico y logístico al FLN. La Argelia revolucionaria, liderada por Ahmed Ben Bella e independiente tras los Acuerdos de Évian de 1962, se convertiría en esos años en una meca de experimentación para revolucionarios provenientes de diversos puntos del globo.

Al mismo tiempo, del otro lado del Atlántico, el Caribe se convertía en un hervidero del conflicto global tras el triunfo de la revolución popular que dio por tierra con el régimen de Fulgencio Batista en Cuba a principios de 1959 e instaló un gobierno al mando de Fidel Castro y del Movimiento 26 de Julio. Aunque en sus inicios el movimiento fuera amplio, y aspirase sobre todo a democratizar la política cubana luego de años de dictadura y a atender las profundas desigualdades sociales que existían en la isla, su agenda económica de nacionalizaciones lo enfrentó enseguida con los Estados Unidos, lo que derivó en la radicalización de la revolución y su acercamiento a la Unión Soviética. En febrero de 1960, el primer ministro soviético, Anastás Mikoyán, visitó La Habana y firmó un acuerdo comercial para comprar gran parte del azúcar cubano; además, otorgó un crédito de cien millones de dólares y ofreció apoyo técnico para la construcción de fábricas en la isla. Poco después, Washington imponía sanciones sobre la isla y apenas días más tarde Kruschev declaraba su intención de defender a Cuba en caso de ataque estadounidense. A ello se unió la percepción entre los líderes cubanos de estar atrapados en un contexto regional hostil que enviaba amenazas desde distintos flancos buscando socavar la Revolución. Esta mentalidad de sitio contribuyó a la consolidación del acercamiento a la Unión Soviética y a intensificar la transformación del régimen de Castro en un sistema comunista, que acentuó la censura y la persecución política de los opositores en la isla.

En 1962, Cuba se convirtió en el epicentro de todas las tensiones globales cuando Kruschev cedió ante los pedidos de Castro de enviar armamento nuclear a la isla para protegerla de las agresiones de su vecino del Norte. Un avión estadounidense que sobrevolaba la zona descubrió el emplazamiento de los misiles y alertó al presidente Kennedy, lo que desató una crisis entre Moscú y Washington que hasta hoy es considerada como uno de los episodios de mayor peligro de escalada bélica del siglo XX. La llamada "Crisis de los Misiles" tuvo un impacto significativo sobre la política soviética y estadounidense porque el riesgo patente de un conflicto nuclear condujo a ambas partes a establecer en lo sucesivo un diálogo más franco y negociaciones más claras, un proceso de desescalada que años más tarde adquiriría el nombre *détente* (distensión). Al mismo tiempo, de cara al interior del liderazgo soviético, el error estratégico de Kruschev contribuyó a socavar su primacía dentro del partido en favor de un triunvirato (*troika*) compuesto por Leonid Brézhnev, Alekséi Kosyguin y Nikolái Podgorny, que lo reemplazaría solamente dos años después.

La determinación del nuevo liderazgo de Brézhnev no disminuyó, sino que consolidó su ayuda a la Revolución Cubana, como parte de una estrategia general de expansión del socialismo por fuera del viejo continente, desde donde los regímenes socialistas del Este prestaban su apoyo económico, logístico e incluso militar a movimientos de inspiración antiimperialista en todo el mundo, ya fuesen el gobierno del arzobispo Makarios en Chipre en el Mediterráneo oriental, que buscaba deshacerse de las bases militares de sus antiguos patrones coloniales ingleses, o los comunistas de Ho Chi Minh en Vietnam, en combate contra la ocupación estadounidense. El "Tercer Mundo", sin embargo, no sería solo un escenario de intervención externa, un destino lejano a donde enviar dinero, armas y manuales de organización política; por el contrario, los propios latinoamericanos, africanos y asiáticos dejaron huellas en la Unión Soviética, Hungría, Checoslovaquia y Yugoslavia al llegar allí masivamente como estudiantes, intelectuales comprometidos con la causa del socialismo o exiliados políticos que escapaban de la represión.

Entre 1961 y 1962, en el momento en el que el MNA cobraba vida y Yugoslavia aspiraba a jugar un rol líder en el "Tercer Mundo", el país balcánico contaba ya con más de 800 estudiantes extranjeros, más de un 25% de origen africano, cuota que no haría sino crecer en los años posteriores.[153] En la mucho más grande Unión Soviética, los guarismos eran más destacados: hacia 1964 y 1965, gracias a amplias campañas de diplomacia cultural y programas de becas destinados a los estudiantes del "Tercer Mundo" en distintas áreas, desde medicina o ingeniería hasta economía o historia, más de 20 000 estudiantes africanos, asiáticos, latinoamericanos, árabes y de otros países del Este socialista se encontraban realizando sus estudios en la URSS, una cifra que sería dos veces mayor unos diez años más tarde.[154] El caso de Checoslovaquia resultaba especialmente notable: si en 1960 había unos 300 estudiantes africanos en el país, el número aumentaría de manera espectacular con el establecimiento de la Universidad 17 de Noviembre destinada a estudiantes extranjeros, que para 1965 contaba con una matrícula de más de 4000 inscriptos, de los cuales más de la mitad provenía del continente africano.[155] Movida por un espíritu de internacionalismo, y también por razones estratégicas, esa universidad se sumaba a otras similares, como la Patrice Lumumba en Moscú y la Karl Marx en Leipzig, que se proponían formar técnica y también políticamente a las élites africanas, asiáticas y latinoamericanas, que podrían seguir consolidando en el futuro la alianza entre los países del Este socialista y los del "Tercer Mundo".

Aun así, esta diplomacia académica, guiada por una ambición de influencia no del todo distinta de la de otras agencias, como la Comisión Fulbright en los Estados Unidos, ineludiblemente iba a generar tensiones en los países del Este. Estos rara vez habían entrado en contacto con la inmigración y no tenían gran familiaridad con el mundo fuera de Europa, además de estar acostumbrados a la homogeneización étnica que había resultado de la Segunda Guerra Mundial. Así, la llegada de estudiantes provenientes de latitudes distintas, con trasfondos étnicos diferentes, lenguas distintas y colores de piel poco vistos en los países de la región acabó por suscitar conflictos con la población local. La aparición de episodios de racismo, e incluso de violencia xenófoba, mostraban que el discurso oficial de amistad y solidaridad internacional que emanaba de las instituciones del Estado no siempre alcanzaba a los ciudadanos de a pie. Incluso en Rumania, país que hasta los años setenta no tuvo una cantidad considerable de población estudiantil extranjera, el conflicto podía irrumpir fácilmente como consecuencia de la desconfianza, la sospecha y la envidia, como ocurrió en diciembre de 1964 en el Politécnico de Bucarest, cuando unos 300 estudiantes rumanos insultaron y golpearon a un grupo de alumnos africanos tras conocerse que tres varones ghaneses habían llevado chicas rumanas a sus dormitorios.[156]

Así las cosas, el mundo socialista europeo tenía una contundente participación en los flujos globales de personas, ideas y objetos que se incrementaron en los años de posguerra, al calor de un espíritu de cooperación internacional y en un contexto de creciente intercambio comercial y comunicacional. Si hasta entonces la construcción del socialismo había estado más bien limitada a coordenadas nacionales y regionales, los años cincuenta y sesenta mostraron que el destino del comunismo en Europa del Este estaba, en más de un sentido, atado al de sus camaradas y compañeros de ruta en Asia, África y América Latina.

## POSIBILIDADES Y LÍMITES DE UNA MODERNIDAD SOCIALISTA

En un mundo muy distinto del que había existido durante las décadas anteriores, tanto en la Unión Soviética como en los países que ingresaron en el socialismo luego de 1945, la naturaleza misma de los sistemas socialistas sufrió transformaciones. Algunos autores han afirmado que la desestalinización vino aparejada a lo que podría llamarse "bienestar", pues la muerte de Stalin permitió relajar los ritmos de producción y expandir la libertad de expresión, así como propulsar políticas sociales y de consumo que extendieron servicios y derechos entre la población.[157] El historiador alemán Konrad Jarausch habló a finales de los años noventa de "dictaduras del bienestar", formulación paradigmática para referirse a este fenómeno. Vale la pena señalar que el bienestar que caracterizaba los sistemas socialistas de Europa del Este era distinto del occidental, al menos por dos motivos. En primer lugar, porque en los años sesenta y setenta las pautas de consumo y servicios de Alemania Occidental, Francia o Gran Bretaña estaban por encima de las de cualquier país socialista. En segundo lugar, porque los beneficios del bienestar socialista eran otorgados por el Estado casi de forma paternalista, según una lógica algo distinta de aquella que gobernaba el bienestar en Occidente. Para subrayar este último punto, Jarausch distinguía, en alemán, entre el concepto de *Wohlfahrt*, en cuanto derecho en los países con un Estado de bienestar, y *Fürsorge*, término que casi se podría traducir como "cuidado" y que expresa mejor el mencionado paternalismo estatal, en que los beneficiarios del consumo, los servicios y las ayudas sociales no eran sujetos de pleno derecho, sino individuos y poblaciones sujetos a una forma de asistencia.[158] Desde los años sesenta, la expansión del consumo fue una característica fundamental de las transformaciones del mundo socialista en Europa del Este. Sin embargo, cabe subrayar que no existió una correlación estricta entre "desestalinización" y "bienestar": si, como vimos, en Yugoslavia la liberalización fue a la par del crecimiento del consumo en un modelo especialmente idiosincrático por su apertura y descentralización, no puede decirse que existiera dicha asociación en Alemania del Este, donde no hubo desestalinización y aun así las políticas de bienestar alcanzaron una presencia y extensión notable, en parte por la rivalidad con Alemania Occidental, que gracias al milagro económico crecía a ritmo vertiginoso y expandía el consumo de bienes y servicios a los trabajadores. Esta comparación perpetua con la vecina capitalista ejerció sin duda el rol de un estímulo que obligó a los hombres de Ulbricht a introducir reformas en un sentido similar, sin menoscabo de que en el nivel interno el régimen no redujera la represión política y la vigilancia extensiva de la población por parte del aparato de seguridad, la temida Stasi. En Hungría, donde la revolución antiestalinista y democrática fue aplastada por las balas, el resultante régimen de János Kádár fue notoriamente más permisivo y abierto que el de sus vecinos, dando lugar a una combinación de ideas marxistas con otras de diferentes proveniencias en lo que se conoció como "comunismo gulash", en referencia a la sopa caliente húngara que mezcla ingredientes de diversas procedencias. En Polonia, donde la desestalinización fue completa en términos del recambio dirigencial, el gobierno de Gomułka fue mucho más restrictivo en el plano ideológico y en el control de la libertad de expresión.

En los hechos, quizás valga más la pena hablar del "postestalinismo" como de una ideología de época, un vocabulario y unas prácticas políticas que de una u otra manera tocaron todos los países socialistas, independientemente de que en cada uno de ellos hubiera un proceso de desestalinización real o no. Investigaciones recientes han definido el postestalinismo como una "utopía procesual": un régimen mixto que albergaba aspiraciones revolucionarias de alcanzar la utopía comunista, pero las confiaba a un proceso que no se situaba en un horizonte impreciso, sino en su aquí y ahora. Algunos Estados pasaron a incluir en su propio nombre la categoría de "socialista", refrendando la idea de que el socialismo era una realidad presente, no una utopía futura. Así, por ejemplo, en 1963 la República Federal Popular de Yugoslavia se volvió República Socialista Federal de Yugoslavia, adoptando constitucionalmente un modelo de descentralización que pretendía hacer realidad el sueño de la extinción del Estado y que daba derechos cada vez mayores a las minorías. Del mismo modo, en 1960 la República de Checoslovaquia había pasado a llamarse República Socialista de Checoslovaquia. El socialismo, que distaba de ser perfecto, se reafirmaba como hecho consumado y punto de partida para mejorar las condiciones sociales y de vida mientras se avanzaba hacia el ideal utópico formulado por Marx.[159]

En esta utopía procesual, sin embargo, no podían dejar de aparecer desajustes entre la teoría y la práctica. Por un lado, tensiones entre la ideología oficial de sistemas nominalmente igualitarios y la realidad de sociedades imperfectas, impregnadas por tradiciones, conductas y formas de pensamiento anteriores al socialismo. Por el otro, conflictos entre una visión revolucionaria que pregonaba la transformación social y aspiraba a la modernización económica y la inercia que se derivaba casi naturalmente de aparatos políticos opacos, conservadores y reticentes al cambio.

Quizás podamos encontrar la expresión más clara de estas contradicciones en la Checoslovaquia de los años sesenta. Como país industrializado, con una rápida recuperación económica y una gran potencia intelectual y científica, a mediados de los años sesenta Checoslovaquia era uno de los símbolos del cambio de marchas en el socialismo. El veterano Antonín Novotný, secretario general, perdía apoyos sometido a una fuerte presión por parte de la generación siguiente, más joven y pujante. Si bien Novotný había puesto en marcha cierta ruptura con el estalinismo, hacia 1967 se había vuelto un líder ineficaz, con postulados demasiado tradicionales e incapaz de desarrollar un socialismo a la altura de los tiempos. En enero de 1968, fue destituido para dar paso a un nuevo secretario general, el eslovaco Alexander Dubček, en sintonía con las élites políticas, intelectuales y científicas, preparado para acelerar las reformas y profundizar la transformación. Dubček, además, consideraba que el Estado tenía que sostenerse en un mayor apoyo popular y que los ciudadanos debían contar más en las decisiones de gobierno y en las acciones del Estado en todos los niveles. Con tal fin, Dubček emprendió reformas que descentralizaban la toma de decisiones, relajó la censura, amplió los límites de la libertad de expresión y animó a que las energías populares se expresaran en aras de aportar soluciones y ópticas nuevas para consolidar el proyecto socialista. Los meses de reformas se conocieron como "Primavera de Praga", fórmula que hacía referencia a la estación en que se produjeron los cambios, pero que también evocaba un escenario simbólico de florecimiento de ideas y proyectos que incrementaban la esperanza en un futuro luminoso para el socialismo. En 1968, el Comité Central checoslovaco escuchó más que nunca a economistas, politólogos y científicos, y en conjunto elaboraron el denominado "Programa de Acción", que llamaba a la introducción de nuevas reformas. Los reformistas aspiraban a profundizar los cambios, para alcanzar un socialismo más efectivo, justo y moderno, pero sin cuestionar el sistema.

Desde los países vecinos y desde la Unión Soviética se percibía de maneras muy distintas lo que estaba sucediendo en Praga. Polonia y Hungría veían las reformas de Dubček con esperanza, mientras que Alemania del Este y el propio Brézhnev en Moscú temían que estas sobrepasaran el límite de lo aceptable y se extendieran de manera generalizada por Checoslovaquia y por los países vecinos, perjudicando así la estabilidad del bloque. Con los meses, se fue incrementando el temor de que esa "Primavera" emulara los sucesos de Hungría en 1956: que Dubček imprimiera una nueva marcha y, presionado por la sociedad, renunciara a los postulados del socialismo. En realidad, Dubček nunca cuestionó el rol del partido como vehículo principal de la política y del Estado socialista. La apertura de la censura y el recurso a la movilización de apoyo al gobierno dejaban ver una viva sociedad civil que aspiraba a profundizar en las reformas y a alcanzar lo que el filósofo Radovan Richta llamó por primera vez un "socialismo con rostro humano". Sin embargo, el líder polaco Gomułka, que en un comienzo era partidario de impulsar ciertas reformas, se convenció de lo contrario al ver cómo la libertad de prensa permitida por Dubček estaba dando lugar a críticas furibundas al partido y a los modelos de socialismo imperantes; de una forma similar fue interpretado en Moscú, Varsovia y Berlín Este, en especial tras el amago por parte de Dubček de reformar la policía y los servicios secretos, que buscaba suavizar la vigilancia y el control social.[160] Todos estos elementos contribuyeron a que entre los líderes comunistas se extendiera un estado de opinión que consideraba inaceptable la línea de Dubček, más por lo que podía llegar a convertirse que por lo que realmente era. Los países del Pacto de Varsovia, con excepción de Rumania, optaron por la vía de la fuerza: en agosto de 1968, los tanques entraron en Praga y pusieron fin al experimento de reforma socialista checoslovaco. Dubček y los demás miembros del Politburó checoslovaco fueron llamados a Moscú y obligados a firmar un protocolo que los obligaba a retractarse y repudiaba las medidas adoptadas. A diferencia de lo ocurrido en Hungría en 1956, en Praga las tropas invasoras encontraron poca resistencia, y esta se resolvió con un grado de violencia mucho menor.

Esta diferencia en los niveles de violencia es apenas una de las muchas diferencias entre ambos procesos truncados. En los hechos, si los sucesos de Hungría habían supuesto un verdadero intento de ruptura con el socialismo, una genuina revolución, el proceso que se desarrollaba en Praga era una reforma desde dentro del socialismo que buscaba una mejora sustancial del sistema. Ni los manifestantes de Praga ni el gobierno concebían que la libertad de expresión fuera en contra de los principios socialistas; más bien al contrario, el reformismo consideraba que cuanta más energía popular se sumara a la causa socialista, mayores posibilidades surgirían para acometer la reforma profunda del sistema. En retrospectiva, sería un error creer que el proyecto de Dubček habría acabado necesariamente con el socialismo en caso de consolidarse. Su derrota, sin embargo, muestra los límites de la reforma en el mundo socialista: si las transformaciones económicas, de consumo y tecnológicas eran aceptables, y de hecho se extendieron de manera similar en otros Estados socialistas, la conjunción de estas reformas con vías de apertura política, la relajación de la censura y el control policial construyeron un escenario inadmisible que acabó con una intervención propulsada al unísono por los demás Estados socialistas.[161]

\* \* \*

Dos meses después de la intervención en Praga, en un artículo del periódico *Pravda*, Brézhnev anunciaba lo que se conocería como el principio de actuación exterior que llevaría su nombre. La "doctrina Brézhnev" señalaba que los cambios internos en un país socialista que lo condujeran, de una forma u otra, hacia la esfera del capitalismo, no concernían únicamente al país respectivo, sino al conjunto del bloque del Este, pues perjudicaban su estabilidad y su cohesión en el escenario internacional de la Guerra Fría. En la práctica, el aplastamiento de la Primavera de Praga fue la prueba de que las dinámicas del mundo socialista en el Este estaban en lo fundamental determinadas por las relaciones internacionales, y que la estructura política interna de los Estados socialistas difícilmente podría modificarse en un escenario como el que planteaba la Guerra Fría.

Con todo, más allá del ámbito estrictamente político, el fin de Dubček no supuso el agotamiento total de las reformas económicas y científicas o la vuelta a la ortodoxia estalinista. A la Primavera de Praga le siguió una etapa conocida como "normalización", que incrementó la represión, expulsó a muchos reformistas de sus puestos de trabajo e impuso el exilio a muchos otros. No obstante, la política de los años posteriores buscó asentar los logros de las reformas económicas, científicas y tecnológicas de los años sesenta, esta vez bajo el gobierno de una "tecnocracia" socialista que renunciaba a pensar cómo los cambios técnicos podían afectar a la estructura política y se centraba en aumentar la eficiencia del sistema en aras de un gestión más moderna y eficaz, promulgando amplias políticas de consumo y servicios sociales y de ocio. Desde entonces, las energías revolucionarias se apagaron y se dio paso a una especie de "contrato social", por el cual el Estado se comprometía a aumentar el bienestar de la población a cambio de que esta renunciara a protestar o a amenazar la primacía política del Partido.[162] Por lo demás, la normalización no acabó con otro de los grandes cambios introducidos en el período de Dubček: la búsqueda de mayor autonomía para los eslovacos, una reforma que las autoridades del país sancionaron unos meses después de la invasión cuando decidieron transformar el Estado checoslovaco, hasta entonces unitario, en una federación binacional.

Así las cosas, existió más de una línea de continuidad entre la Primavera de Praga y la normalización, aunque entre ellas mediara el pasaje de un optimismo reformista de ardor casi revolucionario al gobierno de una tecnocracia burocratizada y efectista. Era el inicio de una nueva era en la historia del socialismo, marcada por la ambición de sostener o incluso profundizar las políticas de bienestar, pero ahora bajo el estricto control ideológico del partido y sin poner en riesgo los cimientos del sistema. Era cuestión de domesticar la reforma manteniéndola dentro del marco de lo políticamente admisible. A pesar de ello, como veremos en el próximo capítulo, desde mediados de los setenta la pacificación y el "contrato social" que los líderes socialistas de la región ansiaban iban a probarse más que insuficientes frente al empuje de una sociedad civil que reclamaba cambios políticos más profundos.

# 6. Intentos de rescate
## De la normalización al derrumbe del socialismo (1968-1991)

En 1971, el líder rumano Nicolae Ceauşescu y su esposa Elena visitaron Corea del Norte, donde desde hacía dos décadas se había impuesto un particular sistema comunista liderado por el personalismo de Kim Il-sung. El líder norcoreano recibió afectuosamente a Ceauşescu y lo condujo hacia una grandilocuente recepción que había de mostrar las virtudes y el progreso del país. Ambos líderes pasearon en una comitiva de vehículos de lujo saludando a una multitud enfervorizada que se apostaba en las aceras realizando ensayadas reverencias para complacer al líder de un país amigo. A ello le siguieron un desfile y un espectáculo de danzas tradicionales milimétricamente ejecutadas que desplegaban las virtudes de un colorido y coordinado pueblo que parecía fundirse con la imagen de su líder Kim Il-sung, a quien veneraban como a un padre benefactor. El liderazgo de Kim y la aparente organicidad, pulcritud y eficacia de Corea del Norte cautivaron a Ceauşescu, que desde hacía unos años había emprendido el camino para una Rumania socialista independiente y buscaba entonces nuevos referentes para construir el futuro de su nación.

Desde su llegada al poder a mediados de los años sesenta, Ceauşescu había profundizado la línea nacional y autónoma de la política exterior rumana. En 1967, en ocasión de la Guerra de los Seis Días, Rumania había sido el único país socialista europeo en negarse a romper relaciones con Israel. La decisión se explicaba en cierta medida por la insistencia de Rumania en una política especialmente benevolente hacia su minoría judía dentro del país que entre otras cosas permitía la emigración de los judíos rumanos hacia Israel a cambio de generosos desembolsos del Estado judío. La independencia de Bucarest se hizo aún más evidente en agosto de 1968, cuando Ceauşescu fue el único jefe de Estado del Pacto de Varsovia que no participó en la invasión y ocupación de Checoslovaquia.

La postura del líder rumano de mantenerse al margen de las intervenciones soviéticas era el símbolo de una autonomía que marcaría la política extranjera rumana a lo largo de los años de la Guerra Fría, y que se expresaría también en las relaciones más que cordiales entre Bucarest y los Estados Unidos hasta bien entrados los años ochenta, cuando George Bush incluso habló de Ceauşescu como "uno de los comunistas buenos".[163] Como indica el episodio norcoreano, la política exterior fue también la correa de transmisión y una de las fuentes de inspiración de algunos de los rasgos más notorios del comunismo rumano: el preponderante culto a la personalidad y la ambición desmesurada de autarquía. A lo largo de los años setenta, Nicolae Ceauşescu y su esposa Elena se erigieron en semimonarcas del Estado socialista rumano, concentrando el poder entre miembros de la familia, rodeados por un séquito fiel e impenetrable y reforzando el control policial del Departamento de Seguridad, la célebre Securitate, sobre opositores y disidentes. En los años ochenta, las condiciones de vida en Rumania se deteriorarían dramáticamente luego de que Ceauşescu decidiera, en parte inspirado por las recomendaciones del Fondo Monetario Internacional pero movido también por una obsesión de independencia, imponer una rigurosa austeridad para pagar la deuda externa contraída durante los años anteriores. Si a fines de los años sesenta los rumanos habían sentido que su país reforzaba su independencia, avanzaba en la integración global y se abría a influencias externas, dos décadas más tarde una abrumadora mayoría de ellos vivía en un clima de encierro, extrema carestía, vigilancia permanente y asfixia cultural. La formidable represión, la corrupción del régimen y su obstinada resistencia costarían caro a los Ceauşescu, que a fines de 1989 serían víctimas de un juicio sumario y luego ejecutados en lo que constituyó un episodio único en la historia del socialismo europeo.

Aunque quizás excepcional por su espectacularidad y excentricidad, el caso de la Rumania de Ceauşescu también encierra algunas de las paradojas de la historia del socialismo real tal como se configuró en las últimas dos décadas de su existencia. El pasaje de un socialismo optimista que intentaba abrirse al mundo en la posguerra a un sistema crecientemente disfuncional e incapaz de gestionar los efectos económicos y sociales deletéreos de la integración en la economía global, así como la tendencia de los partidos comunistas a recaer sobre el control policial y la concentración del poder, son rasgos que la Rumania comunista expresó de manera paradigmática, pero que pueden encontrarse en cierta medida en cada uno de los países del este de Europa.

Este capítulo se ocupa de los años que van desde la "normalización" instrumentada a fines de los años sesenta tras la invasión de Checoslovaquia hasta el ocaso y la crisis terminal del socialismo de Estado a fines de los ochenta. Como veremos, aunque la intervención de los miembros del Pacto de Varsovia en Praga constituyó un parteaguas y en cierta medida dio por tierra con los sueños de reforma de los años sesenta, conduciendo además a un significativo aumento de la represión en distintos puntos del mundo socialista europeo, la imagen de estancamiento y depresión que comúnmente se emplea para hablar de este período es un tanto injusta y esconde el hecho de que muchos regímenes de la región siguieron realizando esfuerzos ingentes por dar viabilidad al socialismo. Estos intentos de rescate buscaron aumentar la calidad de vida de sus poblaciones y reformar lo que consideraban rasgos disfuncionales de sus sistemas políticos y económicos, aunque con límites quizás infranqueables en materia de pluralismo y flexibilización productiva y con crecientes problemas en sus relaciones con la oposición y la disidencia, actores que cobraron cada vez mayor visibilidad a partir de entonces.

En la década de los ochenta, una combinación de deuda externa, gasto exacerbado y déficit crónico, en un contexto de naciente globalización en el que la mayoría de las economías industrializadas se liberalizaron, desembocaría en una crisis económica con un impacto casi terminal sobre la viabilidad del socialismo y que no haría sino profundizar la oposición social, los conflictos internos y las demandas de democratización. El final de la década mostraría que el modelo no conseguiría sobrevivir en Europa pese a los intentos de transformación puestos en marcha por la última generación de reformistas, cuyo símbolo más célebre fue sin duda el soviético Mijaíl Gorbachov y cuyo ejemplo más perverso fue probablemente el serbio Slobodan Milošević.

## UNA DÉCADA A MÚLTIPLES VELOCIDADES

Al aplastamiento de la Primavera de Praga siguió un período conocido como "normalización", marcado por el proceso de purga de las reformas, tanto a escala de ideas y programas cuanto de figuras políticas. En 1971, el secretario general que había sustituido a Dubček, el también eslovaco Gustáv Husák, declaraba el éxito de la normalización luego de la expulsión de decenas de cuadros del partido y la sanción a otros tantos científicos, economistas o sociólogos simpatizantes con las reformas. Desde entonces, la Checoslovaquia socialista podría orientarse hacia la profundización del socialismo. El período de la "normalización" se suele representar como una etapa que, junto a la represión y censura en alza, se caracterizó por un agotamiento de ideas y estancamiento económico. Esta representación va dibujando un socialismo moribundo que acabaría por sucumbir al recrudecimiento de la Guerra Fría, la crisis económica y las grandes movilizaciones de 1989. Aunque estos puntos son parcialmente ciertos, proyectan una imagen teleológica que sitúa el fin de la Primavera de Praga como la última gran oportunidad del socialismo europeo para reformarse, una lectura simplista que en gran medida no responde a la realidad. Por el contrario, aunque muchas de las energías creativas de los sesenta fueran aplastadas por los tanques soviéticos en 1968, los años setenta, antes de que la gran crisis económica irrumpiera y condicionara las posibilidades del socialismo, fueron también años de transformación en muchos sentidos. En Checoslovaquia, Husák buscaba nuevas medidas que, aunque en un sentido distinto al de Dubček, dieran viabilidad al proyecto socialista a medio y largo plazo. Algunas de las reformas de los años sesenta, como la federalización de Checoslovaquia o la orientación hacia políticas de consumo, persistieron e incluso se profundizaron. Además, los países de Europa del Este buscaron introducir reformas en el derecho y en las constituciones que, a diferencia de lo que ocurría en épocas anteriores cuando la fuerza del partido se imponía sobre los débiles principios normativos, sentaron bases jurídicas con una legalidad propia con ciertas garantías. Estas reformas dieron lugar a nuevos modos de protesta que apelaban a los propios principios legales del sistema socialista en lugar de confrontar con él de forma directa. Como han sostenido investigaciones recientes, estos intentos "legalización" de la protesta y el funcionamiento de los sistemas socialistas a partir de los años setenta allanaron el camino, imprevistamente, a algunos de los cambios legislativos en las transiciones a la democracia de comienzos de los años noventa.[164] Esta fue una característica de los años setenta, si bien no la única. De modo similar a lo que ocurría en Checoslovaquia, los años setenta también supusieron la vuelta de cierta ortodoxia política en países como Yugoslavia. La liberalización imperante en el ventenio previo había resultado en una creciente descentralización de la federación, con una autonomía cada vez más marcada en las repúblicas y un clima general de florecimiento cultural e intelectual. En 1966, la caída en desgracia de Aleksandar Ranković, representante de los sectores más conservadores y centralistas, había sido uno de los símbolos de esa liberalización. Sin embargo, en los años setenta se produjo un cambio de rumbo hacia el rigor ideológico y un incremento de la represión. Las razones de este giro conservador provenían en parte de un contexto exterior hostil y de una percepción de vulnerabilidad tras la invasión de Checoslovaquia, aunque el factor fundamental residía sobre todo en fenómenos internos y vinculados al manejo de la cuestión nacional. La descentralización de Yugoslavia había empezado a provocar un aumento de las tensiones entre los dirigentes de diferentes repúblicas, muchas veces como resultado de disputas distributivas que fácilmente profundizaban propensiones nacionales nunca del todo extintas. Un ejemplo de ello fue el conflicto emergido en 1969 entre los eslovenos y el gobierno federal por la atribución de fondos del Banco Mundial para obras públicas. Los dirigentes en Liubliana, una de las áreas más ricas de Yugoslavia, querían construir un autopista para afianzar su pujanza económica y conectar Eslovenia con Occidente. El gobierno de Belgrado, sin embargo, aspiraba a valerse de los fondos para invertir en las repúblicas menos desarrolladas del sur del país y así nivelar las notables desigualdades existentes en la federación. El conflicto terminaría con la intervención de Tito, que pondría a los eslovenos en su lugar acusándolos de nacionalismo. Este episodio era apenas un síntoma de un país crecientemente desunido en materia económica y atravesado por fuertes desigualdades regionales, que acarrearían conflictos que solo la autoridad del presidente Tito podía apaciguar.

No era, ni de lejos, el último episodio que pondría en jaque la unidad de los yugoslavos. En los tempranos años setenta, un movimiento de masas alimentado por intelectuales, estudiantes, artistas y ciudadanos descontentos comenzó a cobrar forma en Croacia en demanda de mayor autonomía para la república. La Liga de los Comunistas de Croacia, la rama republicana del partido que entonces estaba bajo la dirección de cuadros como Savka Dabčević-Kučar y Miko Tripalo, no solo no reprimió esta corriente, sino que incluso permitió su florecimiento con el objetivo de ganar fuerza en sus negociaciones con el centro federal en Belgrado. Lo que algunos llaman "Primavera Croata" y también es conocido como *maspok* (contracción de *masovni pokret*, "movimiento de masas") cobraría una escala inusitada y llevaría a algunos a exigir incluso una Croacia independiente. Con la situación fuera de control, los líderes en Belgrado decidieron intervenir la república, destituir a la dirigencia del partido croata y procesar a cientos de cuadros y funcionarios. A la represión le siguió una amplia purga entre las dirigencias liberales de Serbia, Eslovenia y aun de Macedonia. La era liberal había terminado en Yugoslavia.

La aparición de grietas en el manejo de la cuestión nacional y el renovado sentimiento de fragilidad del régimen tuvieron un impacto contradictorio en el país de la autogestión. Los líderes en Belgrado decidieron emprender una amplia campaña de disciplinamiento del partido y aplicar un mayor control ideológico sobre artistas e intelectuales, muchos de quienes fueron licenciados y en algunos casos incluso sufrieron penas de prisión por desarrollar actividades críticas que hasta hacía poco tiempo habían sido perfectamente toleradas. En paralelo, como respuesta a las demandas de mayor autonomía, el régimen profundizó la descentralización ya en curso desde los años anteriores y emprendió una serie de reformas constitucionales para incrementar el poder de las repúblicas y dar mayores prerrogativas a las provincias autónomas de Voivodina y de Kosovo, en Serbia. Con la sanción de una nueva Constitución en 1974, aunque nominalmente siguiera siendo una federación, Yugoslavia adquiría todos los rasgos de una confederación cada vez más disfuncional en la que el centro quedaba casi vaciado de poder.[165] Esta confederalización del país no dejaría de generar resistencia entre ciertos sectores del partido. En especial, los dirigentes serbios dieron muestras de preocupación: la nueva Constitución fragmentaba su soberanía al otorgar una autonomía casi total a las provincias de Voivodina y de Kosovo, dándoles incluso poder de veto sobre la gestión de la república. Serbia corría el riesgo de quedar paralizada y empantanada en negociaciones imposibles con sus propias provincias. A la vez, era la única república internamente dividida en toda la federación; un caso un tanto singular que causaba molestias en sus gobernantes y que alimentaba una sensación de desigualdad y discriminación entre muchos, que percibían los cambios constitucionales como una forma de premiar a ciertas repúblicas y castigar a otras.

Si la normalización en Checoslovaquia y el disciplinamiento del partido en Yugoslavia marcaban un ascenso represivo y un repliegue de la liberalización de años anteriores, el fenómeno no fue necesariamente una regla general en todo el mundo socialista europeo. En Polonia, Alemania del Este y Bulgaria, contrariamente a Checoslovaquia y Yugoslavia, los gobiernos buscaron acompasarse a las necesidades de la población e introducir medidas de apertura cultural. En 1971, el nuevo líder de la Alemania del Este, Erich Honecker, declaraba en un famoso discurso que la cultura socialista debía ser una "sin tabúes" y animaba a escritores y cineastas a expresar sus inquietudes artísticas.[166] Los primeros años setenta coincidieron además con la llegada a la cancillería de Alemania Occidental del socialdemócrata Willy Brandt, quien buscó un "cambio a través del acercamiento" con los países del Este, una línea general que recibió el nombre de *Ostpolitik*. Brandt fue uno de los impulsores más decididos de la *détente* en Europa del Este, y contribuyó considerablemente a la reducción de las tensiones en el continente. En 1970 visitó Érfurt, en la República Democrática Alemana, donde fue recibido por las autoridades socialistas para reanudar unas relaciones casi inexistentes desde el comienzo de la Guerra Fría. Las autoridades de Alemania del Este acogieron con agrado la visita de Brandt, quien también buscó estrechar lazos con la Polonia socialista. En diciembre de ese año, Brandt viajó a Varsovia y realizó una importante visita al Gueto de Varsovia, cuyo levantamiento en 1943 había sido reprimido a sangre y fuego por los nazis. El canciller de Alemania Occidental se arrodilló frente al monumento que conmemoraba la heroica resistencia del gueto y reconoció la culpa alemana de la Segunda Guerra Mundial. Esto, a la par de un gesto simbólico, también era marca de la voluntad de reconocer las nuevas fronteras instauradas tras la guerra, algo hasta entonces no exento de tensiones, pues los políticos alemanes siempre vieron con un aire de revanchismo que Polonia hubiera adquirido territorios donde antes ejercía soberanía Berlín. Los gestos de Brandt, en palabras y hechos, allanaban el camino para la normalización de las relaciones con Polonia y los demás países del Este.

En ese entonces, Polonia emergía como uno de los países que con más insistencia buscaba una apertura y una normalización de sus relaciones exteriores. Hacia adentro del país la presión social obligaba a los dirigentes comunistas a implementar cambios. Solo dos semanas después de la visita de Brandt, en diciembre de 1970, una subida repentina de precios desencadenó una serie de protestas en la costa báltica de Polonia cuya represión dejó una treintena de muertos y acabó con la larga década de Gomułka, dando paso a un nuevo secretario general: Edward Gierek. El nuevo líder se presentaba con una retórica populista que lo situaba como un dirigente cercano al pueblo y alejado de las burocracias del partido. En lo sucesivo, Gierek introdujo ambiciosas medidas para fomentar la industria y el consumo, que elevaron el nivel de vida de la población y consolidaron su popularidad. Más importante si cabe, buscó proyectar una imagen exterior de una nación socialista moderna y abierta. Su amplia agenda internacional incluyó recibir al presidente estadounidense Richard Nixon en Varsovia y visitar a su sucesor, Gerald Ford, en Washington, con quienes discutió acerca de los problemas económicos y políticos del mundo y buscó engrandecer el papel de Polonia. Al recibirlo en la Casa Blanca en 1974, Ford afirmó: "Polonia es un líder mundial en carbón y tiene que cumplir un rol central en el problema global de la energía. Usted, señor secretario general, con una vida de experiencia, es capaz de realizar un importante aporte".[167]

La apertura tocó también a Bulgaria, quizás uno de los países más rezagados de la región en materia de integración cultural global hasta bien entrados los años sesenta. Bajo el liderazgo de Todor Zhivkov, llegado al poder durante la era de la desestalinización, el Partido Comunista Búlgaro había transitado los años cincuenta y sesenta con calma y relativo bienestar económico y social, explotando la tradicional rusofilia del país y procurando mostrarse como el alumno modelo de los soviéticos en los Balcanes. A partir de los años setenta, viendo que la *détente* intensificaba los contactos entre el Este y el Oeste, los búlgaros concluyeron que una ofensiva ideológica era necesaria para contrarrestar la propaganda occidental y para reforzar las bases de legitimidad del régimen. Sin embargo, la campaña de los búlgaros distaba de emular los viejos modelos propagandísticos de décadas anteriores. En cambio, el partido decidió adoptar un enfoque pragmático y abierto capaz de traer al país lo mejor de Occidente y de proyectar en el mundo la imagen de una Bulgaria moderna, abierta, independiente y culturalmente potente.

En 1975, Lyudmila Zhivkova, hija del líder del partido, asumió el comando del Comité de Arte y Cultura y llevó adelante una reorganización masiva de la política cultural del país. Se lanzó entonces una batería de políticas culturales destinadas a subrayar el lugar de Bulgaria en la historia mundial, revalorizando el patrimonio arqueológico del país y estimulando la producción artística con temas de la historia nacional. El nacionalismo cultural se combinó con una campaña de internacionalización que abrió la sociedad búlgara al mundo como nunca antes: el Estado se dedicó a promover la cultura del país en el exterior, organizando miles de eventos en distintos puntos del globo entre 1977 y 1981, y disponiéndose también a hacer de Bulgaria la sede de numerosas actividades en colaboración con las Naciones Unidas, la Unesco y otras organizaciones internacionales. El punto más alto de esta política fue quizás la celebración en 1981 de los 1300 años de la fundación del primer Estado búlgaro, que coincidía con el 90° aniversario de la fundación del Partido Comunista Búlgaro, acontecimiento para el cual se desplegaron más de 3000 exhibiciones a lo largo del año, la apertura de un nuevo museo nacional y más de 500 conciertos. De esta manera, el régimen comunista conseguía integrar su relativa prosperidad económica y su estabilidad política con un orgullo nacional que, lejos de aislar al país como en décadas anteriores, lo mostraba como un miembro pleno de la comunidad global.[168]

Los búlgaros, los alemanes y los polacos pudieron explotar el contexto de la *détente* para tejer relaciones con Occidente y participar de las dinámicas culturales globales. La estabilidad política que había conseguido el continente europeo en los años setenta permitió a otros actores del mundo socialista volcarse incluso más intensamente a la arena internacional. Hasta los años sesenta la Unión Soviética había mantenido una política más bien prudente en África, Asia y América Latina, en gran medida debido a sus propias limitaciones económicas y logísticas para intervenir a tanta distancia. Con los cambios de la década de 1970, los líderes soviéticos buscaron asumir un compromiso cada vez más decidido en el Tercer Mundo. En el Magreb y en Medio Oriente, tras la disolución de la alianza con Egipto luego de la muerte de Nasser y el ascenso de Anwar el-Sadat, Moscú mantuvo su presencia en la región por medio de su alianza con países como Argelia, Siria e Irak, de orientación nacionalista, popular y antiimperialista. Al mismo tiempo, los soviéticos prestaron creciente apoyo a movimientos anticoloniales en África tales como el Movimiento Popular de Liberación de Angola, trenzado desde la década anterior en una lucha de liberación nacional contra las autoridades portuguesas, y el Congreso Nacional Africano, entonces enfrentado al régimen racista del apartheid en Sudáfrica, aliado de los Estados Unidos. En paralelo, a la red de clientes de los soviéticos en el Tercer Mundo se sumaban los militares socialistas del Consejo Administrativo Militar Provisional (Derg) en Etiopía y el Frente Sandinista de Liberación Nacional en Nicaragua. Hacia fines de los años setenta, tras la victoria de los comunistas en Vietnam, que asestó un duro golpe a la política exterior estadounidense, los tentáculos de la Unión Soviética se habían expandido de manera espectacular en el mundo extraeuropeo. Esto comenzó a generar malestar en Washington, pero también en Moscú, donde los líderes soviéticos veían con inquietud el costo económico y político de semejante maquinaria internacional.

No solo la URSS intentaba expandir su influencia global. En ese momento, el gobierno rumano de Nicolae Ceaușescu desarrollaba una política internacional especialmente activa destinada a ganarse el favor de los países del "Tercer Mundo", entre otras cosas acercándose a los países menos desarrollados en busca de cooperación económica e incluso realizando una gira latinoamericana en 1973.[169] Algo similar podía decirse de Yugoslavia, que tras la invasión de Checoslovaquia intensificó su política tercermundista para consolidar su seguridad y posición internacional. Al notar la tímida reacción de Washington frente a la llegada a Praga de los tanques del Pacto de Varsovia, los líderes en Belgrado temieron por su propia seguridad y sospecharon que las potencias podrían eventualmente volver a acordar una división de esferas de influencia a la manera de lo que había sucedido en Yalta en 1945. Belgrado se lanzó así a una campaña que tenía el objetivo de "desestabilizar la *détente*", y para eso dio nuevo impulso al Movimiento de los No Alianeados tras casi cuatro años de inactividad y sostuvo una diplomacia más activa tanto en Europa como en el Tercer Mundo, desde Chile y Angola hasta Chipre y Etiopía.[170] Hacia mediados de la década, Yugoslavia se volcaría de lleno a los proyectos más ambiciosos de la diplomacia tercermundista, en particular la promoción de un Nuevo Orden Económico Internacional y la fundación de una Agencia de Noticias de los No Alineados destinada a contrarrestar el monopolio informativo de los medios occidentales.

Durante la primera mitad de los años setenta, el mundo socialista europeo seguía mostrando signos de vigor en el escenario internacional. Hacia dentro, el socialismo se escandía en dos velocidades, con algunos Estados que habilitaban un espacio de tolerancia y apertura y otros que se embarcaban en rumbos más represivos. A finales de la década ambas velocidades iban a confluir. Con la aparición de nuevas tensiones internacionales, la *détente* probó ser un mecanismo de acuerdo más bien débil, a la vez que la aparición de disidentes y de nuevas fuerzas de oposición al socialismo se proyectarían en la escena global y en más de una ocasión pondrían en aprietos a los regímenes del Este.

## VIGILANCIA, OPOSICIÓN Y DISIDENCIA EN EL MUNDO SOCIALISTA

A lo largo de los años setenta, el mundo socialista europeo fue testigo de un considerable aumento de la protesta, producto de una insatisfacción social que encontró formas de expresión variadas y nuevas. En paralelo, se incrementó el aparato de control, vigilancia y represión de los Estados, una maquinaria de larga data que en esos años alcanzó quizás su mayor grado de operatividad. En muchas historias sobre el socialismo de Estado, las policías secretas y servicios de seguridad ocupan un papel desproporcionado y por momentos espectacular. Interpretaciones de este tipo transmiten una imagen en la que todos los resortes de la sociedad eran objeto de vigilancia del poder comunista, de tal modo que la vida de los ciudanos quedaba siempre bajo la bota de los servicios secretos. Esto en gran medida no fue así, y los individuos pudieron tener vidas bajo cierta normalidad, en todo momento con el condicionante de que esta fue "a pesar de" la represión. Así, focalizar en exclusiva la historia del socialismo de Estado en estos aspectos resulta insuficiente, como ha puesto de manifiesto la historiografía reciente. Si bien el socialismo de Estado no se puede entender solamente por la vía de la represión y la acción de las policías secretas, estas constituyen una parte integral del sistema que es preciso analizar para conocer su funcionamiento.

En materia de vigilancia, mucho más que en otros aspectos, los Estados socialistas copiaron el modelo soviético, que desde los años treinta se empleaba con eficacia en la detección y eliminación de voces disidentes. En Rumania, el soviético Panteley Timofiy Bodnarenco tomó en 1948 las riendas de la Securitate, adoptando el nombre rumano de Gheorghe Pintilie para esconder su origen soviético y generar una mejor aceptación, lo que no deja de ser una manifestación simbólica de cómo el aparato soviético se infiltró en los Estados socialistas del Este.[171] La Securitate fue la policía secreta más operativa del bloque, quizás junto al servicio de seguridad del Estado de Alemania del Este, la Stasi.

Una peculiaridad de la evolución del socialismo es que estos servicios secretos fueron creciendo paulatinamente y con bastante independencia respecto del desarrollo general. La policía secreta no era tan solo el "escudo y espada del Estado", como rezaba el lema de la Stasi, sino que con el tiempo se convirtió en un Estado dentro del Estado. La organización llegó incluso a poseer un club de fútbol, el Dynamo de Dresde, cuyo presidente oficioso fue el jefe de la Stasi desde 1957 a 1989, Erich Mielke. En los años setenta, con más de dos décadas de funcionamiento a pleno rendimiento, las policías secretas se emplearon casi en exclusiva para monitorear la oposición y la disidencia, cada vez más afianzadas. El grado de operatividad de la Securitate y la Stasi alcanzaba incluso el plano internacional: en 1981, un grupo terrorista, mandado y financiado por la Securitate, lanzó un ataque sobre uno de los centros de la disidencia internacional, Radio Free Europe, con sede en Múnich, mientras que el servicio exterior de la Stasi llegó a infiltrar un agente en el círculo cercano del canciller alemán Willy Brandt. Luego de que este agente, Günter Guillaume, quedase en evidencia en 1974, Brandt fue obligado a dimitir. El hecho de que la Stasi, en una acción aprobada por el secretario general del partido, Erich Honecker, decidiese introducir un agente para extraer información de Brandt, alguien que había estado dispuesto a apaciguar las tensiones de la Guerra Fría, muestra a las claras cómo Alemania del Este, aun en momentos de distensión, trató a su vecina occidental como un enemigo de primer orden.

En el interior, la situación se hizo asfixiante para los individuos y grupos de oposición que con el tiempo darían en llamarse "disidentes". Una extensa red de confidentes proveía a las policías secretas información sobre cualquier actividad subversiva. Así, los servicios secretos consiguieron desmantelar desde pequeñas reuniones clandestinas en teatros e intentos de fuga, hasta acciones políticas de mayor envergadura. La lógica misma de los servicios de seguridad, unida a la mirada paranoica de los líderes comunistas, que veían enemigos por todas partes, hicieron que el largo brazo de los servicios secretos se expandiese hasta espiar a miles de ciudadanos, independientemente de que tuvieran voluntad de actuar contra el Estado socialista o no. Los seguimientos periódicos, la instalación de micrófonos o los registros en domicilios se multiplicaron durante dichos años. Las policías secretas inspiraban en la población un terror muy real y palpable; las detenciones, interrogatorios y torturas fueron frecuentes en todos los países del bloque del Este durante los años setenta y ochenta.[172]

El amplio poder y alcance de los aparatos secretos plantea la pregunta de si, como sostienen algunos autores, estos fueron capaces de aplacar a la sociedad, reduciéndola a un conjunto de individuos atomizados que temían tanto a los órganos del Estado como a sus propios vecinos, ante la eventualidad de que estos pudieran denunciarlos aduciendo causas reales o ficticias, ya por miedo, por fidelidad al poder o incluso para ajustar cuentas personales. Aunque es tentador enfocar la historia del socialismo de Estado desde su punto más oscuro y siniestro, la idea es poco satisfactoria por numerosas razones. La primera y principal es que durante el período de mayor operatividad de las policías secretas, los años setenta y ochenta, las sociedades del Este no demostraron pasividad y aquiescencia, sino todo lo contrario. A todas luces, esos fueron los años de mayor conflictividad en todos los ámbitos, tanto el laboral como el cultural, el intelectual y el cívico. Las respuestas y movilizaciones sociales desbordaron el Estado socialista, siendo capaces de sortear sus múltiples resortes represivos, incluidos los servicios secretos.

Con todo, las protestas sociales provocarían una reacción estatal que acabaría con los breves períodos de tolerancia de comienzos de los setenta en países como Polonia o Alemania. En Polonia, un incremento de precios a comienzos del verano de 1976 desencadenó protestas en pequeños núcleos urbanos del centro del país. El gobierno envió tanques y helicópteros que cargaron contra los manifestantes y dejaron decenas de heridos y detenidos. La represión dio lugar a una mayor cohesión de la oposición, que desde entonces enfrentaría a un Ejecutivo debilitado y haría mermar la popularidad de Edward Gierek. En Alemania del Este, también en 1976, las autoridades decidieron retener el pasaporte del contestatario cantautor Wolf Biermann, quien realizaba una gira del otro lado del Muro, donde cantaba populares baladas con ácidas críticas al gobierno comunista. Biermann, aún en Alemania Occidental, se enteró de que quedaba condenado a un exilio forzoso. Su caso fue el catalizador de una creciente hostilidad de Honecker hacia aquellos artistas que planteasen siquiera una mínima crítica contra el régimen, desarrollando su actividad sin "tabúes", tal como el líder comunista les había pedido en 1971.[173]

Fenómenos como estos se extendieron a lo largo de toda la década de los setenta, incluso en Yugoslavia, país que hasta la década anterior había sido la meca del socialismo liberal. La represión del *maspok* (el movimiento que reclamaba más apertura y autonomía para Croacia) y la decapitación de las dirigencias liberales en las repúblicas dieron paso a una época de renovado control ideológico que la historiadora serbia Radina Vučetić ha calificado de "restalinización".[174] Los años setenta fueron testigos de un recrudecimiento de la represión, con episodios de censura que el país no había visto en más de veinte años, como ocurrió en el caso del director Lazar Stojanović, cuyo film *Plastični Isus* (Jesús plástico) le valió tres años en prisión por escenas en las que se sugería un parentesco entre el culto a la personalidad de Tito y el nazismo, condena sin precedentes en la historia del país. Entre las personas alcanzadas

por la censura y la represión se contaban numerosos intelectuales, tales
como los miembros de la reconocida revista marxista humanista *Praxis*,
quienes a finales de los años setenta perdieron sus puestos en la Facul-
tad de Filosofía de la Universidad de Belgrado y en muchos casos, para
tomar prudente distancia de su contexto inmediato, optaron por partir
a estancias académicas en el extranjero. Entre las víctimas más visibles
de la ola represiva se contaban además ciertos intelectuales serbios que,
tras las reformas constitucionales de los años setenta que profundizaban
la confederalización, denunciaron el nuevo arreglo constitucional como
contrario a los intereses de Serbia; el caso más destacado fue el del jurista
Mihailo Đurić, quien fue acusado de nacionalismo y condenado a prisión
por sus críticas contra las enmiendas constitucionales.[175]

En virtud de la mayor visibilidad del descontento y la represión en
el Este, los años setenta suelen conceptualizarse como el decenio de
la disidencia. A grandes rasgos, un disidente es aquel que muestra su
disconformidad parcial o completa con un régimen. En el caso del
socialismo de Estado, las figuras de ese tenor habían existido, en los
hechos, desde 1917. Su alcance y su influencia dependían no solo de sus
acciones dentro de los países del Este, sino también de redes políticas,
intelectuales y culturales creadas fuera del mundo comunista por refugiados políticos anticomunistas que habían emigrado décadas atrás. Las
primeras semillas de estas diásporas políticas habían sido plantadas por
los rusos blancos y los ucranianos que escaparon luego de la Guerra Civil.
A fines de los años cuarenta, las comunidades se habían expandido con
la llegada de la emigración anticomunista croata, serbia, húngara, rusa,
polaca y báltica a Europa occidental, pero también a los Estados Unidos,
Canadá, Australia y la Argentina. Si en muchos casos las razones para
marcharse habían sido puramente ideológicas, en otros tantos su partida
había sido forzada ya que gran cantidad de emigrados de esta primera
generación habían sido identificados como amenazas por los regímenes
comunistas establecidos en la posguerra. En muchos casos, corrían el
riesgo de caer en prisión o incluso sufrir la ejecución, en virtud de sus
posiciones políticas, o bien a raíz de su colaboración con el fascismo y
con los regímenes de ocupación durante la Segunda Guerra Mundial.
Ya en el extranjero, el pasado de persecución y la convicción de que era
necesario liberar a la patria de la ocupación comunista se convirtieron

en la base de una nueva identidad diaspórica, tan fuerte que a veces podía reunir incluso a antiguos enemigos, como ocurrió con el primer ministro serbio Milan Stojadinović y el líder de los *ustaše*, el croata Ante Pavelić, ambos refugiados en la Argentina luego de 1945 y socios en la lucha contra el régimen de Tito desde Sudamérica.[176] A partir de los años cincuenta, nuevas generaciones de disidentes y refugiados políticos se acoplarían a la diáspora anticomunista, en especial en los Estados Unidos y Europa occidental, con la llegada de decenas de miles de exiliados tras la invasión de Hungría en 1956, la invasión de Checoslovaquia en 1968 y la represión del *maspok* en Croacia en 1971.

Uno de los centros europeos de esta disidencia fue París. Tierra de refugio para exiliados políticos de todo corte ideológico desde el temprano siglo XX, Francia fue uno de los principales nodos de las redes transnacionales de disidentes que cobraron forma en esos años y que se caracterizaron, entre otras cosas, por la diversidad ideológica de las distintas generaciones de exiliados guarecidos en la capital francesa. Entonces, en París viejos intelectuales fascistas rumanos como Emil Cioran y Mircea Eliade podían cruzarse con disidentes de corte notablemente más democrático como Monica Lovinescu, o acaso con el croata Ante Ciliga, viejo comunista heterodoxo, con los años devenido ardiente nacionalista. Además, el ecosistema intelectual francés supo dar cobijo a intelectuales como el judío bielorruso Michel Heller, célebre por sus análisis del sistema soviético, o al historiador y disidente checoslovaco Jan Tesař. El suburbio parisino de Maisons-Laffitte fue además sede de la que quizás haya sido la principal institución de la diáspora anticomunista y liberal polaca: el instituto de la revista *Kultura Paryska*, formado, a instancias de Jerzy Giedroyc, por intelectuales como el pintor Józef Czapski y el escritor Czesław Miłosz, autor del famoso ensayo *La mente cautiva* de 1953, que denunciaba a los intelectuales cómplices del comunismo.[177]

En los años setenta, estos intelectuales disidentes llevaban ya más de dos décadas en el exilio y su influencia era decreciente; sin embargo, la llegada de figuras de nuevas generaciones y, sobre todo, el auge de movimientos de protesta dentro de los países de Europa del Este iban a dar un renovado vigor a la disidencia, que tensionaría tanto la imagen de cierto prestigio internacional labrado por algunos Estados socialistas como su estabilidad interna. En el contexto ideológicamente intenso de la Guerra

Fría, el diálogo entre opositores exiliados y movimientos de oposición internos en los países de Europa del Este reforzó la imagen represiva del comunismo en el extranjero y condujo a una condena de los Estados socialistas por parte de una porción significativa de la comunidad internacional. Dicha proyección dio una mayor visibilidad y cierta protección a la disidencia interna, que se iba a enfrentar a la respuesta violenta de los Estados socialistas. Sin embargo, aunque la represión aumentó de manera considerable, nunca se repitió algo ni remotamente similar a la ola de violencia desatada en la Unión Soviética en los años de Stalin.

Este cambio de coyuntura queda bien representado en una reunión del Politburó moscovita en enero de 1974 a propósito de un escritor que acababa de publicar en Francia un libro explosivo en el cual denunciaba los horrores del comunismo y exponía a la URSS al descrédito internacional: Aleksandr Solzhenitsyn, autor del célebre *Archipiélago Gulag*. Aunque hubo algunas voces de generales soviéticos que sugirieron acabar con Solzhenitsyn, el líder del KGB, Yuri Andrópov, afirmó que la situación internacional había virado a escenarios en que los asesinatos indiscriminados resultaban inaceptables, y un procedimiento de tal calibre habría manchado de forma irreversible la imagen de la Unión Soviética. Andrópov tenía una vía alternativa. En febrero de 1974 un contingente policial entró de madrugada y sin previo aviso en el domicilio de Solzhenitsyn, que fue conducido a la fuerza a un avión que lo dejaría en Alemania Occidental, sin posibilidad de volver a la URSS, pues le habían retirado el pasaporte. Tras su destierro, Solzhenitsyn se dedicaría frenéticamente a recorrer los países occidentales denunciando los horrores del comunismo. Su impacto fue sideral en países como Francia o España, donde influyó en los debates y las políticas nacionales gracias a su insistente señalamiento de la hipocresía de la *détente*; así lograría además minar el crédito de los fuertes partidos comunistas locales.[178]

El caso de Solzhenitsyn muestra el impacto de la disidencia más allá del bloque del Este y su rol fundamental en el escenario internacional como ariete que contribuyó a hacer fracasar las políticas que pretendían una coexistencia pacífica entre bloques. El escritor ruso recibió el apoyo de otros disidentes de Polonia, Checoslovaquia o Hungría, en busca de un frente común que presionara a los Estados socialistas. Sin embargo, aunque Solzhenitsyn sintonizara muy bien con exiliados conservadores y reaccionarios de olas anteriores, su figura es singular y poco representativa si lo comparamos con las formas mayoritarias de disidencia y oposición interna en el bloque del Este. Más allá de un deseo de unión contra las dictaduras socialistas en el escenario internacional, las similitudes entre Solzhenitsyn y otros disidentes eran mínimas: el autor defendía el retorno a cierto régimen autocrático de corte zarista, una reivindicación conservadora del alma del pueblo ruso que los usurpadores comunistas habían puesto en cautiverio. Solzhenitsyn no concedía un ápice de legitimidad a lo ocurrido en Rusia tras 1917, ni tenía interés en perseguir un cambio desde dentro del sistema aprovechando sus resquicios legales, pero tampoco aspiraba a ir hacia un sistema liberal de tipo occidental. No en vano, se volvió una figura incómoda cuando comenzó a criticar el materialismo y la falsedad de la democracia occidental, alabando en cambio a figuras como el dictador chileno Augusto Pinochet. Así las cosas, si la historia de Solzhenitsyn es paradigmática del impacto internacional de la disidencia, representa apenas un caso en un amplio universo de disidentes y opositores que abrevaban en muy diversas tradiciones políticas, desde el liberalismo y el conservadurismo religioso nacionalista hasta distintas formas de reformismo comunista.

La riqueza ideológica de los movimientos disidentes es quizás más evidente en el caso de la Polonia de los años setenta. Tras las duras huelgas de 1976, la oposición se aglutinó en torno al Comité de Defensa del Obrero (KOR), primer gran movimiento colectivo de oposición que reunía a buena parte de las diversas tendencias políticas de oposición, si bien las cabezas más visibles eran figuras como Jacek Kuroń, de filiación comunista pero desencantado con el funcionamiento del régimen. El objetivo inmediato del KOR fue defender a los detenidos, pero pronto apeló a formas de protesta y repertorios de acción que se extenderían en el tiempo, como boicots, marchas y huelgas. El KOR también desplegó una sólida red de publicaciones clandestinas y buscó tejer alianzas con los exiliados anticomunistas y con otras redes de oposición en países vecinos como Checoslovaquia. Una de sus estrategias fue lo que dio en llamarse "disidencia legalista". Los Estados socialistas habían buscado consolidar su poder mediante vías legales y ajustadas a derecho que rompieran con la arbitrariedad de los tiempos del estalinismo, pero que a su vez no cuestionaran el rol central del partido en la vida política. Aunque estos procesos no condujeron a la formación de un auténtico Estado de derecho, dieron un mayor peso a la ley en la gestión de la vida pública. La "disidencia legalista", sobre todo en países como Checoslovaquia y Polonia, se propuso aprovechar los propios marcos legislativos socialistas y hallar resquicios para conseguir prerrogativas que ampliaran el espacio de lo permitido y así defender a los opositores, algo que el KOR implementaría sistemáticamente en su defensa de los trabajadores encarcelados. A la vez, el legalismo disidente se benefició del contexto internacional: en el verano de 1975, tras la Conferencia de Seguridad y Cooperación Europea celebrada en Helsinki, se aprobó un acuerdo final que buscaba consolidar la coexistencia pacífica entre bloques; uno de sus puntos estipulaba el respeto de los derechos humanos y las libertades fundamentales. El acuerdo fue firmado por todos los países socialistas, que parecían avenirse a garantizar libertades entonces coartadas a cambio de la coexistencia pacífica. Sin embargo, esto en la práctica no sucedió, ya que los Estados socialistas enfrentaron con represión las protestas internas; la respuesta de la disidencia fue intentar obligarlos a cumplir tanto los acuerdos internacionales como su propia legislación interna. A partir de 1975, las protestas tuvieron una gran resonancia internacional. Tal vez el caso más representativo fuera el de la Carta 77 en Checoslovaquia, documento que en enero de 1977 distribuyeron 241 disidentes y fue leído como un manifiesto conjunto de toda la oposición al régimen de Gustáv Husák.

La Carta 77 instaba al gobierno a suprimir la censura y garantizar las libertades individuales y colectivas, tal como rezaba el acuerdo final de Helsinki, que el propio gobierno checoslovaco había suscripto. En los meses siguientes, los servicios secretos checoslovacos detuvieron a los principales firmantes de la Carta, y algunos de ellos fueron condenados a varios años de cárcel. El episodio mostró a las claras que el socialismo ni siquiera podría respetar los principios que había firmado, y esto ahondaría la deslegitimación de los regímenes socialistas tanto dentro como fuera de la región.[179] El grupo organizado alrededor de Carta 77 reunía diversas tradiciones políticas de oposición. Las tres firmas principales eran exponentes de tres de las tendencias más importantes. Jiří Hájek, antiguo ministro de Exteriores de la etapa de Alexander Dubček, encarnaba la línea de reformismo comunista que inequívocamente deseaba un cambio del sistema ateniéndose a los principios del socialismo; el filósofo Jan Patočka encarnaba la tradición intelectual y democrática checoslovaca que provenía del período de entreguerras; y el dramaturgo Václav Havel, que a la postre se convertiría en la figura más conspicua de la disidencia checoslovaca, nunca había sido miembro del partido e introducía una opción más liberal que abogaba por marchar hacia un régimen democrático. En 1978, Havel publicaría *El poder de los sin poder*, quizás el ensayo más representativo de la disidencia, en el que desentrañaba los mecanismos de poder del socialismo, un sistema que retrataba como un régimen postotalitario caracterizado por la mascarada y la mentira al que había que oponer una "revolución existencial" que buscara "vivir en la verdad".

Tras la publicación de la Carta 77 y la detención de los principales firmantes, Jan Patočka, de 69 años y salud delicada, fue sometido durante más de diez horas a un duro interrogatorio de la policía checoslovaca. Días después, sufrió una apoplejía que acabó con su vida. En cuanto a Havel, fue sentenciado a cinco años de prisión. *El poder de los sin poder* causó un impacto inmediato y convirtió a Havel en el líder natural de la oposición checoslovaca. En el contexto de un socialismo más represivo y acorralado por sus propias promesas, las ideas reformistas de figuras como Jiří Hájek se debilitaban ante las propuestas de quienes, como Havel, ponían en cuestión los cimientos éticos de un sistema que se veía a sí mismo como emancipador pero que en la práctica ya muchos percibían como puramente opresor.[180]

## FRENTE A LA CRISIS DEL SOCIALISMO

Hacia el final de la década de 1970, los países socialistas del Este de Europa habían avanzado hacia una forma de normalidad y de estabilidad que en muchos sentidos, pese al aumento de la represión y el impacto erosivo de la acción de los disidentes, no perdía un aura de perennidad. Esta aura se sostenía no solo en la fuerza de la ideología, sino también en la estabilidad económica y la capacidad del sistema de garantizar la satisfacción de las necesidades de amplias capas de la población. Tras haber sido devastados durante la Segunda Guerra Mundial, los países del

Este habían avanzado a pasos agigantados en materia de urbanización, industrialización y provisión de servicios sociales básicos de educación y salud. La expansión de las economías socialistas había sido también notable, con altas tasas de crecimiento en los primeros años de posguerra y hasta entrada la década de 1960. Además, muchas economías socialistas habían tendido a igualarse con las del mundo industrializado: si en 1938 el PBI per cápita de Checoslovaquia representaba un 82% del promedio europeo, para 1973 había saltado al 112%, mientras que el de Polonia había pasado del 55 al 89% y el de Rumania, del 51 al 66%.[181] Entre las élites dirigentes y los amplios sectores de trabajadores que componían las sociedades del Este europeo, existía un acuerdo tácito según el cual el monopolio político del partido no sería cuestionado; como contrapartida, se darían mejoras en el nivel de vida y el desarrollo nacional, lo que algunos autores han llamado "contrato social socialista". Esto fue especialmente visible en países como Checoslovaquia, donde luego de la "normalización" la aspiración a convencer ideológicamente a la población de las virtudes del socialismo quedó desplazada por objetivos mucho más materialistas y de consumo.[182] Este entendimiento, sin embargo, entraría en crisis en los años ochenta como resultado de las transformaciones de la economía global, que no hicieron sino profundizar rasgos disfuncionales del orden socialista, y en grado tal que pusieron en jaque la supervivencia misma del sistema.

El cambio de década tras la frustrada Primavera de Praga había marcado el final del experimento reformista en los países socialistas. Tal como se lamentaba en 1979 el polaco Włodzimierz Brus, promotor de la reforma en su país y exiliado en el Reino Unido desde principios de la década, "en la mayoría de los países de Europa del Este, la reforma económica nunca tuvo oportunidad de demostrar sus virtudes".[183] En rigor, las economías socialistas no estaban talladas en piedra y, en los hechos, desde los años cincuenta se habían transformado al menos en tres sentidos. En primer lugar, cediendo parte del poder e iniciativa del Estado a los productores, y reforzando la autonomía de las empresas con respecto de la administración pública, aunque siempre bajo la supervisión del partido. En segundo lugar, las economías socialistas habían avanzado hacia una mayor integración y concentración, lo que permitía mantener un control más estricto sobre la producción. En tercer lugar, los países socialistas se habían integrado progresivamente en los flujos globales tanto en materia comercial como financiera, volviéndose cada vez más dependientes de factores externos. Sin embargo, las economías socialistas eran casi enteramente de propiedad estatal; su expansión se basaba más en la incorporación extensiva de mano de obra que en los saltos tecnológicos y productivos, y los actores económicos estaban bajo supervisión de vastos aparatos políticos tendientes a la ineficiencia y a la corrupción. Con el tiempo, estos rasgos se tornarían crecientemente disfuncionales y difíciles de conjugar con la economía cada vez más globalizada de los años ochenta.

La naturaleza comparativamente ineficiente de las economías socialistas se volvió más ostensible como resultado de las transformaciones del orden económico global luego de 1973. Los países socialistas europeos, con economías altamente centralizadas y con la necesidad política de mantener pleno empleo, tuvieron severas dificultades para adaptarse a los nuevos modos de producción flexibles que se configuraron con el avance de la integración económica global, apalancado, entre otras cosas, por el acercamiento entre los Estados Unidos y China a partir de la visita del presidente Richard Nixon al país asiático en 1972. La crisis desencadenada por la decisión de los países petroleros en Medio Oriente de retener su producción en represalia por la victoria de Israel en la guerra de Yom Kipur provocó un aumento dramático de la inflación a escala global, acabando así con el período de espectacular crecimiento económico inaugurado en la posguerra. Entre 1950 y 1973, el producto bruto interno de Europa del Este había crecido una media de un 4% anual, uno de los parámetros más altos del mundo, solo superado, y por muy poco, por las grandes potencias de Europa Occidental. La crisis del petróleo jaqueó el orden económico mundial, aunque las economías occidentales tuvieron más capacidad de reacción que las socialistas, cuyo crecimiento de 1973 en adelante pasó a ser, en promedio, del 0,7% anual, bastante por debajo de los países capitalistas, e incluso en el espacio soviético y postsoviético, el PBI decreció un 1% anual de media, algo que tuvo consecuencias devastadoras para la economía y las vidas de los habitantes.[184]

Distintos tipos de respuestas se trazaron en Europa del Este ante la crisis: en su mayoría, aspiraban a mantener el sistema socialista sin necesidad de efectuar reformas radicales. Una parte considerable de los países socialistas buscó financiar un impulso de la industria recurriendo a préstamos externos, en gran medida con prestamistas occidentales.

El problema residía en que, hacia 1980, la industria aún operaba según parámetros que para entonces se habían vuelto muy tradicionales: si las economías del Este eran capaces de producir bienes de consumo como automóviles o máquinas, estaban peor preparadas para artefactos más sofisticados propios de la era postindustrial y tenían menor capacidad de innovación tecnológica. En Alemania del Este, por ejemplo, los científicos desarrollaron modelos de producción de microchips, pero el alto costo hizo finalmente imposible desarrollarlos a gran escala y la experiencia desembocó en un nuevo intento fallido de modernización. Así las cosas, los préstamos de países occidentales se utilizaron para dar un nuevo impulso a la industria tradicional y mantener los altos niveles de consumo, pero sin perspectiva de largo plazo. Así, en numerosos casos la deuda externa se disparó a niveles insostenibles: en Polonia, entre 1970 y comienzos de los ochenta, se multiplicó por trece. En esas condiciones, se suscitó una fuerte dependencia respecto del sistema financiero internacional, lo que no pudo sino tener un impacto político negativo, debido a que los préstamos provenían de países capitalistas.[185]

La alternativa residía en ajustes internos que pasaban por la reducción de los servicios, un mayor control del gasto y, significativamente, el aumento de los precios de los bienes de consumo. Así, la mayoría de los países socialistas optó por hipotecar el futuro aumentando la deuda externa a cambio de evitar la bancarrota y mantener la paz social. Una notable excepción fue Rumania: en su afán por conseguir autonomía nacional, rechazó seguir la senda que sus pares habían iniciado. Ceaușescu buscaba una autosuficiencia económica que era incompatible con los préstamos externos, ya que pensaba que el abuso de crédito haría a Rumania dependiente de actores internacionales que acabarían demandando reformas en un sentido capitalista. Así, el país no solamente rechazó recurrir a préstamos, sino que se esforzó por devolver toda la deuda externa que había contraído. Para ello, Ceaușescu aprobó medidas brutales de contracción del gasto público y austeridad que hicieron que la situación socioeconómica de los rumanos se resintiera de manera vertiginosa. En los años ochenta, la precariedad social y la pobreza avanzaron hasta extremos inimaginables solo unos años antes.[186] Mientras tanto, el resto de la región continuaba endeudándose y entrando en una espiral deficitaria que al final obligó a la subida de precios. A ello se unió el desabastecimiento de los establecimientos públicos por la falta de productos. Como respuesta a ambos, en las sociedades socialistas surgieron vigorosos y extensos mercados negros, donde los ciudadanos de a pie accedían a los bienes de consumo de otro modo inhallables. Esto tuvo especial incidencia en Hungría, donde para los ochenta se hablaba de una "segunda economía", casi tan extensa como la primera y mucho más avanzada y dinámica.

Las cuestiones económicas desencadenaron respuestas sociales que iban a poner en cuestión a buena parte de los países del Este. En 1980, el gobierno polaco decidió aumentar masivamente el precio de bienes de consumo de primera necesidad, y las protestas no se hicieron esperar. Los ferroviarios de Lublin, un sector estratégico, marcharon a la huelga haciendo inquietar al propio Leonid Brézhnev, que instó desde Moscú a Edward Gierek a solucionar la situación. Sin embargo, fue en el Báltico donde el malestar adquirió un carácter distinto y tanto más intenso. En Gdansk, las protestas por las condiciones de trabajo y el incremento de precios comenzaron a revolver el astillero Lenin. La huelga se extendió por los astilleros de la ciudad y pronto despertó simpatías en otros sectores laborales. Lech Wałęsa, un electricista de 37 años, se convirtió en una de las figuras más visibles de un movimiento incipiente que empezaba a aglutinar trabajadores en contra del gobierno. Pronto las protestas por la subida del precio del pan o la mantequilla quedaron en un segundo plano y el movimiento huelguista avanzó de manera tal que obligó al gobierno a negociar.

A finales de agosto de 1980, el comité de huelga presentaba en Gdansk un programa de "21 Demandas" que fue aceptado por el gobierno. Una de las reivindicaciones que sonaba con más fuerza era la de formar un sindicato independiente del partido y con derecho a huelga, algo inédito hasta entonces en la Europa socialista. Los acuerdos de Gdansk dieron lugar a la constitución de un sindicato permanente de nombre Solidaridad que operaría de forma legal en la Polonia socialista y haría de contrapeso al poder del partido. Esto era una prueba de que la presión popular podía imponer cambios de rumbo y de que un elemento como Solidaridad tenía cabida en un sistema socialista. La segunda mitad del año 1980 y casi todo 1981 asistieron a la euforia y la efervescencia sociales, a medida que Solidaridad crecía en militantes, en alcance y en capacidad de presionar al gobierno. Desde el Politburó, sin embargo, ese avance se veía con otra tanta suspicacia, y la facción más dura, representada por el general Wojciech Jaruzelski, comenzaba a percibir la situación como insostenible. El 13 de diciembre de 1981, Jaruzelski declaraba la vigencia de la Ley Marcial: Solidaridad quedó proscripto y se tomaron medidas represivas contra sus líderes; así, Polonia entró en un estado de excepción, con toques de queda y controles policiales en todas las ciudades. El experimento de un sindicato libre había durado apenas un año. Jaruzelski asumía un férreo liderazgo del partido y del Estado en un momento en el que la economía de todo el bloque del Este daba muestras claras de estancamiento y de crisis.

En el plano internacional, más allá de la desconfianza de Brézhnev, la URSS no amagó con reaccionar como lo había hecho en Checoslovaquia en 1968. Las capacidades de intervención de Moscú eran limitadas, entre otras cosas porque concentraba buena parte de sus esfuerzos en una operación militar que había emprendido en fecha reciente en Afganistán. A finales de los años setenta, el país de Asia central estaba bajo el gobierno del Partido Popular Democrático de Afganistán, de inspiración marxista y con aspiraciones laicas y modernizantes, pero falto de legitimidad democrática y de popularidad entre amplios sectores de la población mayormente rural. En 1979, ante la amenaza de guerrillas islámicas fundamentalistas de los muyahidines que con apoyo de los Estados Unidos buscaban desestabilizar el país y deponer al gobierno prosoviético, Brézhnev había decidido lanzar una intervención que, sin embargo, se reveló más engorrosa de lo esperado. Si unos años antes las guerrillas comunistas de Vietnam habían derrotado al gigante estadounidense, entonces las guerrillas fundamentalistas ponían contra las cuerdas al gigante soviético, cuya presencia en Afganistán se prolongaría durante el resto de los años ochenta, causando miles de bajas en el Ejército Rojo y convirtiéndose en una formidable brecha de recursos militares y financieros para Moscú.[187]

La crisis en Afganistán golpeaba en un momento delicado a los soviéticos, marcados por una situación económica cuya decadencia era ilustrativa de muchas de las disfuncionalidades del sistema socialista. Crecientemente dependiente de sus exportaciones de petróleo, comprometido con una política exterior costosa por su apoyo a Estados clientes como Vietnam y Cuba y con el mantenimiento de exportaciones a precios subsidiados en el bloque económico de Europa del Este, la URSS había atravesado la era Brézhnev sin reformas de envergadura. La ausencia de recortes significativos del gasto, de un fondo contracíclico y de una política de inversiones destinada a propulsar el salto tecnológico necesario haría a la Unión Soviética quedar a la zaga de los países occidentales y de las nuevas potencias económicas que en ese entonces surgían en Asia.

La economía soviética era no solo colosal, sino poco dinámica: ofrecía un paradigma basado en la producción masiva en sectores industriales concentrados, bajo planificación estatal y con poca atención a la demanda, exactamente opuesto al de los países occidentales, que se movían hacia lógicas de producción flexibles tendientes a adaptar la producción a la demanda y a eliminar los stocks. La falta de un mercado libre, el exceso de precios subsidiados y la dependencia en última instancia de las empresas respecto del Estado eran mecanismos esenciales de la economía socialista que impedían la formación de un sistema de precios capaz de alinear oferta y demanda. En los hechos, existía la capacidad de emplear a una cantidad monumental de personas para producir una enorme cantidad de bienes, muchos de estos sin una demanda correspondiente, en ciertos casos por su baja calidad y porque los consumidores preferían mercadería importada y accesible en el mercado negro. En palabras de Serguei Oushakine, el principal problema no era el desabastecimiento (*shortage*), sino la acumulación de bienes innecesarios y su almacenamiento (*storage*). Esta problemática mentalidad productivista reconocía inspiración en la idea marxista de la primacía de la producción sobre el intercambio y en la reticencia de los soviéticos a reconocer la subjetividad del consumidor como factor económico.[188]

Frente a este estado de cosas, la muerte de Leonid Brézhnev en 1982 abrió un espacio para imponer un cambio de dirección en la cuna del socialismo. El elegido para hacerlo fue Yuri Andrópov, antiguo jefe de la KGB, a quien cabría llamar reformista pragmático: incrustado en uno de los núcleos del poder soviético desde hacía décadas, había apoyado las reformas económicas de Kosyguin en los sesenta, pero también había sido partidario de la intervención en Checoslovaquia en 1968. Exembajador en Hungría en tiempos de la Revolución de 1956, el nuevo secretario general creía necesario iniciar los cambios desde arriba y mantener el control de las reformas antes de que fuera demasiado tarde. Al llegar al poder, Andrópov puso en marcha purgas en el partido con el objetivo de desarticular redes de corrupción vinculadas a la economía paralela, impulsó la reducción de subsidios a Estados clientes y comenzó a trazar planes para una reforma económica bajo el mando de Nikolái Rizhkov y de un equipo de economistas y sociólogos involucrados en las reformas de los sesenta. Sin embargo, la administración de Andrópov duró apenas un año, debido a su fallecimiento por una falla renal en 1984. Su sucesor Konstantín Chernenko, gobernaría por un período igualmente breve en el que no hubo avances significativos en las reformas.

En paralelo, los problemas se hicieron sentir con fuerza en Yugoslavia, donde el dinamismo de los años anteriores daba paso a una crisis no solo económica, sino también política. La nueva década trajo una pérdida tan esperable como imposible de superar: la del Mariscal Josip Broz Tito, líder de la lucha partisana, símbolo de la independencia del país y presidente vitalicio, en mayo de 1980. Tan solo un año después de la muerte del otro arquitecto del sistema, el esloveno Edvard Kardelj, el fallecimiento de Tito dejó un vacío en la Liga de los Comunistas de Yugoslavia en una coyuntura especialmente difícil, resultado de la delicada situación económica. La deuda yugoslava se había multiplicado a niveles insostenibles desde finales de los años sesenta y para 1982 alcanzaba los 20 000 millones de dólares. Las tasas para refinanciarse en el mercado, además, habían pasado del 7% a principios de los setenta a más del 18% a principios de los ochenta, representando un peso descomunal para el país, que así quedaba a merced de los acreedores internacionales y del FMI.[189] Ya en 1983, Yugoslavia estaba en recesión, con una inflación del 58% anual y una pérdida del poder adquisitivo que se calculaba en un 30% hacia 1984.[190]

La situación no era solo producto de los efectos deletéreos de la crisis del petróleo sobre la balanza de pagos, sino también, y quizás especialmente, de deficiencias estructurales. La economía del país sufría una tradicional dependencia del financiamiento externo, además de tasas de inversión insuficientes, con una parte considerable de los ingresos en divisas destinadas a solventar la importación de bienes de consumo para una sociedad que desde los años cincuenta había occidentalizado sus pautas de vida. Las reformas descentralizadoras de los años anteriores habían conducido además a una desagregación funcional del conjunto, a la creciente desintegración económica de sus repúblicas y a la pérdida de poder de coordinación central; para principios de los ochenta, una empresa podía endeudarse en Eslovenia sin ningún tipo de conocimiento, supervisión o injerencia por parte de las autoridades en Belgrado. La economía yugoslava se había convertido en una suerte de ficción en la que apenas quedaba un mercado común y un fondo federal destinado a compensar desigualdades regionales, sin tampoco dar paso a la reducción del gasto, sino más bien a su concentración en las repúblicas. Como sentenció en esos años el economista reformista Branko Horvat, "ahora, en lugar del viejo socialismo centralizado, lo que tenemos son ocho socialismos de Estado regionales".[191]

En el plano político, la fuente de la discordia era la Constitución de 1974, garante de las autonomías regionales, que algunos veían como una vaca sagrada del socialismo yugoslavo y que otros consideraban la principal causa de sus disfuncionalidades. Frente a la crisis económica, los primeros consideraban que era necesario profundizar la descentralización y dar a las repúblicas y a las fábricas la libertad de producir, mientras que los segundos creían que era necesario reponer una dosis de dirección central a la economía y reforzar la integración. La primera mitad de la década de 1980 fue testigo de numerosos debates en el seno de la dirigencia del partido, pero también entre académicos y analistas políticos, acerca de si era necesario radicalizar la autogestión, lo que implicaba profundizar la descentralización, o dar marcha atrás y volver a centralizar la autoridad en Belgrado para domesticar la crisis. Esta no era la primera vez que la discordia señoreaba en la Liga de los Comunistas, aunque, a diferencia de lo que había ocurrido en los años sesenta, para entonces era difícil calificar de "liberales" a los defensores de la descentralización y de "conservadores" a sus detractores, aunque solamente fuera porque los primeros eran los guardianes del *statu quo*, mientras que los segundos se mostraban más favorables a la centralización pero también a la introducción de reformas de mercado.

Lo más problemático, sin embargo, era que la discusión en Yugoslavia se alineaba sobre intereses republicanos y regionales: aunque en realidad uno y otro bando tenían representantes en todas las repúblicas, fue especialmente la dirigencia de Serbia la que se ubicó como portavoz de la necesidad de recentralizar el país, mientras que las dirigencias de Eslovenia y Croacia se erigieron en defensoras de las libertades regionales. El posicionamiento de los comunistas eslovenos y los croatas seguía una lógica en gran medida económica. En el caso de los serbios, dirigidos entonces por el reformista Ivan Stambolić, las motivaciones no eran solo materiales, sino también políticas: la propuesta de restablecer un orden auténticamente federal era la culminación de varios años de preocupación por parte de los dirigentes de Serbia por la fragmentación que la Constitución de 1974 había introducido en su propia república al darle una independencia casi total a las provincias de Voivodina y Kosovo. Los dirigentes serbios temían por las consecuencias de colocar a Serbia, la república más grande, en una posición de vulnerabilidad. Como señaló en esos años el comunista serbio Dragoslav Marković, esto podía despertar los peores fantasmas del pasado: "La percepción de que otras naciones en Yugoslavia tienen su Estado mientras que los trabajadores y ciudadanos de Serbia no lo tienen por completo", advertía, "es y puede ser una base para el crecimiento del nacionalismo".[192] La inquietud era más grave por la situación que se vivía en Kosovo, donde en 1981 había habido masivas protestas de albaneses que exigían que se le diera a la provincia el estatuto de república, incluso con demandas de anexión a Albania. Aunque el régimen yugoslavo respondió con contundencia y dispuso la militarización de la provincia, esto no disipó los temores de la minoría serbia que habitaba en Kosovo. Con los años, esta provincia se convertiría en escenario de tensiones cada vez mayores entre albaneses y serbios (que denunciaban una campaña de genocidio y acusaban de inacción al régimen comunista).

Despojado de sus dirigentes históricos, paralizado por los desacuerdos internos y amenazado por el fantasma del nacionalismo, el régimen yugoslavo se mostraba incapaz de dar respuestas a una de sus crisis más graves. La sociedad se hundía en la catástrofe económica mientras miraba impávida a sus líderes atrapados en el laberinto de la política postitoísta. Mientras tanto, en la Liga de los Comunistas de Serbia, alarmada por la situación en Kosovo y trenzada en la discusión partidaria con sus pares en Croacia y Eslovenia, la mayoría vio con buenos ojos la llegada al Comité Central de un cuadro joven de nombre Slobodan Milošević, formado bajo el ala reformista de Ivan Stambolić y deseoso de hacer carrera en el partido. Hacia mediados de la década de los ochenta, de Gdansk a Bucarest y de Moscú a Belgrado, la Europa comunista estaba en crisis. Con economías maltrechas, regímenes políticos crecientemente afectados por la acción de los disidentes y opositores, los países socialistas parecían mantenerse a flote tan solo por medio de la fuerza sin que hubiera tentativas de reforma que pudieran encauzar la situación. El golpe de timón vendría de la cuna del socialismo, donde el sucesor de Chernenko, Mijaíl Gorbachov, retomaría el legado de Andrópov e imprimiría un sello radical a la reforma del sistema soviético.

## LOS ÚLTIMOS DÍAS DE LA REFORMA

En marzo de 1985, Mijaíl Gorbachov fue elegido como nuevo secretario general del PCUS. Nacido en el seno de una familia ruso-ucraniana, había estudiado Derecho en Moscú y había madurado políticamente al calor de las ideas reformistas de los años sesenta. Su incorruptibilidad y su espíritu de cambio lo habían convertido en interlocutor de Andrópov durante los últimos años de vida del antiguo secretario general, quien por esa razón lo había propuesto como sucesor y así su elección decantó como natural tras la muerte de Chernenko.

La llegada al poder de Gorbachov fue un parteaguas: impulsó una reforma general del socialismo que bautizó *perestroika*, término traducible como "reestructuración", y que aspiraba a reinventar la Unión Soviética en un sentido democrático, plural y dinámico. Movido por un espíritu revolucionario y quizás sin conciencia plena de la tarea monumental que significaba reformar el sistema soviético, Gorbachov introdujo medidas que aspiraban a reducir el poder del partido y del Estado y en cambio delegar el poder en las regiones, las empresas y los ciudadanos y en nuevas instituciones políticas plurales y democráticas. Por impulso de cuadros como el reformista Aleksandr Yákovlev, el régimen soviético redujo la censura y alentó el debate libre en la esfera pública en un proceso que daría en llamarse *glasnost*, término que podría traducirse como "transparencia". Así, con la convicción de estar recuperando el legado de Lenin, Gorbachov se valió de su poder de secretario general para revolucionar el sistema político, económico y social de la Unión Soviética a punto tal de debilitar el partido y de poner en cuestión las bases del sistema mismo, con consecuencias impensadas para el país y para la región entera. En palabras de quien más tarde sería su ministro de Relaciones Exteriores, el georgiano Eduard Shevardnadze, Gorbachov "usó el poder de Stalin para desmantelar el sistema del estalinismo".[193]

Las consecuencias de la *perestroika* se harían sentir en toda la región, sacudida por la crisis económica y por la progresiva pérdida de legitimidad del socialismo frente a amplias capas de la población. En Yugoslavia, donde la Liga de los Comunistas hacía tiempo había pasado a ser poco más que una cámara de negociación de intereses republicanos pero ya sin un árbitro capaz de resolver los conflictos, la parálisis política de los tempranos años ochenta dio lugar a una progresiva apertura. Tanto por la acción de las élites de las repúblicas, que aprovechaban las demandas internas de sus ciudadanos para aumentar sus herramientas de negociación en la mesa federal, como por la presión de los propios ciudadanos, el debate político se ampliaba y comenzaba a incluir demandas nuevas en materia de transparencia, defensa de los derechos humanos e incluso protección del ambiente. La crisis de legitimidad del régimen se hacía especialmente notable entre los jóvenes, cada vez más escépticos respecto del comunismo: si en 1974 apenas un 9% declaraba no querer adherir a la Liga de los Comunistas, dicho índice ascendía al 50% en 1986, y la presencia de jóvenes en las filas del partido disminuía sistemáticamente.[194]

Mientras repúblicas como Bosnia o Croacia continuaban profesando su adhesión a los ideales del socialismo autogestionario y evitaban la confrontación abierta, Serbia y Eslovenia se convirtieron en escenarios de un conflicto que terminaría por desgarrar la federación yugoslava en apenas unos años. Los comunistas eslovenos, con dirigentes como Milan Kučan, mantenían su defensa inconmovible de la descentralización, a la vez que habilitaban un clima de creciente debate público en su república, donde crecía el descontento con Belgrado y el rechazo hacia un país que parte de la sociedad percibía como cada vez más ajeno. La sensación de ser explotados por las repúblicas menos desarrolladas del sur de la federación y el autoritarismo del régimen comunista, que muchas veces golpeaba con represión las iniciativas civiles independientes y la acción de periodistas críticos, contribuían a profundizar allí el sentimiento antiyugoslavo. Los tardíos años ochenta serían testigos del ascenso del nacionalismo esloveno, en gran medida tolerado por las autoridades y alimentado por intelectuales críticos.

En paralelo, en el otro extremo de la federación, Serbia atravesaba un proceso similar bajo la conducción cada vez más agresiva de Slobodan Milošević. Tras suceder a Ivan Stambolić a la cabeza de la Liga de los Comunistas de Serbia, Milošević iniciaba una campaña para recentralizar la federación yugoslava y reintegrar a Voivodina y Kosovo a la órbita de las autoridades serbias. La retórica yugoslavista de Milošević, así como su ambición de terminar con los años de división, le granjearon el apoyo de amplios sectores del partido, en especial entre aquellos que añoraban la época dorada de Tito. Asimismo, Milošević hizo suyo el reclamo de la minoría serbia de Kosovo, movilizados políticamente desde hacía tiempo para exigir al régimen la defensa de sus familias, sus tierras y sus iglesias de lo que percibían como una agresión por parte de la mayoría albanesa en la provincia. De esta manera, el nuevo líder conseguía hacerse con el apoyo de amplias capas de ciudadanos que compartían la percepción de que Serbia había sido perjudicada por el régimen en favor de Eslovenia y Croacia, una idea difundida frecuentemente en círculos de intelectuales nacionalistas.

La estrategia de Milošević alcanzó su momento clave a finales de 1988, cuando logró aunar el movimiento de los serbios de Kosovo con una ola de huelgas y protestas sociales motivadas por razones económicas y así pudo presentarse como un líder capaz de representar al pueblo contra la inacción de los burócratas del partido. La presión de amplias masas de trabajadores insatisfechos, combinada con el uso de un eficaz aparato clientelar de movilización, permitió al serbio voltear a los gobiernos de Voivodina, Kosovo y Montenegro y reemplazarlos por dirigentes leales. Este vasto movimiento de masas, que dio en llamarse la "revolución antiburocrática", marcó el punto más alto en la estrategia de Milošević para concentrar el poder en Yugoslavia y ocupar el lugar de primacía que la muerte de Tito había dejado vacante.[195] Era también un punto de no retorno en la tormentosa relación de Serbia con Eslovenia y Croacia, dos repúblicas cuyos dirigentes y ciudadanos se veían difícilmente identificados con el proyecto de Milošević.

La particular composición de Yugoslavia hizo que la crisis del régimen se manifestara sobre todo como una crisis hacia dentro del partido y entre sus repúblicas. Algo muy distinto ocurría en los países centroorientales, donde las respuestas a la crisis estuvieron marcadas principalmente por el ascenso de distintos movimientos de oposición. Entre 1983 y 1984 muchos disidentes detenidos en los años anteriores salieron de las cárceles, siendo el más destacado Václav Havel en Checoslovaquia. En Polonia, el gobierno de Jaruzelski dio por concluida la vigencia de la Ley Marcial y buscó normalizar la situación. Aunque Solidaridad permaneció ilegalizada, pudo condensar descontentos de distintos tipos y tradiciones políticas. Parte de su éxito se debió a que el movimiento huelguista y posterior sindicato se nutrió de las diversas experiencias de disidencia y oposición que se habían consolidado durante los años setenta. Significativamente, los miembros de la facción más izquierdista de la oposición, el KOR, fueron figuras importantes en Solidaridad, pero el sindicato se vio impregnado por una amalgama de corrientes y tradiciones políticas que hacían de él una organización paraguas, capaz de aglutinar a todos los que estuvieran en contra del gobierno.

El obrerismo católico marcó profundamente las acciones de Solidaridad. Dos años antes de su eclosión, en 1978, la fumata blanca del Vaticano había anunciado la entronización del cardenal de Cracovia, Karol Wojtyła, devenido en Juan Pablo II, de marcado perfil anticomunista. Desde el comienzo, el primer papa de Europa del Este se lanzó a una decidida acción para combatir el comunismo. En 1979, Wojtyła hacía una visita oficial a Polonia, donde fue recibido con júbilo y congregó a millones de personas en las calles. La visita mostró a las claras sus intenciones e insufló energías en el catolicismo anticomunista de Polonia. Lech Wałęsa y muchos otros como Anna Walentynowicz eran fervientes católicos con devoción por Juan Pablo II. En ocasión de los "Acuerdos de Gdansk" de agosto de 1980, para firmar el acta final, Wałęsa hizo traer un bolígrafo de dimensiones desproporcionadamente grandes con la efigie del pontífice.

Aunque el catolicismo y la acción contra el gobierno fue fundamental en Solidaridad, el sindicato no buscaba derrocar al régimen para establecer una democracia liberal según parámetros occidentales, como algunos relatos han pretendido hacer ver. Solidaridad congregó a centenares de miles de militantes de varias tradiciones políticas distintas. Si se atiende a las reivindicaciones de las huelgas de agosto de 1980, se reconoce un obrerismo que buscaba en primer lugar consolidar y expandir medidas sociales tales como las subvenciones o el aumento de salarios, en tándem con el respeto por los derechos de reunión y sindicación y de libertad de expresión. Algunos han aplicado el rótulo "socialismo anticomunista" a este fenómeno, que fue cambiando a lo largo de los años. En la segunda mitad de los ochenta, pese a que las reivindicaciones de protección obrera persistieron, la convicción de que las aspiraciones de Solidaridad eran realizables en un sistema socialista como el del bloque del Este se iría diluyendo.[196]

La proyección internacional, no solo granjeada por el papa, sino por buena parte del mundo no comunista, aportó popularidad a los disidentes del Este. En 1983, Lech Wałęsa se hizo con el Premio Nobel de la Paz. El año siguiente, el escritor checoslovaco Jaroslav Seifert fue galardonado con el Nobel de Literatura. El polaco Adam Michnik, uno de los líderes de Solidaridad, o el húngaro Giörgy Konrád daban conferencias en universidades norteamericanas ante oyentes que se contaban por centenares. En Múnich, operaban desde los años cincuenta las emisiones de Radio Free Europe, un medio que proporcionaba el mayor altavoz para los disidentes del Este en el mundo occidental y que, a la inversa, permitía la difusión clandestina en el mundo socialista de las noticias que llegaban del otro lado del Telón de Acero. En los años ochenta, Radio Free Europe emitió constantes arengas y discursos de los disidentes, con la peculiaridad de que estos no se escuchaban solamente en Occidente, sino que también tuvieron eco en los propios países socialistas. Los gobiernos del Este intentaron neutralizar a Radio Free Europe de diversas maneras, pero tanto las emisiones radiofónicas como los discursos impresos circularon masivamente por Hungría, Polonia o Alemania del Este. El socialismo perdía la batalla por la opinión pública mundial.

Las acciones de la oposición y la disidencia no se limitaron al ámbito internacional, sino que, principalmente, tejieron una tupida red en el plano interno para expandir su legitimidad y erosionar la del partido. En Alemania del Este y Checoslovaquia, pero quizás más aún en Polonia, la oposición se expandió a punto tal de superar por lejos los círculos de intelectuales y disidentes en el exilio. Habida cuenta de los métodos represivos que el socialismo había empezado a poner en práctica entre mediados de los setenta y comienzos de los ochenta, se evitaba en lo posible confrontar con el Estado de forma directa. Esta estrategia se concibió como una revolución "autolimitada", en la medida en que buscaba prevenir explosiones de radicalidad que pudieran ser neutralizadas por la policía y los servicios secretos, a la vez que procuraba extender su presencia en el espacio público. Los textos programáticos, libros prohibidos o discursos previamente emitidos por Radio Free Europe se imprimían por millares y se distribuían clandestinamente entre la población, un recurso que se hizo conocido con el nombre ruso de *samizdat* ("publicado por uno mismo") y se extendió a la casi totalidad de los países socialistas.[197]

Las oposiciones muchas veces buscaron cuestionar los resortes de legitimidad del socialismo recurriendo a valores patrióticos y jugando la carta de identificar a sus gobiernos como regímenes ilegítimos impuestos por Moscú. Esto tuvo buen éxito en Polonia o Checoslovaquia, aunque mucho menos en Rumania, donde Ceaușescu había conseguido monopolizar el nacionalismo gracias a su política de independencia de los soviéticos. En el resto de la región, se apeló fuertemente a la nación e incluso se buscó elaborar nuevos relatos nacionales que pudieran construir una nueva legitimidad y repensar las trayectorias de cada país uniendo pasado y presente. En Polonia, Solidaridad puso en marcha las llamadas "universidades volantes", centros de clases clandestinas impartidas por profesores o intelectuales expulsados o marginados por el partido que proponían interpretaciones de la historia y política nacional desde una perspectiva alternativa.

Hacia finales de la década, la Europa comunista se encontraba sacudida por fenómenos novedosos, cuya significación todavía estaba lejos de ser clara para la mayoría de los testigos. En distintos enclaves, una cultura cívica y plural que cuestionaba la legitimidad del socialismo había cobrado forma, en grado tal que llevó al polaco Adam Michnik a declarar en 1988 que "los cambios son absolutamente irreversibles", "hemos condicionado a nuestros comunistas, y ese es el mayor éxito de Solidaridad".[198] En países como la Unión Soviética, Polonia y Yugoslavia, nuevos actores entraban a la escena de la política, levantando en alto programas de reforma y reivindicaciones novedosas, mientras que regímenes como los de Rumania y Alemania del Este demostraban una sólida resistencia a la innovación y se amparaban en la defensa de sus valores y en el uso de la fuerza para reprimir a los opositores.

Nadie podía imaginar, sin embargo, que pronto la historia ingresaría en un proceso de marcada aceleración. En diciembre de 1988, Mijaíl Gorbachov anunció en la Asamblea General de las Naciones Unidas el retiro de medio millón de tropas soviéticas de Europa del Este. La decisión coronaba un esfuerzo de varios años en las negociaciones del líder soviético con su par estadounidense Ronald Reagan en busca de desactivar las tensiones nucleares entre las potencias y dar por terminada la Guerra Fría, cuyos costos se habían convertido en un lastre insoportable para la economía de la URSS. La determinación de Gorbachov de poner un freno a la carrera militar con los Estados Unidos, inspirada por una nueva forma de pensar las relaciones internacionales en términos pacíficos y reforzada por el trágico accidente nuclear en Chernóbil en 1986, marcaba un giro definitivo en la relación que las potencias globales habían sostenido desde 1947. Era también el signo más patente de un cambio en las relaciones de Moscú con los países de su propia esfera de influencia: una ruptura definitiva con la doctrina de Brézhnev y un anuncio para los regímenes del Este de que, a partir de entonces, serían ellos los únicos responsables de su supervivencia.

## DE 1989 A 1991: LA CAÍDA DEL SOCIALISMO EN EUROPA DEL ESTE

En los partidos comunistas de Europa del Este, la llegada de Gorbachov fue recibida con cierta sospecha, cuando no con un rechazo directo. En Alemania del Este, Honecker mostró un airado desprecio hacia el nuevo líder soviético, a quien calificaba como un joven político inexperto que habría de durar poco en el cargo. Una vez que parecía que las reformas de Gorbachov iban en serio, los partidos comunistas buscaron desmarcarse de la URSS. "Que tu vecino decida remodelar su casa no significa que tú también tengas que remodelar la tuya", afirmó en una entrevista uno de los miembros del Politburó de la República Democrática Alemana.[199] Gorbachov afirmaba no querer influir en los países vecinos, pero su acción reformista parecía indicar lo contrario, ya que muchos de sus movimientos impulsaban a la democratización de los estados socialistas. "La primavera sopla desde el Este", cantaba el bardo polaco Andrzej Rosiewicz durante la recepción oficial de una visita de Gorbachov en 1987, quien miraba atento desde el público sentado junto a Jaruzelski, que reía con poco disimulado nerviosismo.

Si bien en la dimensión política las reticencias eran máximas, a fines de los años ochenta los Estados socialistas se vieron obligados a cambios económicos desesperados. De la descentralización y desregulación de las empresas públicas que se emprendieron en países como Hungría a la aceptación plena de los mecanismos de mercado había solo un paso. Pese a su difícil justificación desde una perspectiva marxista, hacia el final de la década se admitió la necesidad de recurrir a los "mercados en nombre del socialismo", esto es, como una medida última para salvar el sistema. En 1988, en Polonia el gobierno hacía campaña por el "emprendimiento" que apelaba a la iniciativa privada y el afán de negocio de los individuos. Este giro de timón en las economías de los países socialistas ha llevado a algunos autores a buscar en Europa del Este los orígenes del "neoliberalismo", pues estas medidas supusieron una imposición de mecanismos de mercado por métodos autoritarios, fenómeno que coincidía con la difusión de las ideas neoliberales en otras geografías como América Latina.[200]

La crisis económica y la amenaza de bancarrota que obligaron a la liberalización de la economía socialista sugieren que, aunque el derrumbe del sistema no fuera inevitable y para la mayoría de los protagonistas estuviera todavía lejos del horizonte de lo posible, la necesidad de cambios profundos era patente. Las políticas adoptadas en aquellos años eran de una naturaleza mucho más radical y desesperada que la de las tentativas de reforma de los años anteriores, y tendrían efectos catárticos más profundos y decisivos sobre las sociedades de Europa del Este.

Si el "efecto Gorbachov" fue más que considerable en materia política y la crisis económica conmovió los pilares del sistema, la movilización social de distintos grupos de oposición se convirtió en un tercer factor igualmente decisivo que condujo a lo que al final se manifestaría como el *annus mirabilis*, para la oposición, de 1989, en el que los regímenes socialistas de la región se desplomaron uno tras otro. El año estuvo vertebrado por el hecho simbólico más importante del derrumbe del socialismo en Europa del Este: la caída del Muro de Berlín, auspiciada en gran medida por la movilización de la sociedad civil en contra de la represión del régimen a la libre circulación de los ciudadanos. Los acontecimientos de 1989 fueron muchas veces vistos como parte de un mismo y único fenómeno, una marea ciudadana que se rebelaba contra la censura, la represión y la corrupción. Sin embargo, es necesario reponer las singularidades de cada una de estas experiencias: si la oposición en Polonia y Checoslovaquia tuvo un alcance mayúsculo y fue capaz de hacer caer al régimen socialista, en otros países, como Rumania, Hungría y Bulgaria, en los que la oposición era mucho menor, casi mínima, el socialismo acabó colapsando de todas formas, y con modalidades diferentes. En otras palabras, la movilización social fue un factor esencial en algunos casos, pero jugó un rol menor en otros, lo que nos obliga a rehuir la tentación de presentar la caída del socialismo como el producto final de una vibrante lucha de la sociedad civil ante un esclerótico poder totalitario.

A grandes rasgos, podemos hablar de dos vías distintas en la crisis terminal del socialismo europeo si tomamos como base de apoyo la significación del año en que cayó el Muro de Berlín. En Europa central y Rumania, 1989 fue el momento clave; sin embargo este año no resultó tan decisivo en Yugoslavia y en la Unión Soviética, donde el derrotero del socialismo y su crisis fue eminentemente distinto. En Hungría, Polonia, Checoslovaquia y Alemania, el peso de la hegemonía soviética adquirió en 1989 más virtualidad que nunca. Debemos notar que el llamado "carnaval de revoluciones" de ese año tuvo un claro efecto contagio, una concatenación de procesos que migraban de un país a otro y que provocaron un "efecto dominó", como se lo ha llamado en ocasiones.[201] En una interpretación contemporánea, se decía que en la caída del socialismo de 1989 confluían procesos de durabilidad variable: en Polonia había tomado diez años; en Hungría, diez meses; en Alemania del Este, diez semanas; en Checoslovaquia, diez días. Este contagio, si bien no lo explica todo, da cuenta de cierta dimensión transnacional y, sobre todo, deja en claro que en sus últimos días el bloque socialista, cuya cohesión y supuesta uniformidad hemos cuestionado en este libro desde su propia formación, se sostenía en un precario equilibrio que podía desbaratarse en cualquiera de sus nodos. Asimismo, la peculiar fragilidad de esta construcción geopolítica era resultado de un cambio en las relaciones con Moscú, que en dicho momento volvían impensable una intervención soviética como las de 1956 o 1968.

Por último, en los hechos fue la crisis económica la que prendió la chispa de la revolución. En el otoño de 1988, trabajadores de varias ciudades de Polonia protagonizaron una serie de huelgas que tenían como telón de fondo la escasez de productos, la inflación y la caída del nivel de vida. Algunos de los huelguistas demandaban ir más allá de la acción de Solidaridad, a la que muchos achacaban que había contemporizado en exceso con el gobierno socialista. Las demandas de los huelguistas combinaban lo económico y lo político, ya que pedían medidas económicas concretas, pero también un proceso que garantizara libertades políticas. Ante la escala de las protestas, Jaruzelski se vio obligado a negociar con la oposición, y entre febrero y abril de 1989 se produjo la llamada "mesa redonda", donde opositores y gobierno acabaron por acordar las primeras elecciones libres celebradas en junio de ese año en un proceso controlado que derivaría en la democratización de Polonia. El exitoso modelo polaco de la "mesa redonda" fue adoptado también en Hungría, quizás el país más abierto de la región, con un resultado similar. Si los comunistas pensaban que podían entablar negociaciones a pequeña escala para cooptar a la oposición, concediendo ciertas demandas democráticas que permitieran al gobierno aprobar paquetes de ajuste económicos para evitar la bancarrota, las mesas redondas terminarían desbordando las previsiones y llevando a la caída del régimen.

Los procesos de Polonia y Hungría daban pasos acelerados hacia un cambio de sistema que, a su vez, haría caer nuevas fichas del dominó. En el verano, Hungría decidió abrir la frontera con Austria para reducir costos logísticos y militares. Muchos alemanes del Este que hasta entonces tenían que pedir un visado para visitar a sus familiares del lado capitalista triangularon su viaje: pasaban a la república socialista hermana de Hungría y de ahí accedían sin problemas a Austria, que les daba acceso a Alemania Occidental. El gobierno alemán oriental fue incapaz de impedir la decisión crucial de los húngaros, lo que le costaría a Honecker su puesto, tras años de dominación indiscutida.

Este clima de creciente inestabilidad alcanzó su punto más alto el 9 de noviembre de 1989 con la caída del Muro de Berlín. Durante una rueda de prensa, Günter Schabowski, representante del gobierno, anunció ante la prensa occidental una serie de medidas que el gobierno preveía poner en marcha próximamente, entre ellas la apertura de las fronteras con Alemania del Oeste. Cuando un periodista alzó la mano y preguntó cuándo entrarían dichas medidas en vigor, Schabowski, cansado y dubitativo, titubeó por un momento para finalmente decir: "Desde ahora mismo". Una vez pronunciadas estas declaraciones, producto de un error de comunicación, los berlineses se dirigieron con martillos al muro y comenzaron su demolición frente a unos guardias impasibles que ni siquiera consideraron abrir fuego. La anécdota muestra la fragilidad de la situación en el otoño de 1989. El error de Günter Schabowski ciertamente no fue el motivo de la caída del Muro, sino apenas un desencadenante, fortuito y azaroso, en una serie de causas de mucho mayor calado.

Uno de los rasgos comunes de los acontecimientos de 1989 fue la ausencia de violencia y el desarrollo de transiciones pacíficas y relativamente incruentas; por eso, los historiadores han hablado de ellas empleando el término "revoluciones de terciopelo". El nombre proviene del proceso checoslovaco, que, al igual que en el caso húngaro o polaco, se saldó con negociaciones entre la oposición y el gobierno, y culminó con el ascenso a la presidencia del más célebre de los disidentes, Václav Havel. Los cambios pacíficos fueron acogidos con relativa sorpresa por los observadores contemporáneos y por los estudios escritos *a posteriori*. Según un analista, ese factor se explicaba en gran medida por la inacción de los regímenes, pues "los partidos gobernantes no hicieron nada para salvar el socialismo".[202] La excepción más notable en esta serie de procesos, sin embargo, fue la Rumania de Ceauşescu.

A comienzos de 1989, las direcciones de los partidos comunistas más inflexibles y reacias al cambio político eran, precisamente, la de Rumania y la de Alemania del Este. En esta última, las facciones más aperturistas fueron capaces de desplazar a la línea dura de Honecker e instaurar un nuevo liderazgo que afrontó la caída del Muro sin apelar a la violencia. En Rumania, en cambio, dos décadas de poder férreo de Ceauşescu habían instaurado un monolitismo que imposibilitaba modificar la línea gubernamental. Ceauşescu había cimentado su poder en un discurso de independencia nacional, en especial frente a la URSS, retórica que había perdido importancia una vez que Gorbachov demostró su voluntad de no intervenir en ninguno de los países socialistas. La larga década de austeridad había golpeado con dureza a Rumania y los sucesos de los países socialistas del entorno parecían apelar a un líder que, sin embargo, se mostraba reacio a responder a los vientos de cambio. La acumulación de problemas y la inflexibilidad del régimen suscitaron movilizaciones populares que fueron reprimidas con los gases lacrimógenos y las balas de la Securitate.

A mediados de diciembre de 1989, más de un mes después de que cayera el Muro en Berlín, un levantamiento iniciado en Timisoara por la minoría húngara reunió a los trabajadores contra el gobierno. Ceauşescu vilipendió a los manifestantes e instó a las fuerzas públicas a reprimirlos. En los días siguientes, lo que ya era una revolución se extendió por el país y para el líder comunista fue demasiado tarde. Junto con su esposa, intentaron dejar Rumania en helicóptero pero fueron interceptados por el ejército, que se había unido a la revolución y los entregó al nuevo gobierno provisional. Nicolae y Elena Ceauşescu fueron sometidos a un juicio sumario y sentenciados a muerte. El día de navidad de 1989 se produjo la ejecución, que fue grabada y transmitida por televisión, y recibida con júbilo por miles de connacionales. El *annus mirabilis* terminaba con la más dramática de las revoluciones.

La marea de 1989, sin embargo, no llegó a todo el mundo socialista europeo del mismo modo, como muestra el caso de Yugoslavia. Para entonces, el régimen había finalmente emprendido cambios en la Constitución que daban por tierra con gran parte del bagaje autogestionario, avanzaban en una reforma del sistema económico y contribuían a agilizar y recentralizar la toma de decisiones. En el gobierno federal yugoslavo, el primer ministro Ante Marković conseguía domesticar por fin la crisis económica y marchaba hacia la formulación de un programa político de inspiración yugoslavista y democrática. Los esfuerzos de Marković, no obstante, serían superados por la radicalización del nacionalismo y el separatismo conducidos por las élites comunistas serbias y eslovenas, que avanzaban por vías crecientemente diferenciadas. Mientras Serbia aprovechaba el proceso de enmienda para reformar su propia

Constitución, poniendo una vez más bajo su égida a Voivodina y Kosovo, Eslovenia inscribía en su propia ley fundamental el derecho a la autodeterminación.[203] El divorcio entre Belgrado y Liubliana era casi definitivo. En enero de 1990, la Liga de los Comunistas de Yugoslavia celebró su XIV Congreso en un clima plagado de tensiones. La delegación eslovena, en conflicto abierto con la delegación serbia, desistió de las discusiones y abandonó el recinto. La delegación croata hizo lo propio, en solidaridad. Apenas días más tarde, la cláusula que establecía el rol dirigente de la Liga de los Comunistas en la sociedad yugoslava fue retirada de la Constitución, y en cuestión de meses el partido declaraba su disolución. El socialismo yugoslavo, una excepción liberal y aperturista en el mundo socialista europeo, había desaparecido. El interrogante que sobrevolaba era si Yugoslavia podría mantenerse unida pese al derrumbe del régimen socialista y la desaparición del partido que le había dado su identidad tras la guerra de liberación nacional, a lo que se sumaba la extinción de la amenaza soviética que había afianzado la solidaridad de los yugoslavos en años anteriores.

Si el régimen yugoslavo caía no por la presión de las masas, sino minado por el conflicto nacional, el régimen soviético era víctima de un síndrome no del todo distinto. Los años de Gorbachov habían sumido a la URSS en un caos jamás visto desde los años de la Guerra Civil. Las reformas económicas y políticas radicales, destinadas a reducir el poder del partido en la vida pública e impulsar una democratización que el nuevo secretario general consideraba esencial para su visión de un socialismo más humano y moderno, habían llevado al país al descalabro.

Gorbachov pretendía ensanchar los márgenes de acción e iniciativa de los actores económicos, pero sus resoluciones terminaron por desestabilizar un sistema fuertemente administrado en favor de una liberalización que superó todas las expectativas y puso en riesgo el delicado equilibrio financiero del país, en un contexto agravado además por la caída global en los precios del petróleo. La delegación de facultades económicas en las empresas condujo a descalabros en las cadenas de abastecimiento del país y la aparición de nuevos actores privados en una economía de reglas cambiantes habilitó todo tipo de inversiones oportunistas. Hacia fines de los años ochenta, la liberalización de la economía había escapado al control del gobierno, y la llegada de productos del extranjero como resultado de la desregulación generaba una demanda de importaciones que desangraba las arcas del país. Igualmente desestabilizantes fueron los cambios en la política. Gorbachov estaba convencido de la necesidad de debilitar al partido para instituir una democracia socialista auténtica cuyos lineamientos apenas alcanzaba a vislumbrar. El secretario general impulsó una purga masiva del partido y emprendió una reforma del sistema político con la creación de un nuevo Poder Legislativo, el Congreso de Diputados del Pueblo, órgano con más de 2500 integrantes elegidos democráticamente en representación del país, de los territorios nacionales y de las organizaciones públicas (en particular, del Partido Comunista). Esta tentativa sumamente audaz, basada en una idea de democracia radical, terminaría llevando a la Unión Soviética a una inédita situación de fragmentación e inestabilidad.

La apertura del debate público tuvo efectos explosivos: se propició una atmósfera liberal en los medios, la literatura y las artes, pero esto también dio lugar a candentes controversias públicas, en especial respecto de los crímenes del estalinismo. En un país acostumbrado a los debates controlados, la transparencia informativa contribuyó a erosionar la legitimidad del régimen entre los ciudadanos y ante todo a socavar la autoridad de Gorbachov. El impacto de la *glasnost* fue muy fuerte en repúblicas como las bálticas, donde las polémicas acerca del pasado reciente, combinadas con la apertura de archivos, llevaron a muchos a cuestionar la anexión soviética de sus territorios y a iniciar un movimiento de corte cada vez más abiertamente nacionalista, alimentado tanto por intelectuales como por las propias élites comunistas, deseosas de seguir la corriente de las nuevas oleadas de la política soviética. En el Cáucaso, la aparición de conflictos entre armenios y azeríes en Nagorno-Karabaj, así como entre georgianos y abjasios, echaban leña al fuego y contribuían a generar un pánico respecto del futuro de la unión que Gorbachov y sus colaboradores no supieron despejar.

Con todo, el factor determinante fue quizás el despegue del nacionalismo ruso, una fuerza que las estructuras soviéticas habían intentado domesticar desde los primeros días de la revolución. Hacia finales de los años ochenta, una parte considerable de los 145 000 000 de rusos, que representaban más del 50% de la población del país y que en muchos casos vivían dispersos en Ucrania, los países bálticos y el Cáucaso, sentían que no había una diferencia esencial entre su identidad rusa y su identidad soviética. La mayor parte incluso no veía con malos ojos que la política de nacionalidades de la Unión Soviética no les hubiera dado instituciones políticas y culturales especiales, como sí había ocurrido con las demás nacionalidades del antiguo imperio de los zares. Sin embargo, la apertura del debate político en un contexto de crisis, incertidumbre y ascenso nacionalista dio espacio a quienes tanto desde dentro del partido como desde fuera empezaron a reclamar para Rusia las mismas prerrogativas de las que gozaban las otras repúblicas. El principal portavoz de dichas reivindicaciones sería Borís Yeltsin, un cuadro político originario de los Urales, que había llegado al Politburó por obra de Gorbachov y se había afincado en la política moscovita para enseguida convertirse en feroz crítico del secretario general. Con un estilo demagógico y popular mucho más adaptado a los nuevos tiempos de la política que el aura intelectual algo somnífera de Gorbachov, así como un buen conocimiento de los mecanismos de la política soviética y contactos en los Estados Unidos, Yeltsin se lanzó a una carrera para dominar la política rusa que lo llevaría al liderazgo de la oposición en Rusia y a la presidencia de la república en 1991.

Las reformas de la Unión Soviética emprendidas por Gorbachov entre 1985 y 1991 abrieron una caja de Pandora que pronto llevó a la descomposición de las estructuras que sostenían la unidad del país; entre ellas la autoridad del propio padre de la *perestroika*, cuyo rol quedó cada vez más reducido al plano simbólico y cuya esfera de acción se redujo a las relaciones internacionales. Hacia dentro de la Unión Soviética, la base de poder de Gorbachov se desvanecía en el aire a medida que las repúblicas se emancipaban. En marzo de 1991, los ciudadanos soviéticos fueron a las urnas y apoyaron de forma masiva una propuesta oficial de preservar la unión de las repúblicas soviéticas. El respaldo que recibió el proyecto, más del 76% de los electores, escondía la real condición raquítica de la unión: los países bálticos, Armenia, Georgia y Moldavia habían boicoteado el plebiscito, mientras que en Ucrania los electores habían votado una versión devaluada y confusa de la propuesta, e incluso tres regiones del oeste ucraniano habían celebrado un referéndum de secesión.

La oposición era cada vez mayor también en el seno del partido y de las instituciones duras del sistema soviético. En agosto de 1991, mientras Gorbachov vacacionaba en Crimea, militares miembros de la línea dura del régimen se lanzaron a un golpe de Estado con el objetivo de revertir las reformas de años anteriores. La ciudadanía reaccionó ante lo que veía como un intento de restituir el viejo orden, y Borís Yeltsin aprovechó el escenario para erigirse en defensor de la democracia y la legalidad. Tras el fracaso del golpe y el regreso de Gorbachov a Moscú, poco quedaba de su autoridad en cuanto líder de un partido debilitado y de una unión de repúblicas en pleno proceso de desintegración. En diciembre, Ucrania, Bielorrusia y Rusia rechazaron formar parte de la nueva unión que proponía Gorbachov y sin dilaciones llamaron a la conformación de una nueva Comunidad de Estados Independientes. El 25 de diciembre, Gorbachov firmó su renuncia como presidente de la Unión Soviética. El país oficialmente dejaba de existir.

\* \* \*

Las causas de la disolución del socialismo soviético han sido objeto de una bibliografía inabarcable, y los historiadores han subrayado distintos factores en el proceso de descomposición del país. Mientras algunos señalaron especialmente el componente económico, poniendo de relieve el efecto desestabilizador de las reformas emprendidas e incluso la subjetividad de los reformadores,[204] otros destacaron la incidencia de la cuestión nacional en la desintegración de la unión,[205] al tiempo que ciertos autores pusieron el acento sobre el impacto que tuvo el contacto con Occidente y la influencia del *soft power* estadounidense en la instalación de un horizonte democrático entre las élites soviéticas.[206] En una obra reciente, el historiador Vladislav Zubok insiste en la multicausalidad del ocaso soviético, atado a todos estos factores, a la vez que condicionado de manera contingente por un contexto económico global adverso y por la idiosincrasia de Gorbachov.[207]

Si la pregunta por las causas del derrumbe del socialismo tanto en la Unión Soviética como en el resto de la región está destinada a obtener una respuesta incompleta o al menos nunca del todo exhaustiva, existe otro interrogante igualmente difícil de resolver: el que atañe a la reformabilidad del socialismo. Como recuerda uno de los más célebres estudiosos del régimen soviético, pese a la oleada de comentaristas que afirmaron *ex post* que la URSS era irreformable, dado que era incapaz de cambiar en virtud de su ideología, de sus tradiciones políticas o de la rigidez de sus instituciones, en los hechos el socialismo soviético mostró que podía cambiar y que podía hacerlo no por la presión de las masas, sino por gracia y virtud de los propios titulares del poder. Las reformas que Gorbachov emprendió fueron promulgadas y validadas por todas las altas instancias del poder soviético, desde el Politburó al Comité Central y los congresos del partido, y la mayoría de los adherentes apoyaron esas medidas con la aspiración de mejorar el socialismo, no con el deseo de destruirlo. La muerte del sistema fue prueba no de su irreformabilidad, sino del fracaso de las decisiones concretas que se tomaron para salvarlo, del mismo modo en que la muerte de un paciente puede no ser evidencia de una enfermedad incurable, sino del fracaso del tratamiento elegido.[208] Una investigación reciente da un ejemplo concreto: el fracaso soviético en su intento de desarrollar una infraestructura masiva de internet y mantenerse en la competencia tecnológica global fue menos resultado de los rasgos dirigistas de su economía que de su creciente desintegración funcional. Mientras los Estados Unidos realizaban esfuerzos centralizados y coordinados para instalar la infraestructura necesaria con que desarrollar una red de internet, en la Unión Soviética la creciente descentralización y atomización de los años ochenta dificultaron este proceso. En pocas palabras: los Estados Unidos se comportaron como la Unión Soviética, y la Unión Soviética se comportó como los Estados Unidos.[209] El ejemplo es elocuente y nos invita a pensar las causas del final del socialismo soviético no solo sobre la base de las limitaciones de sus características estructurales, sino considerando también los múltiples factores contingentes que determinaron el fracaso que coronó las reformas adoptadas.

Esta invitación a una reflexión menos determinista y más atenta a la contingencia vale no solo para la Unión Soviética, sino para las múltiples expresiones que tuvo el socialismo a lo largo y ancho de Europa del Este durante los años de la Guerra Fría. Como ha intentado mostrar este libro, el socialismo, tanto en su versión soviética como yugoslava, rumana, alemana, húngara o polaca, estuvo lejos de ser un sistema pétreo e inmutable. La historia de sus diversas expresiones, desde los primeros atisbos de lucha socialista en el siglo XIX y la fundación del primer Estado comunista luego de la Primera Guerra Mundial hasta su extinción en el umbral del siglo XXI, ofrece pruebas de su fracaso y también de su diversidad y su plasticidad. Durante casi un siglo de vida, las élites socialistas mostraron una capacidad de adaptación considerable, reinventando el socialismo una y otra vez para responder a las demandas de las comunidades que gobernaban en circunstancias cambiantes y por momentos altamente imprevisibles. La existencia de límites patentes y difíciles de franquear en materia de reforma económica y política, así como el deterioro y desplome final de los regímenes socialistas, no es prueba de un experimento socialista predestinado al fracaso, sino más bien del carácter efímero y siempre inestable de los órdenes políticos, económicos y sociales, vulnerables a los efectos de sus propias deficiencias estructurales, pero también expuestos a factores contingentes que pueden inclinar la balanza de la historia hacia uno u otro lado.

A la luz de los acontecimientos del siglo XX, el socialismo era reformable. A la vista de los eventos que marcaron su derrumbe, esto no fue suficiente para asegurar su supervivencia.

**2007**

ISLANDIA

NORUEGA

SUECIA

FINLANDIA

ESTONIA

RUSIA

DINAMARCA

LETONIA

LITUANIA

IRLANDA

REINO
UNIDO

PAÍSES
BAJOS

BIELORRUSIA

Océano Atlántico

BÉLGICA

ALEMANIA

POLONIA

LUXEMBURGO

REPÚBLICA
CHECA

UCRANIA

ESLOVAQUIA

FRANCIA

SUIZA

AUSTRIA

HUNGRÍA

MOLDAVIA

ESLOVENIA

CROACIA

RUMANIA

Mar Negro

GEORGIA

PORTUGAL

ESPAÑA

ITALIA

BOSNIA-
HERZEGOVINA

SERBIA

BULGARIA

MONTENEGRO

MACEDONIA

ALBANIA

GRECIA

TURQUÍA

SIRIA

MARRUECOS

MALTA

CHIPRE

EL LÍBANO

ARGELIA

TÚNEZ

Mar Mediterráneo

ISRAEL

JORDANIA

ARABIA
SAUDÍ

LIBIA

EGIPTO

Estados integrantes
de la Unión Europea

Europa en el nuevo milenio

# Epílogo
## Una mirada sobre el poscomunismo: Europa del Este, de la caída del Muro de Berlín a la invasión rusa de Ucrania

La caída del socialismo en Europa del Este entrañaba una paradoja difícil de resolver: nadie pensaba que el derrumbe se fuera a producir, pero una vez que este se produjo a nadie le sorprendió. Al mismo tiempo, la extinción de un sistema que muchos consideraban imperecedero y la repentina transformación de las reglas del juego político, económico, social y cultural produjeron desorientación, incertidumbre y temor en sociedades hasta entonces acostumbradas a un nivel considerable de estabilidad y previsibilidad. Como sentenció un autor en una frase célebre, "todo era para siempre, hasta que dejó de existir".[210]

La reinvención de Europa del Este luego del derrumbe del socialismo sucedió de modos muy distintos en cada país, en cada región, a veces incluso en cada pueblo y hacia dentro de cada familia. La escala de las transformaciones no fue la misma en todos lados, y el pasaje de un sistema a otro afectó de manera desigual a los distintos puntos de Europa del Este, arrastrando continuidades y provocando rupturas. En países como Polonia, Hungría, Rumania, Bulgaria y Albania, las fronteras, la integridad de los Estados y su composición nacional se mantuvieron estables. En cambio, en Checoslovaquia, Yugoslavia, la Unión Soviética y Alemania del Este, el derrumbe del socialismo condujo a la redefinición de fronteras y soberanías, a la extinción de dichos Estados y su reemplazo por Estados nuevos, y en algunos casos incluso a la guerra. A la vez, la desaparición del mundo socialista de Europa del Este, con sus instituciones regionales comunes, sus tratados y múltiples formas de interdependencia militar y económica, abrió un proceso de reordenamiento geopolítico en el continente europeo con nuevos polos regionales, en particular con un declive del poder de Moscú en favor de las potencias occidentales y especialmente de las instituciones de la Unión Europea.

El período que se abrió en los años noventa y que la mayoría de los autores coinciden en denominar "poscomunismo" o "postsocialismo" fue uno de rupturas pero también de continuidades. Los procesos de transformación de los años noventa no pudieron sino estar fuertemente condicionados por estructuras, actores e ideas formados durante el socialismo, e incluso muchos de los actores que condujeron dichos procesos habían ascendido a la escena política en años anteriores, bien desde las entrañas mismas del régimen, bien desde el seno de la disidencia y la oposición. El poscomunismo, en más de un sentido, era también un vástago del comunismo.

\* \* \*

Las transiciones iniciadas en 1989 tuvieron como punto neurálgico la transformación económica. En los años noventa, los países de Europa del Este se volcaron al proceso de "imitación" de los patrones económicos occidentales, introduciendo terapias de shock de corte neoliberal que buscaban generar un cambio radical en sus economías. En algunos casos, el diseño de los programas de transformación fue obra de economistas locales, antiguos miembros del sistema socialista, que habían pasado de la fe en la planificación central a la convicción de que la economía de mercado era la única salida. Los ejemplos más representativos quizás sean el polaco Leszek Balcerowicz y el checo Václav Klaus, fogueados en el sistema intelectual del socialismo y arquitectos del neoliberalismo en sus respectivos países. Buena parte de estas nuevas élites postsocialistas se habían formado gracias a los programas de intercambio transnacionales puestos en marcha por los gobiernos socialistas de Europa del Este desde los años setenta en cooperación con centros de investigación y universidades occidentales.[211] En esos intercambios, tuvieron la posibilidad de analizar la implementación de mecanismos de mercado en economías en vías de desarrollo como las de América Latina y la de Corea del Sur. Al mismo tiempo, en una época marcada por la pérdida total de credenciales de las ideas socialistas y por la creciente hegemonía de la *expertise* extranjera, muchos especialistas occidentales jugaron también un rol clave en la implementación de programas transicionales, como en el caso ya célebre del estadounidense Jeffrey Sachs, economista de Harvard que se desempeñó en esos años como consejero de Borís Yeltsin en Rusia.[212] Una vez más, el proceso de transformación económica que siguió al desplome del socialismo no tuvo las mismas manifestaciones en toda la región, donde el desmantelamiento de las estructuras de la economía socialista y la implementación de medidas de mercado se conjugó con particularidades regionales, con diferencias geográficas y geopolíticas y con la influencia de los actores locales. El proceso fue especialmente traumático en Rusia, donde la desarticulación de la economía planificada, ya en mal estado desde los tiempos de Gorbachov, adquirió en tiempos de Yeltsin los rasgos de lo que un autor calificó de "saqueo administrado".[213] La liberalización de los precios condujo a un aumento desproporcionado de la inflación, y luego a una caída del salario real de casi el 50%. Para 1992, el ruso promedio consumía un 40% menos que el año anterior. A su vez, el proceso de privatización de las empresas estatales se tradujo en una de las más formidables y regresivas transferencias de riqueza de la historia: se realizó mediante la emisión de vouchers que convertían a los ciudadanos en accionistas, pero muchos de ellos solían verse en la obligación de vender sus acciones para sobrevivir a la inflación, contribuyendo así a la baja de los precios de las acciones y a su concentración en manos de unos pocos. Adquiridas a precios a veces irrisorios y luego revalorizadas con el tiempo, las empresas públicas de la era soviética terminarían en manos de antiguos miembros de la *nomenklatura*, emprendedores de la época de la *perestroika* para entonces devenidos en empresarios y miembros de las redes de crimen organizado que se extendían en Rusia desde los años de Gorbachov. Sacudidos por la extinción del país en el que habían nacido, empobrecidos por la llegada de la economía de mercado, los ciudadanos veían emerger una nueva clase de ultrarricos que se hacía del poder en Rusia: los oligarcas. El resentimiento y la humillación de aquel momento sería el semillero de Vladímir Putin, antiguo agente de la KGB que sucedería a Yeltsin en el gobierno y que afianzaría su poder en años subsiguientes con base en el disciplinamiento de los oligarcas y la promesa de devolver a Rusia la grandeza perdida.[214] Por fuera de Rusia, la transición económica adquiriría características distintas. En Polonia y Checoslovaquia respectivamente, Leszek Balcerowicz y Václav Klaus auspiciaron la convertibilidad de las monedas locales, impulsaron la apertura de los mercados e iniciaron el proceso de privatización de las antiguas empresas estatales. Allí, sin embargo, la introducción de mecanismos de mercado adquirió la forma de un "neoliberalismo embridado", con ciertos límites impuestos por los marcos institucionales y por la resistencias de ciertos actores políticos. Por caso, en Polonia, el alcance de privatizaciones fue más limitado que en otros países de la región y en Checoslovaquia fue el propio presidente Václav Havel quien se opuso a la privatización por vourchers que Klaus pretendía implementar.

En perspectiva, la dura transición económica ha dejado algunos casos de éxito, y Polonia resulta el más representativo. Desde la caída del socialismo, el país ha triplicado su PBI y la población ha aumentado 7 años su esperanza de vida. En la actualidad, sus niveles de crecimiento ocupan los puestos más altos de la Unión Europea y su economía se ha ampliado añadiendo nuevos focos industriales y diversificando un robusto y versátil sector de exportaciones. Con todo, Polonia partía de una posición ventajosa para emprender un camino hacia la economía de mercado: durante los años anteriores, pese a las numerosas disfuncionalidades del sistema socialista, había atravesado un cambio radical y estructural en materia de urbanización e industrialización que hizo que hacia los años setenta se transformase en una economía de envergadura. Así las cosas, la vertebración de cuatro décadas de socialismo había dejado una base sólida que las políticas exitosas de los años postsocialistas supieron aprovechar en el contexto de un próspero proyecto de integración europea.

La suerte de otros países de la región fue distinta. Las consecuencias del colapso del socialismo se vivieron de manera especialmente difícil allí donde la economía nacional constituía una rueda en el engranaje de la economía soviética y donde la disolución de la URSS dio lugar a un fuerte proceso de desarticulación productiva, sumado a un marco político caracterizado por el déficit democrático y la falta de transparencia. En el área postsoviética de Moldavia, Ucrania y Bielorrusia se enraizó una forma de neoliberalismo oligárquico más cercano a lo que ocurría en esos años en la Rusia de Yeltsin. La privatización indiscriminada favoreció a exdirectores de empresas socialistas, que adquirían los derechos de propiedad de las compañías y continuaban ejerciendo el mando, aunque ya como empresarios capitalistas. El repliegue del Estado y su sustitución por una tiranía de oligarcas locales que ejercían el poder por métodos coercitivos sin ningún tipo de control convertirían a países como Moldavia en Estados casi fallidos.

Autores como Philipp Ther han subrayado el maridaje entre neoliberalismo y déficit democrático, señalando que la rápida transformación económica de Europa del Este dependía precisamente de la debilidad de sus democracias y de la incapacidad del Estado para disciplinar al mercado.[215] Si países como Polonia y Checoslovaquia consiguieron en mayor o menor medida domesticar el difícil pasaje de una economía socialista a una capitalista, las cosas fueron más complicadas en el espacio postsoviético y en el espacio posyugoslavo, donde una sucesión de cruentas guerras civiles contribuyeron a afianzar el nacionalismo y la corrupción (y en algunos casos, incluso enquistar el poder del crimen organizado en el seno del Estado).

* * *

Como ha intentado exponer este libro, la historia del socialismo estaba íntimamente vinculada a los avatares de la cuestión nacional en Europa del Este. En este sentido, no causa extrañeza que en su caída los regímenes socialistas arrastraran con ellos algunas de las soluciones que habían proporcionado a los conflictos nacionales de la región, a veces trayendo como contrapartida un ascenso irrefrenable del nacionalismo que supo en ciertos casos culminar en guerras fratricidas.

En los países centrales de la región, las fronteras resultaron notablemente estables incluso tras la caída del Muro de Berlín, en gran parte gracias a la buena voluntad de los dirigentes, con un respeto casi irónico hacia las cotas que los propios soviéticos habían marcado tras la Segunda Guerra Mundial por medio de violentas transferencias de población. La estabilidad fue una marca incluso en el caso de Checoslovaquia, donde checos y eslovacos consiguieron tramitar su separación a fines de 1992 en un proceso que dio en llamarse el "divorcio de terciopelo" por su carácter pacífico y acordado. Una modalidad similar se adoptó en la reunificación alemana culminada en octubre de 1990, mediante la cual la Alemania capitalista literalmente absorbió a la antigua República Democrática Alemana, en un proceso que muchos vivieron como dramático pero que fue pacífico y, a tres décadas vista, ciertamente exitoso.[216] Algo enteramente diferente y de especial dramatismo, en cambio, ocurrió en Yugoslavia, donde las antiguas repúblicas se trenzaron en una serie de guerras civiles con efectos nefastos en toda la región.

Yugoslavia no pudo sobrevivir al colapso del régimen socialista en 1990. Tras una década de inestabilidad y de escalada de tensiones internas, la disolución de la Liga de los Comunistas y la democratización política no hicieron sino profundizar la crisis cuando las urnas llevaron al poder a fuerzas nacionalistas en casi todas las repúblicas. El triunfo de Slobodan Milošević en Serbia al mando de un Partido Comunista Serbio reconvertido, así como la llegada de fuerzas nacionalistas y anticomunistas al poder en Croacia y Eslovenia, decididamente empantanaron cualquier intento posible de reforma de la federación. Tras un año de fracasos en las negociaciones, Eslovenia y Croacia declararon su independencia en junio de 1991. Lo que siguió fue el proceso más violento acontecido hasta entonces en Europa desde 1945.

La independencia de Eslovenia desencadenó la reacción inmediata del Ejército Popular Yugoslavo (JNA), que se lanzó a la invasión de la república. La supervivencia del Estado yugoslavo era la *raison d'être* del ejército nacional, y sus comandantes interpretaron la secesión de las repúblicas occidentales como una amenaza existencial. A partir de entonces y durante los años subsiguientes, viendo a Milošević como el único favorable a la preservación de la unión, las tropas del JNA se pusieron al servicio del proyecto político del líder serbio, quien, habiendo fracasado en su intento de dominar el país de Tito en años anteriores, optaría ahora por preservar la mayor cantidad posible de territorio en una Yugoslavia nueva, reformada y bajo el control de Serbia. Para consolidar su proyecto, Milošević explotaría los miedos e inseguridades de las minorías serbias que existían desperdigadas a lo largo del territorio yugoslavo, sirviéndose de ellos como quintas columnas para desestabilizar las aspiraciones de independencia de las repúblicas separatistas. Sus ambiciones convergerían con las de los nacionalistas serbios locales, en ocasiones incluso más radicales que el propio Milošević y frecuentemente dispuestos a presionar al líder en Belgrado en una dirección cada vez más extrema.[217]

Con una población étnicamente homogénea y una aspiración de independencia que a los líderes serbios en Belgrado les costaría cuestionar,

Eslovenia pudo separarse con una guerra corta y con pocas bajas. El destino de Croacia, en cambio, fue más difícil: el presidente Franjo Tuđman, al frente de un partido conservador, nacionalista y anticomunista parcialmente financiado desde el extranjero por la diáspora croata, movilizó el patriotismo en un peligroso coqueteo con el pasado *ustaše* y se ganó rápidamente el recelo de la minoría serbia de Croacia, que representaba entonces un 12% de la población y guardaba una memoria fresca de los oscuros años de Ante Pavelić. En alianza con Milošević en Belgrado y con el apoyo del JNA, los serbios de Croacia se alzaron en armas para impedir la separación de la república y consiguieron ocupar hasta un tercio de su territorio, dando así inicio a una guerra civil que se prolongaría durante más de tres años y terminaría entre otras cosas con la expulsión de miles de refugiados serbios de Croacia.

En paralelo, la desintegración de Yugoslavia tomaba un rumbo aún más dramático en 1992 cuando la república de Bosnia y Herzegovina decidía emprender también la independencia y encontraba no solo resistencia por parte de su población serbia, sino conflictos también con su población croata, lo que desembocó en una cruenta guerra civil que se extendió durante tres años. En Bosnia, donde la composición de la población era especialmente mixta y donde ningún grupo nacional tenía una primacía evidente, la violencia cobró proporciones dramáticas. El prolongado sitio de Sarajevo, así como la masacre de más de 8000 hombres jóvenes y adultos musulmanes por parte de los serbios en la ciudad de Srebrenica, se contaron entre los episodios más tristemente célebres en la larga secuencia de crímenes de guerra cometidos por las fuerzas serbobosnias contra la población civil, a los que se agregan los perpetrados por las fuerzas croatas y musulmanas. Los acuerdos de Dayton de 1995 pusieron fin a la guerra, pero al costo de hacer de Bosnia y Herzegovina una federación eminentemente disfuncional y un semiprotectorado supervisado por la comunidad internacional hasta el día de hoy.[218] A fines de los años noventa, la secuencia de guerras tuvo un nuevo episodio cuando los enfrentamientos entre el régimen de Milošević y los separatistas albaneses en Kosovo recrudecieron, desencadenando múltiples denuncias de violaciones a los derechos humanos por parte de las autoridades y desembocando en el bombardeo de las fuerzas de la OTAN contra Yugoslavia en lo que fue la primera operación realizada en el continente europeo por la alianza militar originada en los comienzos de la Guerra Fría. Luego de casi una década de guerra, sanciones internacionales y autoritarismo, la Yugoslavia de Milošević había pasado de ser uno de los Estados más desarrollados de la región a un país aislado, empobrecido y corroído por la influencia del crimen organizado y los señores de la guerra.[219]

Los enfrentamientos dejaron una destrucción inconmensurable, cuyas víctimas fueron no solo las decenas de miles de muertos y desaparecidos, sino el tejido multicultural y multinacional que alguna vez había caracterizado a la Yugoslavia socialista y que los años noventa vieron desaparecer casi por completo. Con todo, cabe afirmar que las guerras yugoslavas eran la prolongación de problemas que se habían iniciado en los años del socialismo: al combinar la confederalización del país, la desigualdad regional y la resistencia a la reforma de ciertos sectores, el que tiempo atrás se constituía en el régimen socialista más liberal y abierto de Europa había sentado también las bases para la profundización de los nacionalismos. Las guerras yugoslavas se derivaban en más de un sentido de procesos que se habían preparado durante los últimos años de la Guerra Fría, y muchos de sus protagonistas, empezando por los propios Milošević y Tuđman, eran emergentes del régimen socialista que Tito había creado.

Europa del Este solo volvería a conocer un conflicto de semejante dramatismo tres décadas más tarde. El 24 de febrero de 2022, Vladímir Putin se amparó en argumentos similares a los de Slobodan Milošević para lanzar una ofensiva militar sobre Ucrania: adujo defender a los ciudadanos ucranianos de nacionalidad rusa, que consideraba amenazados por un régimen de tipo fascista. La sangrienta campaña que siguió terminaría de destruir el tejido social y cultural binacional que había caracterizado a Ucrania al menos desde los años veinte del siglo pasado. Aunque en este momento es imposible prever el desarrollo de los acontecimientos, es probable que la guerra lanzada por Rusia haya vuelto imposible para siempre la convivencia entre los dos países vecinos, víctimas no solo de la violencia y la destrucción, sino del chauvinismo que esas coyunturas suelen generar incluso en las almas más templadas. Como corolario, la guerra ha terminado de galvanizar a la nación ucraniana, profundizando un proceso de construcción de un Estado nacional iniciado en el país al menos un siglo atrás, marcado en su momento por las acciones de la Rada y el Directorio, pero también por las fuertes políticas de ucranización del poder soviético que contribuyeron a reforzar la identidad de los ciudadanos. Estas continuidades, sin embargo, no son siempre evidentes: ante la ruptura histórica con Moscú que representa la guerra en curso, la memoria del socialismo ha caído ineludiblemente presa de fuertes disputas interpretativas, muchas de las cuales no constituyen un esfuerzo riguroso por comprender la historia y asumir los aciertos y errores de las generaciones pasadas, sino antes bien una empresa política funcional al presente.

* * *

Desde 1989 hasta el presente, la memoria del comunismo ha desempeñado un papel fundamental en la configuración de las culturas políticas y públicas de Europa del Este. Una vez caído el socialismo, las primeras elecciones democráticas encumbraron en la presidencia a antiguos comunistas en países como Serbia y Rumania, mientras que en otros el cargo fue a destacados disidentes anticomunistas como Lech Wałęsa en Polonia y Václav Havel en Checoslovaquia. La dureza de la transformación económica en algunos países hizo que pocos años después los comunistas reconvertidos en socialdemócratas volvieran al poder, esta vez por medios democráticos, como sucedió en Polonia en 1995 con la elección del antiguo líder estudiantil comunista Aleksander Kwaśniewski. La terapia de shock había generado descontento entre la población, lo que resultó en un pico de popularidad momentáneo para los antiguos comunistas. El momento fue efímero, no solo porque en los hechos los socialdemócratas no frenaron la neoliberalización de la región, sino también porque a partir de entonces los medios conservadores, activistas y antiguos disidentes interpretaron el giro de 1989 como una "revolución inconclusa",[220] un proceso de quiebre que no había acabado de consolidarse, y que era necesario relanzar para enterrar el comunismo de una vez por todas. Las élites de la región dieron por sentado que, para llevar hasta sus últimas consecuencias las revoluciones de 1989, había que ajustar cuentas con la memoria del comunismo y mostrar su verdadero rostro, caracterizado por la represión y la violencia.

A finales de los años noventa, la interpretación del pasado como totalitario cobró fuerza en la región y se aprobaron amplias leyes en materia de memoria, tales como el retiro de símbolos comunistas del espacio público, el establecimiento de centros de estudio e institutos de memoria dedicados a la investigación de los crímenes del comunismo y la formación de comisiones de la verdad, muchas de ellas inspiradas en experiencias como las de América Latina. Amplias capas de la población no abonaban estas interpretaciones: entre los ciudadanos que había votado a alguien como Kwaśniewski en 1995 se percibía ahora una actitud nostálgica por el pasado comunista, un sentimiento que se manifestaba también en muchos otros países de la región, siendo quizás los más representativos Alemania del Este, donde se acuñó el concepto de *Ostalgie* ("nostalgia del Este") para calificar la nostalgia de los años del comunismo, y las antiguas repúblicas yugoslavas, donde prevalecía cierta *yugonostalgia*. Ambas actitudes, por supuesto, no provenían de una reivindicación enteramente racional de la experiencia socialista: la *Ostalgie* no suponía una real añoranza de la represión de la Stasi y de la escasez económica, sino que rememoraba aspectos cotidianos y generacionales de tiempos más seguros, previos al torbellino neoliberal; en la ex Yugoslavia, la memoria de un pasado de unión nacional y progreso material se contraponía a las catástrofes de los años noventa.[221]

Las leyes de memoria que muchos países aprobaron en el fin de milenio afianzaron un anticomunismo institucional que buscó confrontar tanto estas nostalgias parciales como abortar cualquier intento de revisionismo que amagara con devolver a los países a sendas socialistas. Entre finales de los años noventa y durante los años dos mil, se fundaron instituciones de investigación de inspiración anticomunista como el Instituto de la Memoria Nacional en Polonia, el Instituto para el Estudio del Totalitarismo en República Checa y el Instituto de Investigación de los Crímenes del Comunismo en Rumania. Sin embargo, el país que llevó más lejos la narrativa anticomunista como parte integral de la cultura política fue quizás Hungría.

Viktor Orbán, antiguo opositor del comunismo, accedió al puesto de primer ministro de Hungría en 1998. El nuevo premier ofrecía una versión radicalizada de la retórica anticomunista que con los años acompañaría de un discurso populista y nacionalista con claros componentes xenófobos.

Aún como un joven disidente, Orbán ya había descollado cuando en 1989, saltándose la estrategia de moderación de la oposición, había pedido en un discurso público que se retirasen las tropas soviéticas de Hungría. La retórica populista y nacionalista más el anticomunismo de Orbán se encarnaron en uno de los recintos de memoria más importantes de todo el espacio poscomunista: la Casa del Terror. Inaugurada en 2002 en unos antiguos cuarteles generales de la policía secreta húngara, el sitio ofrece una narrativa histórica en la que dos enemigos, comunismo y fascismo, asolaron y reprimieron a la nación húngara. En rigor, comunismo y fascismo no son simplemente equiparados, sino que el espacio dedicado al terror comunista es, en comparación, destacadamente mayor. La disposición de la galería de horrores sufridos por la población es tal que los perpetradores quedan retratados como elementos foráneos guiados por Moscú que durante cuatro décadas conspiraron para someter a la nación húngara. Aunque, como muestra este libro, las políticas represivas de los regímenes socialistas fueron extensas y ocasionaron un dolor muy real entre sus víctimas, la narrativa demagógica y nacionalista que contrapone un servicio secreto gris y moscovita a un pueblo húngaro virtuoso e inocente es insostenible. Esta elude el hecho de que, a pesar de que la fuerte mano de Moscú pesó sobre el destino de Hungría desde el final de la Segunda Guerra Mundial y se hizo sentir con contundencia en 1956, el comunismo húngaro y sus líderes eran parte de tradiciones que también echaban raíz en la sociedad húngara al menos desde los años de Béla Kun.

Dichas narrativas son características de los lugares de memoria de Orbán, pero encuentran muchas similitudes con, por ejemplo, las políticas de memoria del partido polaco Ley y Justicia (PiS), liderado por Jarosław Kaczyński. Al igual que Orbán, Kaczyński fue en los años ochenta una figura destacada de la oposición, como miembro importante de Solidaridad. Si bien, como hemos expuesto en el libro, las oposiciones al socialismo fueron plurales y el conservadurismo nacionalista no fue la cultura política predominante, en el siglo XXI han sido figuras de las corrientes más reaccionarias las que han ocupado la escena en las políticas nacionales de Hungría o Polonia. En este sentido, las cuatro décadas de socialismo dejaron también como legado una retórica ferozmente anticomunista que, ya transcurrida una cuarta parte del nuevo siglo, continúa ofreciendo una versión maniquea de la historia y da alas al fuerte sesgo nacionalista de buena parte de los actuales gobiernos de los países de la región.

La memoria del comunismo en Europa del Este sigue siendo hasta hoy un terreno de disputas. En tanto autores, somos conscientes de que también estas páginas, con sus aciertos y sus imperfecciones, serán interpretadas como parte de esos debates.

# Notas

1 Véase Lydia Saad, "Socialism as Popular as Capitalism Among Young Adults in U.S.", *Gallup*, 25 de noviembre de 2019.

2 Maciej Górny, *Polska bez cudów. Historia dla dorosłych*, Varsovia, Agora, 2021.

3 Ernest Gellner, *Naciones y nacionalismos*, Madrid, Alianza, 2008, p. 166.

4 Karl Marx, *El Dieciocho Brumario de Luis Bonaparte*, Buenos Aires, Siglo XXI, 2023, p. 61.

5 Joshua D. Zimmerman, *Jozef Piłsudski. Founding Father of Modern Poland*, Cambridge, Harvard University Press, 2022.

6 Jürgen Osterhammel, *The Transformation of the World. A Global History of the Nineteenth Century*, Princeton - Oxford, Princeton University Press, 2014 [ed. cast.: *La transformación del mundo. Una historia global del siglo XIX*, Barcelona, Crítica, 2015].

7 Usamos aquí el concepto de modernidad política para referirnos al período que se abre en Europa tras la Revolución Francesa, de un modo similar al del alemán Reinhart Koselleck. Véase su *Futuro pasado. Para una semántica de los tiempos históricos*, Barcelona, Paidós, 1996.

8 Momčilo Isić, "Pismenost u Srbiji u 19. veku", en Radoslav Petković, Petar V. Krestić y Tibor Živković (eds.), *Obratzovanje kod Srba kroz vekove*, Belgrado, Zavod za udžbenike, 2003, pp. 63-80; David Moon, "Estimating the Peasant Population of Late Imperial Russia from the 1897 Census: A Research Note", *Europe-Asia Studies*, 48, n° 1, 1996, pp. 141-153.

9 Balázs Trencsényi y otros, *A History of Modern Political Thought in East Central Europe*, Oxford - Nueva York, Oxford University Press, 2016; Diana Mishkova, "Balkan Liberalisms: Historical Routes of a Modern Ideology", en Roumen Daskalov y Diana Mishkova (eds.), *Entangled Histories of the Balkans*, vol. 2, Leiden, Brill, 2014, pp. 99-198.

10 Christopher Clark, *Revolutionary Spring. Fighting for a New World 1848-1849*, Londres, Penguin, 2023.

11 Claire Elaine Nolte, *The Sokol in the Czech Lands to 1914. Training for the Nation*, Nueva York, Palgrave, 2002.

12 Dennison Rusinow, "The Yugoslav Idea before Yugoslavia", en Dejan Djokić (ed.), *Yugoslavism. Histories of a Failed Idea. 1918-1922*, Londres, Hurst & Co., 2003.

13 Pieter M. Judson, *The Habsburg Empire. A New History*, Cambridge, The Belknap Press of Harvard University Press, 2016, pp. 210-215.

14 Derek Offord, *The Russian Revolutionary Movement in the 1880s*, Cambridge, Cambridge University Press, 1986, pp. 73-74.

15 Lucian Boia, *De ce este România altfel?*, Bucarest, Humanitas, 2012, pp. 66-70.
16 Augusta Dimou, *Entangled Paths towards Modernity. Contextualizing Socialism and Nationalism in the Balkans*, Budapest - Nueva York, CEU, 2009.
17 Balász Trencsényi, "Transcending Modernity: Agrarian Populist Visions of Collective Regeneration in Interwar East Central Europe", en Dianna Mishkova, Balász Trencsényi y Maria Jalava (eds.), *'Regimes of Historicity' in Southeastern and Northern Europe*, Londres, Palgrave Macmillan, 2014, pp. 119-145.
18 Geoff Eley, *Forging Democracy. The History of the Left in Europe, 1850-2000*, Oxford, Oxford University Press, 2002, pp. 62-85.
19 Balázs Trencsényi y otros, *A History of Modern Political Thought in East Central Europe*, Oxford - Nueva York, Oxford University Press, 2016, pp. 446-455.
20 Claudio Sergio Ingerflom, *El revolucionario profesional*, Rosario, Prohistoria, 2017.
21 Cristian Preda, "Staulul și sirena. Dilemele unui marxist român", *Studia Politica. Romanian Political Science Review*, 1, n° 1, 2001, pp. 87-137.
22 Augusta Dimou, *Entangled Paths towards Modernity*, ob. cit.
23 Timothy Snyder, *Nationalism, Marxism, and Modern Central Europe. A Biography of Kazimierz Kelles-Krauz, 1872-1905*, Oxford, Oxford University Press, 1997.
24 Wiktor Marzec, *Rising Subjects. The 1905 Revolution and the Origins of Modern Polish Politics*, Nueva York, University of Pittsburgh Press, 2020.
25 Vladimir Lenin, *Imperialism, the Highest Stage of Capitalism* (1917), en *Selected Works*, Moscú, Progress, vol. 1, 1963 [ed. cast.: *El imperialismo, fase superior del capitalismo*, Madrid, Fundación Federico Engels, 2007].
26 Vojislav Pavlović, "Une victoire diplomatique et nationale. Le cas de la Serbie", en Catherine Horel (ed.), *Les guerres balkaniques (1912-1913). Conflits, enjeux, mémoires*, Bruselas, Peter Lang, 2014.
27 Lucie Guesnier, "Les socialistes et la guerre. Du socialisme roumain à la 'Confédération Balkanique', un projet pour la paix dans l'ombre de la IIe Internationale", en Catherine Durandin y Cécile Folschweiller (eds.), *Alerte en Europe: la guerre dans les Balkans, 1912-1913*, París, L'Harmattan, 2014.
28 Bernard Degen, *Krieg dem Kriege! Der Basler Friedenskongress der Sozialistischen Internationale von 1912*, Basilea, Z, 1990, p. 17.
29 Marc Mulholland, "'Marxists of Strict Observance'? The Second International, National Defence, and the Question of War", *The Historical Journal*, 58, n° 2, 2015. pp. 615-640.
30 Christopher Clark, *Sonámbulos. Cómo Europa fue a la guerra en 1914*, Barcelona, Galaxia Gutenberg, 2014.
31 Włodzimierz Borodziej y Maciej Górny, *Der vergessene Weltkrieg. Europas Osten 1912-1923*, t. 1, *Imperien 1912-1916*, Darmstadt, Perlentaucher, 2019, p. 73.
32 Ivo Banac, *The National Question in Yugoslavia. Origins, History, Politics*, Ithaca, Cornell University Press, 1988.
33 Tara Zahra, "Imagined Noncommunities: National Indifference as a Category of Analysis", *Slavic Review*, 69, n° 1, 2010, pp. 93-119.
34 George Liber, *Total Wars and the Making of Modern Ukraine, 1914-1954*, Toronto, University of Toronto Press, 2016, pp. 39-49.

35 Włodzimierz Borodziej y Maciej Górny, *Der vergessene Weltkrieg. Europas Osten 1912-1923*, t. 2, *Nationen 1917-1923*, Darmstadt, wbg, 2018.

36 Joshua D. Zimmerman, ob. cit.

37 Marc Mulholland, "'Marxists of Strict Observance'?", cit.

38 Peter Holquist, *Making War, Forging Revolution. Russia's Continuum of Crisis, 1914-1921*, Cambridge, Harvard University Press, 2002.

39 Sheila Fitzpatrick, *The Russian Revolution*, 4ª ed., Oxford - Nueva York, Oxford University Press, 2017, p. 52 [ed. cast. act., a partir de la 3ª ed. rev., *La revolución rusa*, Buenos Aires, Siglo XXI, 2022].

40 Andrea Graziosi, "A Century of 1917s: Ideas, Representations, and Interpretations of the October Revolution, 1917-2017", Harvard Ukrainian Studies, disponible en <www.husj.harvard.edu>.

41 Georg Liber, *Total Wars and the Making of Modern Ukraine, 1914-1954*, ob. cit., p. 69.

42 Iulian Fruntaşu, *O istorie etnopolitica a Basarabiei, 1812-2002*, Chisináu, Cartier, 2002.

43 Aldis Minins, "Latvia, 1918-1920: A Civil War?", *Journal of Baltic Studies*, 46, n° 1, 2015, pp. 49-63; Stanley W. Page y Andrew Ezergailis, "The Lenin-Latvian Axis in the November Seizure of Power", *Canadian Slavonic Papers / Revue Canadienne des Slavistes*, 19, n° 1, 1977, pp. 32-49.

44 Sheila Fitzpatrick, "The Civil War as a Formative Experience", en Richard Stites, Peter Kenez y Abbott Gleason (eds.), *Bolshevik Culture. Experiment and Order in the Russian Revolution*, Bloomington, Indiana University Press, 1981.

45 Peter Holquist, "Violent Russia, Deadly Marxism? Russia in the Epoch of Violence, 1905-1921", *Kritika*, 4, n° 3, 2003, pp. 627-652; Jochen Böhler, "General and Warlords, Revolutinaries and Nation-State builders. The First World War and its Aftermath in Central and Eastern Europe", en Jochen Böhler, Joachim von Puttkamer y Wlodzimierz Borodziej (eds.), *Legacies of Violence. Eastern Europe's First World War*, Múnich, De Gruyter, 2014, pp. 51-66.

46 Eric D. Weitz, *Creating German Communism, 1890-1990. From Popular Protests to Socialist State*, Princeton, Princeton University Press, 1997, pp. 100-131.

47 György Borsányi, *The Life of a Communist Revolutionary, Béla Kun*, Boulder, Social Science Monographs, 1993.

48 Paul A. Hanebrink, *A Specter Haunting Europe. The Myth of Judeo-Bolshevism*, Cambridge, The Belknap Press of Harvard University Press, 2018, pp. 59-63.

49 Andrzej Chwalba, *Przegrane zwycięstwo. Wojna polsko-bolszewicka 1918-1920*, Volovec, Wydawnictwo Czarne, 2020, pp. 16-21.

50 Jochen Böhler, *Civil War in Central Europe, 1918-1921. The Reconstruction of Poland*, Oxford - Nueva York, Oxford University Press, 2018.

51 *Lenin Collected Works*, Moscú, Progress, 1965, vol. 42, pp. 354-355 [ed. cast.: *Obras completas de V. I. Lenin (1893-1923)*, disponible en <www.archivoleontrotsky.org>].

52 Fridrikh I. Firsov, "Dimitrov, the Comintern and Stalinist Repression", en Barry McLoughlin y Kevin McDermott (eds.), *Stalin's Terror. High Politics and Mass Repression in the Soviet Union*, Londres, Palgrave Macmillan, 2003, pp. 56-81.

53 Jane T. Hedges, Timothy D. Sergay e Irina Faion, *The Diary of Georgi Dimitrov, 1933-1949*, New Haven, Yale University Press, 2003, p. 260.

54 Larry Wolff, *Woodrow Wilson and the Reimagining of Eastern Europe*, Stanford, Stanford University Press, 2020.

55 Zara Steiner, *The Lights That Failed. European international History 1919-1933*, vol. de la *Oxford History of Modern Europe*, Oxford, Oxford University Press, 2007, pp. 80-86.

56 Irina Livezeanu, *Cultural Politics in Greater Romania. Regionalism, Nation Building, & Ethnic Struggle, 1918-1930*, Ithaca, Cornell University Press, 2000.

57 Maciej Górny, *Polska bez cudów*, ob. cit.

58 Dejan Djokić, *Elusive Compromise. A History of Interwar Yugoslavia*, Oxford - Nueva York, Oxford University Press, 2007.

59 Sheila Fitzpatrick, *The Russian Revolution*, ob. cit., p. 109.

60 Terry Martin, *The Affirmative Action Empire. Nations and Nationalism in the Soviet Union, 1923-1939*, Ithaca, Cornell University Press, 2001.

61 Marcel Radosław Garboś, *The Clash of Internationalisms. Prometheism, National Communism, and the Fate of the Soviet Borderlands, 1889-1939*, tesis doctoral, Universidad de Harvard, 2021, pp. 420-430.

62 Jeffrey S. Kopstein y Jason Wittenberg, "Who Voted Communist? Reconsidering the Social Bases of Radicalism in Interwar Poland", *Slavic Review*, 62, nº 1, 2003, pp. 87-109.

63 Sheila Fitzpatrick, *The Russian Revolution*, ob. cit., p. 138.

64 Hannah Arendt, *The Origins of Totalitarianism*, Cleveland - Nueva York, Meridian (The World), 1958 [ed. cast. en 3 vols.: *Los orígenes del totalitarismo*, Madrid, Alianza, 2021].

65 Leonard Schapiro, *Totalitarianism*, Londres - Toronto, Macmillan, 1972 [ed. cast.: *El totalitarismo*, México, FCE, 1981].

66 Lynne Viola, *Peasant Rebels under Stalin. Collectivization and the Culture of Peasant Resistance*, Nueva York, Oxford University Press, 1996.

67 Sheila Fitzpatrick (ed.), *Stalinism. New Directions, Rewriting Histories*, Londres - Nueva York, Routledge, 2000; Stephen Kotkin, *Magnetic Mountain. Stalinism as a Civilization*, Berkeley, University of California Press, 1997.

68 Eva Plach, *The Clash of Moral Nations. Cultural Politics in Piłsudski's Poland, 1926-1935*, Athens, Ohio University Press, 2006, pp. 13-16.

69 Stefan Gužvica, *Prije Tita. Frakcijske borbe u Komunističkoj partiji Jugoslavije 1936-1940*, Zagreb, Srednja Europa, 2020.

70 Detlev J. K. Peukert, *Die Weimarer Republik. Krisenjahre der Klassischen Moderne*, Frankfurt, Suhrkamp, 1996.

71 Heinrich August Winkler, *Der Weg in die Katastrophe. Arbeiter und Arbeiterbewegung in der Weimarer Republik 1930 bis 1933*, Berlín - Bonn, J. H. W. Dietz Nachf, 1987.

72 Bert Hoppe, *In Stalins Gefolgschaft. Moskau und die KPD 1928-1933*, Múnich, Institut für Zeitgeschichte - Oldenbourg, 2007.

73 Roland Clark, *Holy Legionary Youth. Fascist Activism in Interwar Romania*, Ithaca, Cornell University Press, 2015; Jozo Tomasevich, *War and Revolution in Yugoslavia: 1941-1945*, Stanford, Stanford University Press, 2001, pp. 30-36.

74 A. James McAdams, *Vanguard of the Revolution . The Global Idea of the Communist Party*, Princeton, Princeton University Press, 2017, pp. 236-245.

75 Yannis Sygkelos, *Nationalism from the Left: The Bulgarian Communist Party during the Second World War and the Early Post-War Years*, Leiden - Boston, Brill, 2011, p. 21.

76 Giles Tremlett, *The International Brigades. Fascism, Freedom and the Spanish Civil War*, Londres, Bloomsbury, 2020.

77 Robert Conquest, *The Great Terror. A Reassessment*, Londres, Pimlico, 1992.

78 James Harris, *The Great Fear. Stalin's Terror of the 1930s*, Oxford, Oxford University Press, 2017.

79 Stephen Kotkin, *Stalin*, vol. II, *Waiting for Hitler, 1929-1941*, Londres, Penguin, 2018, pp. 400-404.

80 Hermann Weber, *"Weiße Flecken" in der Geschichte. Die KPD-Opfer der Stalinschen Säuberungen und ihre Rehabilitierung*, Berlín, LinksDruck, 1990; Kevin McDermott, "Stalinist Terror in the Comintern: New Perspectives", *Journal of Contemporary History*, 30, n° 1, 1995, pp. 111-130; Karl Schlögel, *Terror und Traum: Moskau 1937*, Múnich, Hanser, 2008.

81 William J. Chase, *Enemies within the Gates? The Comintern and the Stalinist Repression, 1934-1939*, con documentos traducidos por Vadim A. Staklo, New Haven, Yale University Press, serie "Annals of Communism", 2001.

82 Bernhard H. Bayerlein, *"Der Verräter, Stalin, bist Du!" Vom Ende der linken Solidarität. Komintern und kommunistische Parteien im Zweiten Weltkrieg 1939-1941*, Berlín, Aufbau, 2008.

83 Jan Tomasz Gross, *Revolution from Abroad. The Soviet Conquest of Poland's Western Ukraine and Western Belorussia*, Princeton, Princeton University Press, 2002.

84 Roger Moorhouse, *The Devils' Alliance. Hitler's Pact with Stalin, 1939-41*, Londres, Vintage, 2016.

85 Domenico Losurdo y Luciano Canfora, *Stalin: historia y crítica de una leyenda negra*, Barcelona, El Viejo Topo, 2011.

86 Evan Mawdsley, *Thunder in the East: The Nazi-Soviet War 1941-1945*, Londres - Nueva York, Bloomsbury, 2016.

87 Jozo Tomasevich, *War and Revolution in Yugoslavia*, ob. cit., pp. 352-356.

88 Mary Heimann, *Czechoslovakia. The State that Failed*, New Haven, Yale University Press, 2009, pp. 210 y 230-240.

89 Nikos Marantzidis, "The Greek Civil War (1944-1949) and the International Communist System", *Journal of Cold War Studies*, 15, n° 4, 2013.

90 Jane T. Hedges, Timothy D. Sergay e Irina Faion, *The Diary of Georgi Dimitrov, 1933-1949*, ob. cit., p. 370.

91 Milovan Đilas, *Conversations with Stalin*, San Diego, HBJ, 1962, p. 62.

92 Tony Judt, *Postwar: A History of Europe Since 1945* , Nueva York, Penguin, 2005.

93 Philipp Ther, *The Dark Side of Nation-States. Ethnic Cleansing in Modern Europe*, Nueva York - Oxford, Berghahn, 2014.

94 Andrzej Paczkowski, *Spring Will Be Ours. Poland and the Poles from Occupation to Freedom*, Pennsylvania, The Pennsylvania State University Press, 2010.

95 Geoff Eley, "Legacies of Antifascism: Constructing Democracy in Postwar Europe", *New German Critique*, 67, 1996, pp. 73-100.

96  Justine Faure, "De la Grande Alliance à l'affrontement armé Est-Ouest (1914-1950) : origines de la Guerre froide et débats historiographiques", *Histoire@Politique*, 3, n° 16, 2007.

97  John Lewis Gaddis, *Strategies of Containment. A Critical Appraisal of American National Security Policy during the Cold War*, Nueva York, Oxford University Press, 1977.

98  Melvyn P. Leffler, *The Specter of Communism. The United States and the Origins of the Cold War, 1917-1953*, Nueva York, Hill and Wang, 1994.

99  Eric J Hobsbawm, *Age of Extremes. The Short Twentieth Century, 1914-1991*, Londres - Nueva York, Viking Penguin, 1994 [ed. cast.: *Historia del siglo XX. La era de los extremos*, Buenos Aires, Crítica, 1998].

100  Vladislav M. Zubok, *A Failed Empire. The Soviet Union in the Cold War from Stalin to Gorbachev*, Chapel Hill, University of North Carolina Press, 2009.

101  Anne Applebaum, *El telón de acero. La destrucción de Europa del Este 1944-1956*, Barcelona, Debate, 2014.

102  Hugh Seton-Watson, *The Pattern of Communist Revolution. A Historical Analysis*, ed. rev., Londres, Methuen, 1960.

103  John Connelly, "Internal Bolshevisation? Elite Social Science Training in Stalinist Poland", *Minerva*, 34, n° 4, 1996, pp. 323-346.

104  Vladimir Tismaneanu, *Stalinism for All Seasons. A Political History of Romanian Communism*, Berkeley, University of California Press, 2003, p. 96.

105  Norman Naimark, "The Sovietization of Eastern Europe, 1944-1953", *The Cambridge History of the Cold War*, vol. 1, *Origins*, al cuidado de Melvyn P. Leffler y Odd Arne Westad, Cambridge, Cambridge University Press, 2010, pp. 175-197.

106  Wilfried Loth, *Stalins ungeliebtes Kind. Warum Moskau die DDR nicht wollte*, Berlín, Rowohlt, 1994.

107  Hans J. Reichhardt, *Die Entstehung der Verfassung von Berlin. Eine Dokumentation*, Berlín, Walter de Gruyter, 2019, p. 132.

108  Dirk Spilker, *The East German Leadership and the Division of Germany. Patriotism and Propaganda 1945-1953*, Oxford - Nueva York, Oxford University Press, 2006.

109  Marcin Zaremba, *Komunizm, legitymizacja, nacjonalizm. Nacjonalistyczna legitymizacja władzy komunistycznej w Polsce*, Wydawn, Trio, 2001.

110  Balázs Apor, *The Invisible Shining. The Cult of Mátyás Rákosi in Stalinist Hungary, 1945-1956*, Budapest - Nueva York, Central European University Press, 2018, p. 37.

111  Karel Kaplan, *The Short March. The Communist Takeover in Czechoslovakia, 1945-1948*, Nueva York, St. Martin's, 1987.

112  Aleksa Đilas, *The Contested Country. Yugoslav Unity and Communist Revolution, 1919-1953*, Cambridge, Harvard University Press, 1996, pp. 159-163.

113  John Connelly, *Captive University. The Sovietization of East German, Czech, and Polish Higher Education, 1945-1956*, Chapel Hill, University of North Carolina Press, 2000.

114  Agata Zysiak, "The Socialist Project for a New Intelligentsia and Its Limits. Academic Careers in the Polish Post-War University: A Biographical

Perspective", *Przeglad Socjologii Jakosciowej*, 11, n° 3, 31 de agosto de 2015, pp. 90-108.

115 Vojislav Pavlovic (ed.), *The Balkans in the Cold War. Balkan Federations, Cominform, Yugoslav-Soviet Conflict*, Belgrado, Institute for Balkan Studies of the Serbian Academy of Sciences and Arts, 2011.

116 Svetozar Rajak, "From Regional Role to Global Undertakings: Yugoslavia in the Early Cold War", en Svetozar Rajak y otros (eds.), *The Balkans in the Cold War*, Londres, Palgrave Macmillan, 2017, pp. 65-86.

117 Arnold Krammer, *The Forgotten Friendship. Israel and the Soviet Bloc, 1947-53*, Urbana, University of Illinois Press, 1974.

118 Jonathan Brent y Vladimir Naumov, *Stalin's Last Crime. The Plot Against the Jewish Doctors, 1948-1953*, Nueva York, Harper Collins, 2010.

119 Diana Dumitru, "Jewish Social Mobility under Late Stalinism: A View from the Newly Sovietizing Periphery", *Slavic Review*, 78, n° 4, 2019, pp. 986-1008.

120 Igor Lukes, "The Rudolf Slánský Affair: New Evidence", *Slavic Review*, 58, n° 1, 1999, pp. 160-187.

121 Katerina Capková y Kamil Kijek (eds.), *Jewish Lives under Communism. New Perspectives*, Nuevo Brunswick, Rutgers University Press, 2022.

122 André Steiner (ed.), *Überholen ohne einzuholen. Die DDR-Wirtschaft als Fußnote der deutschen Geschichte?*, Berlín, Links, 2006.

123 Sheila Fitzpatrick, *El equipo de Stalin. Los años más peligrosos de la Rusia soviética, de Lenin a Jrushchov*, Barcelona, Crítica, 2023.

124 Polly Jones, "From the Secret Speech to the Burial of Stalin. Real and Ideal Responses to De-Stalinization", en *The Dilemmas of De-Stalinization*, Londres, Routledge, 2005.

125 Svetozar Rajak, *Yugoslavia and the Soviet Union in the Early Cold War. Reconciliation, Comradeship, Confrontation, 1953-1957*, Londres, Routledge, 2011.

126 Katherine Verdery, *National Ideology under Socialism. Identity and Cultural Politics in Ceauşescu's Romania*, Berkeley, University of California Press, 1995.

127 Ilko-Sascha Kowalczuk, *17. Juni 1953*, Múnich, C. H. Beck, 2013, pp. 220-225.

128 Paweł Machcewicz, *Rebellious Satellite. Poland 1956*, Washington DC, Woodrow Wilson Center Press, 2009, pp. 234-253

129 Charles Gati, *Failed Illusions. Moscow, Washington, Budapest, and the 1956 Hungarian Revolt*, Washington DC, Woodrow Wilson Center, 2006.

130 Moshe Lewin, *The Soviet Century*, Londres, Verso, 2005.

131 Radina Vučetić, *Koka-Kola Socijalizam. Amerikanizacija Jugoslovenske Popularne Kulture Šezdesetih Godina XX Veka*, Belgrado, Službeni Glasnik, 2012.

132 Dennison I. Rusinow, *The Yugoslav Experiment 1948-1974*, Berkeley, University of California Press, 1978.

133 György Konrád e Iván Szelényi, *The Intellectuals on the Road to Class Power*, Nueva York, Harcourt Brace Jovanovich, 1979.

134 György Péteri, *Nylon Curtain. Transnational and Transsystemic Tendencies in the Cultural Life of State-Socialist Russia and East-Central Europe*, n° 18 de los *Trondheim Studies on East European Cultures & Societies*, Trondheim, Program on East European Cultures and Societies, 2006.

262 NUEVA HISTORIA DEL COMUNISMO EN EUROPA DEL ESTE

NUEVA HISTORIA DEL COMUNISMO EN EUROPA DEL ESTE

135 Vítězslav Sommer, "Scientists of the World, Unite! Radovan Richta's Theory of Scientific and Technological Revolution", en *Science Studies during the Cold War and Beyond*, Nueva York, Palgrave Macmillan, 2016, pp. 177-204.

136 Jenny Andersson, *The Future of the World. Futurology, Futurists, and the Struggle for the Post Cold War Imagination*, Oxford - Nueva York, Oxford University Press, 2018.

137 Lauren Kaminsky, "Utopian Visions of Family Life in the Stalin-Era Soviet Union", *Central European History*, 44, n° 1, 2011, pp. 63-91.

138 Kateřina Lišková, *Sexual Liberation, Socialist Style. Communist Czechoslovakia and the Science of Desire, 1945-1989*, Cambridge, Cambridge University Press, 2018.

139 Natalia Jarska, "Modern Marriage and the Culture of Sexuality: Experts between the State and the Church in Poland, 1956-1970", *European History Quarterly*, 49, n° 3, julio de 2019, pp. 467-490.

140 Radka Dudová, "Regulation of Abortion as State-Socialist Governmentality: The Case of Czechoslovakia", *Politics and Gender*, 8, n° 1, 2012, pp. 123-144.

141 Katherine Verdery, *What Was Socialism, and What Comes Next?*, Princeton, Princeton University Press, 1996, pp. 61-82.

142 Kristen Ghodsee, "Pressuring the Politburo: The Committee of the Bulgarian Women's Movement and State Socialist Feminism", *Slavic Review*, 73, n° 3, 2014, pp. 538-562.

143 Kateřina Lišková y otros, "Work, Marriage and Premature Birth: The Socio-Medicalisation of Pregnancy in State Socialist East-Central Europe", *Medical History*, 2023, pp. 1-22.

144 Kristen Rogheh Ghodsee, *Why Women Have Better Sex under Socialism. And Other Arguments for Economic Independence*, Nueva York, Nation, 2018.

145 Agnieszka Kościańska, *Gender, Pleasure, and Violence. The Construction of Expert Knowledge of Sexuality in Poland*, Bloomington, Indiana University Press, 2020.

146 Claudia Kraft, "Geschlecht als Kategorie zur Erforschung der Geschichte des Staatssozialismus in Mittel- und Osteuropa", en Claudia Kraft (ed.), *Geschlechterverhältnisse in Ostmitteleuropa nach dem Zweiten Weltkrieg. Soziale Praxis und Konstruktion von Geschlechterbildern*, Múnich, Bad Wiesseer Tagungen des Collegium Carolinum, 2008, pp. 1-21.

147 José Luis Aguilar López-Barajas, "'The Black Sea Is Our Mallorca': The Making of the Tourist Experience in the German Democratic Republic", *German History*, 40, n° 3, septiembre de 2022, pp. 405-424.

148 Margolzata Fidelis, *Imagining the World from Behind the Iron Curtain: Youth and the Global Sixties in Poland*, Nueva York, Oxford University Press, 2022.

149 James Mark y Paul Betts (eds.), *Socialism Goes Global. The Soviet Union and Eastern Europe in the Age of Decolonization*, Oxford - Nueva York, Oxford University Press, 2022.

150 Elena Dragomir, "The Perceived Threat of Hegemonism in Romania during the Second Détente", *Cold War History*, 12, n° 1, febrero de 2012, pp. 111-134.

151 Tvrtko Jakovina, *Treća Strana Hladnog Rata*, Zagreb, Fraktura, 2011; Paul Stubbs, *Socialist Yugoslavia and the Non-Aligned Movement. Social, Cultural, Political and Economic Imaginaries*, Montreal, McGill-Queen's University Press, 2022.

152 Odd Arne Westad, *The Global Cold War. Third World Interventions and the Making of Our Times*, Cambridge, Cambridge University Press, 2007.

153 Leonora Dugonjic-Rodwin y Ivica Mladenović, "Transnational Educational Strategies during the Cold War: Students from the Global South in Socialist Yugoslavia, 1961-91", en Paul Stubbs (ed.), *Socialist Yugoslavia and the Non-Aligned Movement*, ob. cit.

154 Constantin Katsakioris, "Burden or Allies?: Third World Students and Internationalist Duty through Soviet Eyes", *Kritika: Explorations in Russian and Eurasian History*, 18, nº 3, 2017, pp. 539-567.

155 Philip Muehlenbeck, *Czechoslovakia in Africa, 1945-1968*, Nueva York, Palgrave Macmillan, 2016, p. 16.

156 Bogdan C. Iacob, "A Babel in Bucharest: Third World Students in Romania, 1960s-1980s", *Cahiers du Monde Russe*, 63, nº 3-4, 2 de diciembre de 2022, pp. 669-690.

157 Steffen Plaggenborg y Galina Ivanova, *Entstalinisierung als Wohlfahrt. Sozialpolitik in der Sowjetunion, 1953-1970*, Nueva York - Frankfurt, Campus, 2015, pp. 8-9.

158 Konrad H. Jarausch, "Care and Coercion: The GDR as Welfare Dictatorship", en Konrad H. Jarausch (ed.), *Dictatorship as Experience. Towards a Socio-Cultural History of the GDR*, Nueva York, Berghahn, 1999, pp. 47-69.

159 Pavel Kolář, *Der Poststalinismus. Ideologie und Utopie einer Epoche*, Colonia, Böhlau, 2016, pp. 317-330.

160 Pavel Kolář, "Post-Stalinist Reformism and the Prague Spring", en Norman Naimark, Silvio Pons y Sophie Quinn-Judge (eds.) *The Cambridge History of Communism*, vol. 2, *The Socialist Camp and World Power 1941-1960s*, Cambridge, Cambridge University Press, 2017, pp. 170-195.

161 Anna J. Stoneman, "Socialism with a Human Face: The Leadership and Legacy of the Prague Spring", *The History Teacher*, 49, nº 1, 2015, pp. 103-125.

162 Vítězslav Sommer, "Forecasting the Post-Socialist Future Prognostika in Late Socialist Czechoslovakia, 1970-1989", en Jenny Andersson y Eglė Rindzevičiūtė (eds.), *The Struggle for the Long-Term in Transnational Science and Politics. Forging the Future*, Londres, Routledge, 2015, pp. 144-168.

163 Deletant Dennis, *Romania under Communism. Paradox and Degeneration*, Londres, Routledge, 2018, p. 278.

164 Michal Kopeček, "Dissident Legalism: Human Rights, Socialist Legality, and the Birth of Legal Resistance in the 1970s Democratic Opposition in Czechoslovakia and Poland", en Celia Donert, Ana Kladnik y Martin Sabrow (eds.), *Making Sense of Dictatorship. Domination and Everyday Life in East Central Europea after 1945*, Budapest, CEU, 2022, pp. 241-271.

165 Vladimir Dimitrijević, "The 1974 Constitution as a Factor in the Collapse of Yugoslavia or as a Sign of Decaying Totalitarianism", en Nebojša Popov (ed.), *The Road to War in Serbia. Trauma and Catharsis*, Budapest - Nueva York, Central European University Press, 2000.

166 Thomas W. Goldstein, *Writing in Red. The East German Writers Union and the Role of Literary Intellectuals*, Rochester, Camden House, 2017, pp. 69-96.

167 Jakub Szumski, "Leonid Brezhnev and Edward Gierek: The Making and Breaking of an Uneven Friendship", *The Soviet and Post-Soviet Review*, 45, n° 3, 21 de septiembre de 2018, pp. 253-286.

168 Theodora K. Dragostinova, *The Cold War from the Margins. A Small Socialist State on the Global Cultural Scene*, Ithaca - Londres, Cornell University Press, 2021.

169 Bogdan C. Iacob, "From Africa to the World: Romania's Global Turn in the 1970s", *Studii Și Materiale de Istorie Contemporană (SMIC)*, 18, n° 1, 2019, pp. 149-162.

170 Milorad Lazić, *Unmaking Détente. Yugoslavia, the United States, and the Global Cold War, 1968-1980*, Lanham y otros, Lexington, 2022.

171 José María Faraldo, *Las redes del terror*, Barcelona, Galaxia Gutenberg, 2018, pp. 123-129.

172 Ilko-Sascha Kowalczuk, *Stasi konkret. Überwachung und Repression in der DDR*, Múnich, Beck, 2013.

173 John C. Torpey, *Intellectuals, Socialism, and Dissent. The East German Opposition and its Legacy*, Mineápolis, University of Minnesota Press, 1999.

174 Radina Vučetić, *Monopol na istinu*, Belgrado, Clio, 2017.

175 Agustín Cosovschi, "Entre l'homme et le système. La sociologie yougoslave des années libérales jusqu'au retour de la censure", *Revue des Études Slaves*, 99, n° 4, 2018, pp. 535-550.

176 Bojan Simić, *Jugoslavija i Argentina, 1946-1955*, Belgrado, Institut za noviju istoriju Srbije, 2021.

177 Czesław Miłosz, *La pensée captive*, París, Gallimard, 1953 [ed. cast.: *El pensamiento cautivo*, San Juan de Puerto Rico, La Torre, 1954].

178 Robert Horvath, "'The Solzhenitsyn Effect': East European Dissidents and the Demise of the Revolutionary Privilege", *Human Rights Quarterly*, 29, n° 4, 2007, pp. 879-907.

179 Barbara J. Falk, *The Dilemmas of Dissidence in East-Central Europe. Citizen Intellectuals and Philosopher Kings*, Budapest, Central European University Press, 2022.

180 Jiří Suk y Kristina Andělová, "The Power of the Powerless and Further Havelian Paradoxes in the Stream of Time", *East European Politics and Societies*, 32, n° 2, 2018, pp. 214-231.

181 Ivan Berend, *Central and Eastern Europe, 1944-1993. Detour from the Periphery to the Periphery*, Cambridge, Cambridge University Press, 1996, pp. 186-187.

182 Roman Krakovsky, *State and Society in Communist Czechoslovakia. Transforming the Everyday from WWII to the Fall of the Berlin Wall*, Londres, Bloomsbury Academic, 2020.

183 Włodzimierz Brus, "The East European Reforms: What Happened to Them?", *Soviet Studies*, 31, n° 2, 1979, p. 264.

184 Jerzy Łazor y Murgescu Bogdan, "Economic Development", en *The Routledge History Handbook of Central and Eastern Europe in the Twentieth Century*, Londres, Routledge, 2020, pp. 313-385.

185 Janusz Kaliński y Joanna Rohozińska-Michalska, *Economy in Communist Poland. The Road Astray*, Varsovia, Institute of National Remembrance, 2014.

186 Cornel Ban, "Sovereign Debt, Austerity, and Regime Change: The Case of Nicolae Ceausescu's Romania", *East European Politics and Societies*, 26, n° 4, 2012, pp. 743-776.

187 Artemy M. Kalinovsky, *A Long Goodbye. The Soviet Withdrawal from Afghanistan*, Cambridge, Harvard University Press, 2011.

188 Serguei Alex Oushakine, "'Against the Cult of Things': On Soviet Productivism, Storage Economy, and Commodities with No Destination", *The Russian Review*, 73, n° 2, 2014, pp. 198-236.

189 Kate Hudson, *Breaking the South Slav Dream. The Rise and Fall of Yugoslavia*, Londres, Pluto, 2003.

190 Steven L. Burg, "Elite Conflict in Post-Tito Yugoslavia", *Soviet Studies*, 38, n° 2, 1986, p. 173; Susan L. Woodward, *Balkan Tragedy. Chaos and Dissolution After the Cold War*, Washington DC, Brookings Institution, 1995.

191 Agustin Cosovschi, "Phrasing the Yugoslav Crisis: Jovan Mirić and the Constitutional Debates of the 1980s", *East Central Europe*, 48, n° 2-3, 2021, p. 280.

192 Dušan Bilandžić, *Jugoslavija poslije Tita, 1980-1985*, Zagreb, Globus, 1986, pp. 85-86.

193 Vladislav M. Zubok, *Collapse. The Fall of the Soviet Union*, New Haven, Yale University Press, 2021, p. 37.

194 Lenard J. Cohen, *Broken Bonds. Yugoslavia's Disintegration and Balkan Politics in Transition*, Colorado, Westview, 1993, p. 48.

195 Nebojša Vladisavljević, *Serbia's Antibureaucratic Revolution. Milošević, the Fall of Communism and Nationalist Mobilization*, Nueva York, Palgrave Macmillan, 2008.

196 Andrzej Friszke, *Rewolucja Solidarności: 1980-1981*, Cracovia, Europejskie Centrum Solidarności, 2014.

197 Friederike Kind-Kovacs y Jessie Labov, *Samizdat, Tamizdat, and Beyond. Transnational Media During and After Socialism*, Nueva York, Berghahn, 2013.

198 Adam Michnik, *Letters from Freedom: Post-Cold War Realities and Perspectives*, Berkeley, University of California Press, 1998, p. 101.

199 Ilko-Sascha Kowalczuk, *Endspiel. Die Revolution von 1989 in der DDR*, Múnich, C. H. Beck, 2011.

200 Johanna Bockman, *Markets in the Name of Socialism. The Left-Wing Origins of Neoliberalism*, Stanford, Stanford University Press, 2013.

201 Padraic Kenney, *A Carnival of Revolution. Central Europe 1989*, Princeton, Princeton University Press, 2003.

202 Daniel Chirot, *You Say You Want a Revolution? Radical Idealism and Its Tragic Consequences*, Princeton, Princeton University Press, 2020, p. 122.

203 Robert M. Hayden, *Blueprints of a House Divided. The Constitutional Logic of the Yugoslav Conflicts*, Ann Arbor, University of Michigan Press, 2000.

204 Michael Ellman y Vladimir Kontorovich (eds.), *The Destruction of the Soviet Economic System. An Insiders' History*, Londres - Nueva York, Routledge, Taylor & Francis Group, 1998.

205 Mark R. Beissinger, "Nationalism and the Collapse of Soviet Communism", *Contemporary European History*, 18, n° 3, 2009, pp. 331-347.

206 Yale Richmond, *Cultural Exchange and the Cold War Raising the Iron Curtain*, Pennsylvania, Pennsylvania State University Press, 2003.

207 Vladislav M. Zubok, *Collapse*, ob. cit.

208 Stephen F. Cohen, "Was the Soviet System Reformable?", *Slavic Review*, 63, n° 3, 2004, pp. 459-488.

209 Benjamin Peters, *How Not to Network a Nation. The Uneasy History of the Soviet Internet*, Cambridge, Massachusetts - Londres, MIT, 2016.

210 Alexei Yurchak, *Everything Was Forever, Until It Was No More. The Last Soviet Generation*, Princeton, Princeton University Press, 2013 [ed. cast.: *Todo era para siempre, hasta que dejó de existir*, Buenos Aires, Siglo XXI, 2024].

211 Gil Eyal, *The Origins of Postcommunist Elites. From Prague Spring to the Breakup of Czechoslovakia*, Mineápolis - Londres, University of Minnesota Press, 2003.

212 Ivan Krastev y Stephen Holmes, *The Light That Failed. A Reckoning*, Nueva York, Pegasus, 2020.

213 Martín Baña, *Quien no extraña al comunismo no tiene corazón. De la disolución de la Unión Soviética a la Rusia de Putin*, Buenos Aires, Crítica, 2021, p. 77.

214 Hinde Pomeraniec, *Rusos de Putin. Postales de una era de orgullo nacional y poder implacable*, Buenos Aires, Ariel, 2009.

215 Philipp Ther, *Europe since 1989. A History*, Princeton, Princeton University Press, 2016, pp. 26-27.

216 Ilko-Sascha Kowalczuk, *Die Übernahme. Wie Ostdeutschland Teil der Bundesrepublik wurde*, Múnich, C. H. Beck, 2019.

217 Nina Caspersen, *Contested Nationalism. Serb Elite Rivalry in Croatia and Bosnia in the 1990s*, Nueva York, Berghahn, 2010.

218 Steven L. Burg y Paul Shoup, *The War in Bosnia-Herzegovina. Ethnic Conflict and International Intervention*, Armonk, Sharpe, 2000.

219 Eric D. Gordy, *The Culture of Power in Serbia. Nationalism and the Destruction of Alternatives*, Pennsylvania, Pennsylvania State University Press, 1999.

220 James Mark, *The Unfinished Revolution. Making Sense of Communist Past in Central-Eastern Europe*, New Haven, Yale University Press, 2010.

221 Thomas Ahbe, *Ostalgie. Zum Umgang Mit Der DDR-Vergangenheit in den 1990er Jahren*, Érfurt, Landeszentrale für Politische Bildung Thüringen, 2005; Mitja Velikonja, "Lost in Transition: Nostalgia for Socialism in Post-Socialist Countries", *East European Politics and Societies and Cultures*, 23, n° 4, 2009, pp. 535-551.

# Índice onomástico